班級經營

教室百寶箱

張新仁 主編

主編序

　　老師是班級經營的靈魂人物，不少研究指出：良好的班級經營可提昇學生學習興趣與意願、可營造良好的教室氣氛與環境，進而提高學習成績。因此，每位老師有必要對班級經營花心力與下工夫。

　　坊間已出版不少班級經營的書籍，有的偏向理論探討，有的偏向實務提供，本書則結合理論與實務二者。本書探討的內容涵蓋：「班級經營的意義、目的及內容」、「建立班級常規」、「建立有效的獎懲制度」、「佈置教室」、「指導學生自治活動」、「營造良好的班級氣氛」、「促進良好的師生溝通」、「有效處理學生不當的行為」、「增進親師合作」、「做個稱職的好導師」、「有效保護嗓子」、「初任教師面臨的抉擇與心理調適」等十二項主題。這些都是中小學教師從事班級經營最需要或是最感困擾的主題。本書在每章第一頁，將其內容重點繪製成架構圖，使讀者能對每章的重點和相互間的關係一目瞭然。此外，每章附有許多經驗豐富的老師提供的做法實例，可供中小學在職教師或實習教師作參考。這些都是本書編撰的主要特色。

　　本人十分榮幸能參與本書的撰寫及為此書作序。衷心期盼本書能為各位讀者帶來新的啟示與靈感，能為老師們在班級經營時注入新的思考與作為，更期待各界的先進能不吝賜教。

張新仁　謹識

八十八年九月於高雄師大

目　次

1

緒　論

「咳！老師其實現在就像是學校裡的廉價勞工，不僅什麼瑣事都得包辦，還要時時看校長、家長、學生……等的臉色，根本就是吃力不討好嘛！」一位初任教國中不到二年的林老師說道。

「俗話說的好：吃伙肥肥，假伙頦頦，穿伙美美，等領薪水（台語），現在啊！老師是多一事不如少一事，少一事不如弄給它沒事，睜隻眼，閉隻眼才是明哲保身的好方法！」已退休的李老師，這麼告誡著即將初任教師的我們。

「其實孩子就像是天使與魔鬼的化身，有時讓你恨得牙癢癢的，有時又會讓你想捧在手心裡疼。你永遠摸不透他們到底要的是什麼？但是，只要你調對了你和他們的『頻率』，那麼你們之間的師生情誼保證讓你甜到了心底！在你面前他們也永遠會伏伏貼貼的。」教學年資未滿一年的黃老師，信心滿滿的分享著他帶班的經驗。

教職的工作一直都被視為神聖清高，且多為社會所尊重，然而，從筆者訪問多位教師，聆聽他們對教學工作所表達的心聲中，卻發現箇中的滋味，還真是「如人飲水，冷暖自知」！尤其現今社會變遷快速，許多「新新」產物因應而生，一般大眾對於老師也有了另一番新的期望；而在社會充斥的民主風，又一波一波的吹進了一向被視為單純、平靜的校園，老師們「一手執教鞭行遍天下」的方式已不被接受。因此，在這個民主的過渡時期，要如何找出自己的定位，帶領好自己的班級，就成為每一個擔任教職工作者應思索的問題！

正如所謂：「有什麼樣的老師，就教出什麼樣的學生」！一個老師的班級經營不僅對學生的學習有著決定性的影響力，更是教育目標達成與否的關鍵因素。既然班級經營對教學工作有著這麼大的影響力，因此，熟悉各種班級經營的技巧，也成了所有老師必須修習的一門專業課程。在此，首先對「班級經營」下定義，其次說明其目的、範圍和內容。

班級經營的意義

「班級經營」（classroom management）的譯法，中外許多學者的意見不一，有「教室管理」、「班級管理」、「教室經營」等名稱。但其實所言全是包括了教室內的經營和管理，也是教師利用專業的知能綜合表現在班級（教室）上的一種管理藝術（鄭玉疊、郭慶發，民83）。以下列舉各家說法：

Good(1959) 在「教育辭典」（Dictionary of Education）一書中指出：班級經營主要係處理或指導班級活動所涉及之相關問題（引自廖春文，民83）。

Johnson & Bany(1970) 則認為：班級經營是建立和維持班級團體達成教育目標的歷程（引自朱文雄，民78）。

吳清基（民80）認為：班級教室管理的意義，簡單地說就是指師生共同合適處理教室中，有關人、事、物的問題。

朱文雄（民78）指出：班級管理係教師管理教學情境，掌握並指導學生學習行為，控制教學過程，以達成教學目標的技術和藝術。換言之，教師在教學過程中，佈置良好的學習環境和教室氣氛，維持動靜有度的教室常規和秩序，以達成教學目標。

吳清山等（民81）認為：班級經營乃是教師或師生遵循一定的準則，適當而有效地處理班級中的人、事、物等各項業

務，以發揮教學效果，達成教育目標的歷程。

　　李園會（民 78 ）認為：班級經營是一種為使兒童能在學校、班級中，愉快的學習並擁有各種快樂的團體生活，而將人、事、物等各項要件加以整頓，藉以協助教師推展各項活動的經營方法。

　　綜合以上各家學者的說法，我們可以說班級經營乃是：為了使班級單位裡各種人、事、物活動得以順利推展和互動，由教師為中心，以科學化的方法和人性化的理念，配合社會的需求、學校的目標、家長的期望及學生的身心，來規劃、推展適當的措施，以求良好的教學效果和達成教育目標的歷程。

班級經營的目的

　　我們由以上的定義中可看出，班級經營管理只是一種手段，而其真正的目的應該是去維持或提供一個積極而有效的學習環境，進而達成預定的教學效果及教學目標。良好的班級經營不僅能提昇學生學習興趣、提高教學效果，對班級氣氛、班級凝聚力等都有很大的幫助，更可使教師實現自己的教育理想（鄭玉疊、郭慶發，民 83 ）。

　　大體而言，班級經營有下列幾項主要目的（吳清基，民 80 ；鄭照順，民 84 ）：

一、較多的學習時間及較好的學習內容

根據 Berliner(1988) 的研究發現：學習內容與學生的學習有重要的關係。因此，在教室管理中的主要目標，應是盡可能地去拓展學習的時間，及好的學習內容，以增進學生知能的學習。但是，如果學生並不是自願學習，那麼即使有足夠的時間與好的內容，也是徒然。所以進一步而言，教師還應該安排有價值及適當的學習活動，來啟發學生主動的學習興趣，使他們能在時間內做有效的使用。

二、提供學習和師生互動的機會

每一個老師在班級中都會希望建立一套和學生之間的「遊戲規則」，亦即有一定程度的默契，所以，對學生來說，老師的一個眼神、一個動作都對他們有著不同的意義。而這種肢體語言的運用，也就是老師們引導學生參與學習的一項「互動時機」。所以我們可看出這種默契的建立，不僅能維持良好的班級秩序，使學生心無旁鶩，也能增進班級內的情感交流。因此，教師們在帶領一個班級時，即應針對班級的特性，設計各種增進師生互動的情境，以促使學生在這個環境之中，得到最佳的學習。

三、培養自我管理的能力

班級經營的第三個目的，即在幫助學生能夠有能力去管理自己，很多中小學的老師有很好的管理制度，但就是缺乏去培養「學生自我管理」的能力，當作教室管理的目標，因此，許多學生畢業之後最大的困擾即在於不能獨立處事或求知。故老師在進行班級經營時，也應投注時間去培養學生的責任感，發展其自治的能力。

班級經營的內容

　　從班級經營的意義與目的，我們可瞭解整個班級經營的內容，是教師學生與教學環境三者於班級上、校內外交互作用所衍生出來的人、事、物問題。如下圖所示（鄭玉疊、郭慶發，民 83 ）：

圖 1-1　　班級經營內容結構

（引自鄭玉疊、郭慶發，民 83 ， P.5 ）

　　而班級經營中的人、事、物問題有那些呢（吳清基，民 80 ）？

　　(1)有關「人」的問題處理：包括：師生關係、學生同儕關係，及教師同事關係三種。

　　(2)有關「物」的處理：諸如桌椅的安排、教室佈置、物品的安排、周圍的環境……等，皆影響教學實施成效。

　　(3)有關「事」的處理：可從人、物間的交互活動關係來探討。其中即包括了師生互動的教學活動。

　　從上述的內容，我們可知班級經營的主要項目，約可分為下列幾項

（朱文雄，民 80 ；張振成，民 83 ；蔡啟達，民 83 ）：

一、班級的行政管理

級務的處理，包括從早到晚的班級事務，如認識學生、座次安排、生活照顧、班規的訂立、校令的傳達、班級幹部的選拔、參加各項比賽人員的選拔、班級與學校各處室之間的溝通協調……等，都可以算是行政管理的一部分。

在這裡，老師扮演的角色是一位輔導者，也是一位仲裁者，更是一位問題解決者。除了需時時診斷、評鑑學生的各項學習情況外，在產生問題時，也要能居間協調，尋求合理的解決方式。

二、班級的教學管理

包括有教學活動的設計、教學內容的選購、教學方法的運用、學生的作 2 業指導、學習效果的評量……等，皆是其重要課題。

因此，在教學管理中，老師應考慮學生的學習能否達到預定的教學目標（或教育目標），並給予適性的發展，使每個學生成為健全、活潑、快樂的有用的人。所以，每一位老師在教學前應做好充分的準備，在教學中更應以各種不同方式引發學生學習動機，隨時做教材的補充。

三、班級的常規管理

這也就是平時所謂狹義的班級管理，如上課點名、如何出入教室、作業的收發方式、值日生工作、學生的行為輔導……等，也就是說有關禮貌、整潔及學習上的規定。

而關於常規的管理，老師除應隨時觀察、輔導外，同時也可以運用班

級同儕間的力量相互規範，但應注意的是這種有關行為的改變是需長時間陶冶，並非一蹴可幾的。

四、班級的環境管理

　　這裡所謂的班級環境包括有物理環境（如學生課桌椅的擺設與陳列、室內光線亮度、教室採光與通風、用具箱的整理、花卉盆栽的陳設……）、教室情境佈置（如學習慾望的情境佈置、科學實驗研習操作的動機佈置）。

　　因此，環境的管理，包含了硬體的充實，佈置的美化、綠化、淨化、靜化，以使之具有靈感、和諧、安全舒適，配合師生間的和樂互動，使學生喜歡到教室裡，把教室當作自己的家一樣。老師應帶領學生共同規劃、設計、佈置教室，讓班級的特性發展出來，成為班級文化的一部分。

五、班級的人際管理

　　亦即教室中各種人際關係的建立與維護。如營造出良好的師生關係、班級氣氛，及促進親師間的合作……等。因此老師們在這裡的主要重點就在於如何營造出良好的師生關係，能否營造出亦師亦友亦父母的情境，使班上有良好的師生互動及和諧的班級氣氛；同時和家長彼此交換心得意見，共同來幫助孩子得到良好的學習。

　　本書為了能讓讀者更加瞭解，將依序介紹如下：

第二章　「建立班級常規」

　　本章擬從班級常規定義談起，瞭解班級常規是一種教室裡的規則和教室秩序。其次，將介紹班規建立的步驟，讓教師瞭解由教師期望轉化成具體班規的過程，和一些需注意到的原則。接著，介紹班級常規的項目和具體內容，提供教師在事先構思對學生的期望時的參考。

在文章後半部介紹的是班規制定完成後，教師如何講解和示範班規。接著，再說明班規在執行時的原則和方法，讓學生將班規條文落實到日常生活中。最後，說明教師如何指導學生隨時檢討、評鑑班規的可行性。在文章的實例部分，將提供一些有經驗的教師如何指導、訓練班級常規，希望能有所啟發。

第三章　「建立有效的獎懲制度」

學者利用行為改變技術的觀點，在改變學生不良行為、建立良好行為的過程中，加入增強物的使用；亦即利用獎懲使良好的行為鞏固。本章將從獎賞和懲罰的類型談起，並介紹獎賞和懲罰的原則，藉以提醒教師們在應用獎懲時應注意的事項。而在處理學生實際行為時，為了讓老師們更有效運用獎懲，將介紹獎懲在運用時的一些相關策略。最後，提供一些經驗豐富的老師建立獎懲制度的實例。

第四章　「佈置教室」

在這一章中，我們首先說明教室佈置的意義。一個好的教室佈置有助於學生學習的效率，讓學生感受到「境教」的功能。其次，談到教室佈置的目的。教室佈置的目的在於擴展學習的深度與廣度、培養認知態度與興趣、增進思考與欣賞機會、結合生活訊息與教育、促進師生情感與互動。接著，我們將討論教室佈置該注意哪些原則，並附圖解說。教室佈置的原則包括整體性、需要性、教育性、合作性、創新性、安全性、色彩協調性、經濟性、可替換性等。在教室佈置的範圍方面，教室佈置的範圍很大，除了一般的佈告欄、快樂園地等情境佈置外，還有教室的物理環境、基本設備、適當的座位安排、以及教學資源的規劃。最後，則對如何做好教室佈置的工作加以解說。除了介紹佈置的步驟及過程外，並說明如何突顯班級特色的佈置、佈置的小技巧、佈置的注意事項等。

第五章　「指導學生自治活動」

在這一章中，首先對何謂「學生自治活動」下一個定義。「學生自治活動」是指學生在教師指導下成立自治組織、從事自我管理的活動。文中並說明學生自治的功能及目的，在於幫助教師做好教室管理，並培養學生的自治能力。其次，提示指導學生自治活動的原則。在指導學生自治活動時，應注意到學生的身心發展，依年齡不同而有不同的指導方式。接著，討論常見的學生自治活動。包括：班級幹部、班會兒童自治市長、小組制度、小老師制度、學生自定作業、慶生會、教室佈置、班級財務之管理、班級圖書管理、調解委員會、學生自定班規獎懲、糾察隊、交通隊、整潔工作的分配、值日生等。文中除了說明其性質外，並附上成功的實例，以供教師們實施時的參考。

第六章　「營造良好的班級氣氛」

在班級經營中，「人的處理」最難，有的老師帶班能凝聚向心力，有的老師則因缺乏領導技巧，和學生溝通不良，而導致學生分崩離心。本章先對班級氣氛一詞的定義做一簡要的介紹，由觀察班級氣氛的十五個向度歸納而成的三個層面，來瞭解所謂的班級氣氛究竟包括那些成份。接著，再介紹學者對班級氣氛的研究，使我們瞭解學者如何選擇研究觀點來對這一主題作研究。

接下來，本文將對各個影響班級氣氛的因素加以探討，幫助教師在運用時更能靈活適應任教班級差異。最後，將以實例的方式，介紹許多有經驗老師所提供的實例，希望能對教師在班級實務的處理上有所助益。

第七章　「促進良好的師生溝通」

本章首先說明師生溝通的意義與特性，好的師生溝通在彼此尊重、瞭解，不是改造對方。接著，分析影響師生溝通的因素，期許教師能避免這

些師生溝通路上可能出現的障礙，進而能安排一個更佳的溝通環境。接下來提供一些有效的師生溝通原則，希望老師能發揮「良言」的魅力，避免「惡言」對學生的殺傷力，成為學生心目中受歡迎的老師。最後，以實例的方式提供一些經驗豐富的老師在師生溝通時的做法，希望能有所啟發。

第八章　「有效處理學生不當的行為」

在這一章中，我們首先探討何謂「不當行為」。經由許多學者的定義、分類中，將班級裡可能出現的不當行為做了一番詳細的介紹。其次，從教師、學生、環境及其他各方面，深入探討不當行為的原因。再其次，整理出學者們針對教室不當行為所提出的預防性措施，及處理的原則與技巧。最後，則更具體列舉教室中較常見的不當行為，並逐一就這些不當行為，探討其原因，並提出可供運用的處理方法，以期對這些不當行為「對症下藥」！

第九章　「增進親師合作」

在這一章中，首先將介紹教師對家長應有的基本認識。許多親師間的淡薄，往往由於老師所能給的，並不是家長所想得到的！因而本章先就家長應知道的事、及家長無法參加的原因，做了詳細的闡述。瞭解了家長所要的資訊和阻擋在親師合作間的障礙後，其次將把重點放在怎樣破除這些障礙，以達到與家長溝通的目的。在與家長溝通的方法上，我們提供了一些原則性的技巧；並明白點出親師溝通的內容計有：學習、常規訓練、自我概念、家長要如何提供協助、及班上的消息等。再其次，逐一說明與家長的各項聯繫管道，其中包括注意的事項、安排的技巧、實施的步驟……等。

最後，則列舉出有經驗的教師們所提供的成功經驗，以供教師們運用的參考。

第十章　「做個稱職的好導師」

本章首先說明導師的工作可從開學前的準備、開學初的工作、再談到學期中的工作，其次，談到影響教室管理的教師人格特質。文中先解釋教師在教室中的權威角色，分析不受歡迎老師的特質，再歸納出好老師的特質，以供導師們帶領班級時的參考。最後，說明如何做好導師工作，先提出擔任導師幾項應注意的原則，再建議導師如何找到自我成長的途徑，與各位教師們共勉之。

第十一章　「有效保護嗓子」

在這一章中，首先對喉嚨作基本認識。在此是以醫學的觀點來看「喉事」，包括介紹說明咽喉的位置、常見疾病的致病原因、症狀等，以期教師們在出現一些喉嚨疾病方面的「警示」時，能夠早期做治療。其次，探討如何預防喉嚨的傷害。在此主要是綜合一些醫學專家、老師們，及筆者本身的經驗，提供各種保護喉嚨的妙方。其中包括了有關養成良好發聲習慣的練習方法，及應把握的原則、在教學中可資運用的技巧，和充分休息與適度保養的大原則。再其次，介紹的是對「喉事」已有多年研究經驗的王淑俐教授所提供給我們的「三要」及「三不要」原則。最後則為老師的經驗分享，其中除了老師們心聲的表達外，還有許多他們「護嗓」成功的祕方和叮嚀。

第十二章　「初任教師面臨的抉擇與心理調適」

在這一章中，首先分析初任教師在選擇分發時面臨的抉擇。一所「好學校」不一定是適合自己的學校，因此要善加選擇。而自己也要好好去經營，做好教學前的準備，才能更快地進入狀況。其次，談到初任教師的適應問題。在學校方面，涉及校長、行政、同事間、學生、社區、家長等的適應；在角色的自我調適上：包括自我轉型，以及教學準備等方面。最

後，談到初任教師應努力的方向。包括：訂定生涯規畫、塑造自己的教師形象、隨時反省思考、學習調節自己的情緒等方面。

參考書目

朱文雄（民78）：班級經營。高雄：復文圖書出版社。

朱文雄（民80）：班級經營之系統化與人性化，高雄市教育局主編之教室經營，58－75頁。

李園會（民78）：班級經營。台北：五南圖書出版社。

吳清基（民80）：班級教室管理，載於高雄市教育局主編之教室經營，33－45頁。

吳清山等（民81）：班級經營。台北：心理出版社。

張振成（民83）：談學校經營。台灣教育，524期，33－34頁。

廖春文（民83）：班級領導的基本理念實施策略，載於台灣省教育廳編印之班級經營──理論與實際。1－10頁。

蔡啓達（民83）：為班級經營診斷，彰化文教，32卷33期，28－30頁。

鄭玉疊、郭慶發（民83）：班級經營──做個稱職的教師。台北：心理出版社。

鄭照順譯著（民84）：教室管理的目標及實施步驟方法，載於高市文教，54期，38－44頁。

2

建立班級常規

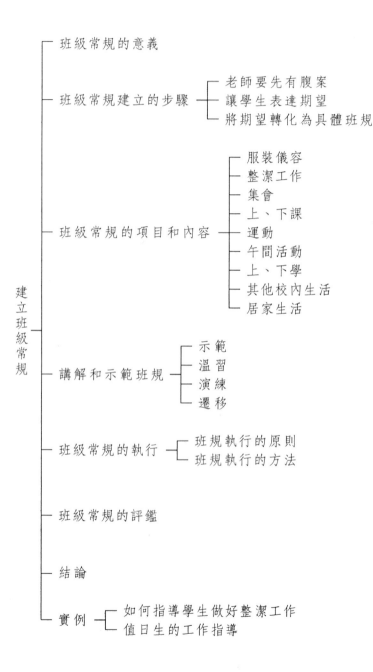

建立班級常規
- 班級常規的意義
- 班級常規建立的步驟
  - 老師要先有腹案
  - 讓學生表達期望
  - 將期望轉化為具體班規
- 班級常規的項目和內容
  - 服裝儀容
  - 整潔工作
  - 集會
  - 上、下課
  - 運動
  - 午間活動
  - 上、下學
  - 其他校內生活
  - 居家生活
- 講解和示範班規
  - 示範
  - 溫習
  - 演練
  - 遷移
- 班級常規的執行
  - 班規執行的原則
  - 班規執行的方法
- 班級常規的評鑑
- 結論
- 實例
  - 如何指導學生做好整潔工作
  - 值日生的工作指導

　　教室活動是否能順利進行，多半要看教師是否能維持教室常規。在一個班級中，大多數的學生都是循規蹈矩，願意參與學習活動的，但一班中總是會出現幾個令人頭痛的學生，不但自己不能專心上課，反而以破壞班級常規為能事，一個班級中，只要出現幾個這樣的學生，總會影響其他人上課的情緒，也會使教師疲於奔命產生倦怠。面對全班良莠不齊的學生，管教問題的確是一大棘手問題。教師如何在開學不久即先發制人，運用適當的方法建立良好的班級常規，是日後班級管理成功的先決條件。所以教師要在開學前先想好期望學生有那些行為，然後告訴學生他對他們有何行為上的期望，而且在訂定班級常規後，緊接著需要建立一套合理有效的獎懲制度，讓學生明白遵守或不遵守班規的後果（朱文雄，民 79 ）。

　　本文擬從班級常規的意義與重要性談起，接著再說明級任導師在新接一個班級或在開學之初如何指導學生訂定班規，使班級的一切步入常軌。班規建立後，接下來教師的工作是示範與講解班規的實行細則，讓學生清楚明白後，才能減少觸犯規則的可能性。本文後半部將把班級常規分成「班級公約」和「規定事項」來說明班級常規有那些實際內容。最後，以實例的方式來提供一些有經驗教師在建立班級常規時的有效作法。

班級常規的意義

　　班級常規是很難定義的一個名詞。提起常規好像大家都知道，要寫出它的實質定義卻不容易。朱文雄（民 79 ）認為 classroom discipline （班級常規）＝ classroom rules （教室規則）＋ classroom procedures （教室秩序或教室程序）。因為教室規則和教室秩序牽涉到教師對學生行為的

敘述性期望，而良好的班級管理是建立在學生瞭解所被期望的行為（包括遵守教室規則和教室秩序）。其實，班級常規就是學生在教室內日常生活的一種規律。這是學生應該知道而且確需遵守的。有些富有經驗的教師，在開學之初，就和全班學生共同議定一種「班級常規」，再印發學生每人一份，加以講解示範，務使學生人人能做得到，人人能確實遵守；這樣時日稍久，學生對於班級、教室內的一切例行事項，都有一定的規則可循，成為一種習慣、態度，對學生行為具有規範作用，既能保持教室內的良好秩序，使教室的教學與學生的生活正常發展，也可以培養成一種優良的班風。

班級常規，簡稱班規，班規就好比合同或契約。所謂合同，就是甲乙雙方取得協議——甲方同意做某件事，而乙方也同意以既定的方式做為回報。從這一點來看，班規就是老師與學生雙方取得協議。一般而言，學生遵守班規是一種義務，違反班規是犯法，理應受處分。「班級常規」最明顯的好處是「有法可循、有例可援」，避免失之公平。學生不但是「立法者」，也是「執法者」。當他們看到有人「犯法」，立刻剛正不阿的提出「班規」來制裁。這樣的「立法」與「執法」使學生在學校生活中能有一套具公信力的約束作用，不但能消極的壓制壞行為的發生，也有其積極的作用：設計或安排一個良好的教學環境，使學生的不良行為無從發生，同時也培養良好的學習與生活習慣。配合班規的制定，如能再有一套有效的獎懲制度，如「優點寶寶競賽」、「犯錯收回獎勵」或「獎賞清單」等條例，都能增加學生的自動性與榮譽感，也能在犯錯時誠心接受處罰（朱文雄，民79；楊麗雅，民83）。

班級常規建立的步驟

　　班規的建立是班級中每一個人都應參與的大事。在較低年級的學童，班規的制定通常由教師主導，由老師根據學生的生長背景及道德認知階層擬好班規條文，再向學生單向提出；在中年級階段，是民主思想的啟蒙階段，學生較會關心與自己切身有關的事務，參與意願較高，可由教師和學生共同擬定；在較高的年級可透過班級自治組織的運作，去決定一套自己期望且願意去執行的班規。下面是較適用於中高年級學生的班規制定民主程序（林義濬，民83）：

一、教師要先有腹案

　　老師要在開學前釐清對學生行為表現的期望，也就是在開學前教師就要先想好，並確定學生的那些行為是他可以接受的、那些是不被允許接受的。但是這項工作並不容易，因為學校活動極為複雜，所涉及的學生行為極為細瑣。一般而言，教師在構思時，可分從整潔、秩序、禮節、安全、課業、公物使用、學校規定等方面來決定對學生的期望。但非全部的期望都急在開學的第一天就和學生溝通，有一部分仍可留待日後適當的時機再提出。一般國民中小學常見的做法，是將班級常規分成兩部分：全班學生遵守的一般性行為指引訂為「生活公約」，通常以具體的文字書寫，張貼在教室的角落；至於例行性工作的做法和步驟則歸為「規定事項」，由於規定事項較為繁瑣，通常由老師先擬好，於開學時再向全班解說、示範

（張新仁，民 83 ）。至於班規有那些具體的項目與內容，我們將在下一部分做一較完整的介紹。老師可參考下表的格式，預先構思對學生的期望：

	課業方面	行為方面
第 一 天 溝 通	ex.作業繳交 ： ：	ex.座位安排 整潔 秩序 ：
日 後 溝 通	ex.實驗室規定 借書規定 成績評定 ：	ex.學校獎懲規定 ： ： ：

（轉引自張新仁，民 83 ， p.629 ）

二、讓學生表達期望

　　除了老師的期望，學生對班級也有自己的期望，老師可以設計一些方式，讓學生表達出對班級的期望。以下就提供一些教師可以設計來聽聽學生「心聲」的方法：

㈠利用作文簿或週記

　　讓每一位學生按自己的期望，寫下「如何使班級更快樂、更好」的作文。在進行指導時，老師需要告訴學生「我們要制定班規」，讓學生瞭解班規的意義與重要性。接著，若是在學期初且學生是原來班級的成員時，讓學生針對「班級的優點及需要改進的地方」、「我們的班級」等題目寫

下自己的期望；若學生是剛經過重新編班且對班級還很陌生時，則要求學生以「如何使班級更好」為題，寫下對班級的期望。老師批閱過後，將每個人的期望大致整理下來，並影印成冊，發給全班學生，作為制定班規時的參考。

(二)利用小組討論方式

首先，將班上的學生分組，每組推派一名組長。由小組長帶領，利用一星期的時間，觀察班上同學的生活習慣，找出大家在上、下課等活動時，一些秩序或整潔上的偏差行為。每組自行利用課餘時間，先討論觀察後的心得，並作成筆記。另外，老師也給予小組討論的「功課」，提出「如何使班級更快樂、更好」為共同討論題目，透過小組討論的方式，每位學生均有充分表達意見的機會。有時候可以把前項敘述的方法溶入運用，即是把影印成冊的全班期望交由各小組去討論，並記錄下共同的意見。

老師應盡可能地對小組的討論提供協助、建議。一週後的班級級會時，各小組選派一名組員，報告該組所提出的「班規」內容及獎懲細則。開級會時，若提出的「班規」條文通過全班二分之一以上的票數，該條條文即成立（楊麗雅，民 83 ）。

三、將期望轉化為具體班規

教師期望和學生期望必須轉化為明確清楚的班規，學生才有遵循的依據。在班會中通過的班規或是教師擬好的規條，於第二天要再書寫於壁報紙上，張貼於班級的公佈欄或教室中顯眼之處。公佈之日即為實施之日。至於有關「生活公約」或「規定事項」實踐與否的獎懲辦法，亦可書寫張貼於生活公約之後。有時候為了給學生在新規定實施初期能有時間適應，老師可以試行「不貳過」之法。所謂「不貳過」，是給第一次犯錯的人有

「自新」的機會，因為「人非聖賢、孰能無過」（楊麗雅，民 83 ）。

另外，班規在制定時，應注意以下幾點原則（朱文雄，民 79 ；陳錦花，民 83 ；張新仁，民 83 ；劉秀美，民 83 ）：

(一)內容簡潔

班規的條文，以簡單扼要較為容易記住，並且要明確、合理，才能在日常學校生活中被學生確實實施。班規勿用抽象的名詞，如傳統的禮、義、廉、恥等易讓學生茫然不知何所遵循。擬定班規條文的詞句宜切合兒童之認知能力及生活經驗，使學生瞭解、樂於遵循，才不會形同具文。

(二)正面措辭

班規的內容用字宜具正面意義，因為正面的鼓勵往往比負面的禁止有效。因此要告訴學生「該如何做」，而不是告訴他「不可以做些什麼」。例如：以「上課發言先舉手」取代「不可以擅自說話」；以「對人要尊重」取代「不可以吵架、打架」；以「對公物要愛惜」取代「不可以破壞公物」。

(三)數目不多

條文數目不宜過多，約五至十條最為恰當，以免過多而不精，學生也記不住。當學生已學會一些規則後，再逐漸增加。班規好比目標，目標一次訂太多，等於沒有目標一樣。

(四)張貼於教室內

將訂定的班規書寫出來，並張貼在教室顯眼的地方。當學生有違規行為發生時，要明確指出學生違反的是那一條，若學生還是對所觸犯的規條不清楚，必要時可提出來全班一起討論，以加深記憶。

(五)可更換規定

　　班規的書寫設計或公佈以能夠活動、替換為佳。每隔一段時間，或視班級的需要（即舊約全班都已能做到時），可以隨時拿下，更換新的條文。如果一整年都把班規貼在同一個地方，而未定期引起學生對它們的注意，那麼學生就再也不會去看它們。所以並非張貼、展示就會有預期的效果，可以逐次增加或更換條文，另外，常讓學生討論也不失為提醒之道。至於書寫設計的可替換性，教師可以發揮創意，在設計時即用容易活動的材料，如夾子、磁鐵等，若教室有小黑板則更方便，可以用黃粉筆書寫於左側或右側。

(六)掌握先機

　　學期一開始就要訂定班級常規，通常第一天是訂定班規的好日子，以後可利用班會時間加以訂定或修改。若是需要用到小組討論的方式或是徵詢學生對班級的期望時，可能需再花一週的時間作「民意調查」，但基本上，都要把握住學期一開始的這段時間。

　　茲舉某一班級的生活公約如下：

1. 不要破壞公物
2. 掃地時要自動把椅子搬上桌子
3. 上學不要遲到
4. 午睡要安靜
5. 上課不睡覺
6. 上體育課時要盡快到操場集合
7. 下課時要把門窗、電燈、電扇關上
8. 中午掃地完回教室要安靜
9. 作業要按時交齊
10. 費用應於定期內繳交

我們現在依據上述班規制定書寫原則來檢視，看看是否這樣的生活公約內容有需要稍加修改的地方。筆者應用上述原則修改後如下：

> 1. 愛護公物（正面措辭、較積極）
> 2. 準時到校（正面措辭、較積極）
> 3. 上課要速就定位、專心聽講（加以合併在五至六條規則內）
> 4. 按時交作業及規定的款項
> 5. 注意門戶、節省能源
> 6. 維護教室裡的寧靜

班級常規的項目和內容

就如同前面已敘述的，訂定班規是學期一開始的重頭戲，教師為了讓建立班規的過程更流暢、更鉅細靡遺地包含學生日後可能會出現的「各種狀況」，所以在全班開會決定班規內容之前，教師需「事先籌備」，即構思好班級常規的項目。當然，在實際制定時，不需要將廣泛的班級常規各個項目都一一納入，需視班級不同的性質，從班級最需要的規則開始，例如班上秩序問題嚴重，則可能需要從如何讓學生上下課間動靜得宜的規條來著手。以下將介紹班級常規的項目及一般常見的規定內容，供教師在事先構思時的參考：

班級常規的項目和內容，學者和專家的分類方法不太一致，但實質內

容大同小異，例如吳鼎教授將班級常規分成：「點名」、「出入教室」、「收發課卷」、「值日生工作」等項；伊文柱教授則將班級常規分成禮貌、秩序、整潔、勤學等四方面；現行國民小學訓導手冊則分成(1)教室規約；(2)上下學規約；(3)集會工約；(4)運動場所規約；(5)其他校內規約；(6)家庭生活規約；(7)校外生活規約（朱文雄，民 79 ）。本文將班規的一些實質內容稍加整理，以表格方式呈現如下（朱文雄，民 79 ；張炳杉，民 83 ；黃惠玲，民 83 ）。

活動	具體內容
服裝儀容	1.頭髮隨時梳洗，定時剪理
	2.服裝穿著整齊
	3.指甲常修剪
	4.升旗時服裝整齊戴帽子
整潔工作	1.牢記整潔責任區
	2.迅速就位勤打掃
	3.工作認真按時完成
	4.掃地用具用完放回原位
	5.垃圾要按時處理
	6.值日生每節下課後把黑板擦乾淨
	7.值日生要在下課後關鎖門窗
	8.值日生要在早自修做好教室整潔工作
	9.桌椅排列縱橫線條求整齊

整潔工作	10.窗戶開放要定位
	11.物品器材用後歸位排整齊
	12.丟棄垃圾前要做好分類處理
	13.看到髒亂隨時撿
	14.打掃完畢一定請組長檢查
	15.掃地之前必先灑水
	16.打掃期間不准嬉戲
集會	1.迅速安靜排好隊
	2.升旗時要行注目禮
	3.唱國歌要立正並恭敬地唱
	4.除值日生外，教室內不留人
	5.用心聽講並實踐
	6.表現優者嘉勉，表現差者要改進
	7.集會堂內不隨便說話
	8.發言時要先徵得主席的許可
	9.解散時如沒有特別規定一律整隊依次離開
	10.遇到事故要離開時要先報告老師
上課	1.上課鐘響立刻進教室
	2.科任、體育課要提早就位
	3.準備好用具等老師來上課

上	4. 要起立向老師敬禮問好
	5. 認真聽講、踴躍發言
	6. 發生疑難隨時問
	7. 認真做好各科作業
	8. 課本習作不亂塗
	9. 上課注意聽講不做正課以外的事
	10. 老師點名應舉手答「有」
	11. 發問必先舉手，經老師允許之後才可發言
	12. 分發材料由前向後傳，繳交作業由後向前傳
	13. 一段活動結束後必須迅速把東西收拾整齊
	14. 上課中除必需文具外，桌上不得擺有其他東西
	15. 老師尚未進教室之前一律安靜自修
課	16. 分發教具時由小組長領取，收回亦然
	17. 與同學研究問題時聲音只能兩個人聽見，不可干擾別人
下	1. 要起立向老師致謝
	2. 離開教室時座位椅子要靠好
	3. 禁止區不准私自進入（頂樓、地下室等）
	4. 不邊走邊吃
課	5. 進入合作社要排隊
	6. 遊戲玩耍重安全

下課	7. 進辦公室要說「報告」
	8. 聽到「鐘聲」或「報告」要停止活動並聽
	9. 在教室內、走廊上不得奔跑或追逐喊叫
	10. 要活動、要打球到操場
運動	1. 要愛護運動器具和用品
	2. 要遵守運動規則和老師的規定
	3. 比賽要服從裁判的判決與指揮
	4. 運動後用具應歸還原位
	5. 運動後應洗手、擦汗並禁止吃冰涼食品
	6. 運動時應注意安全
	7. 愛護公物、保持運動場所的整潔
午間活動	1. 休息時間應在戶外遊戲或走動
	2. 下課後如果別班尚未下課，不要去影響人家上課
	3. 中午休息時間不要做劇烈運動
	4. 中午午修一律要在座位上休息
	5. 抬用午餐要安靜、排隊、守秩序
	6. 自備碗筷兼做環保
	7. 餐食禮儀要注意
	8. 用完餐畢清理好
	9. 飯後洗手、刷牙並節約用水

放 學	*1.*收拾書包不遺漏
	*2.*路隊編排靜又快
	*3.*降旗時守秩序
	*4.*路隊進行不吵鬧
	*5.*關鎖門窗
	*6.*座位的椅子要靠好,抽屜裡的東西要帶回家
	*7.*回家路上不逗留、不買零食
其 他 校 內 生 活	*1.*進廁所要先敲門、離開後要隨手關門
	*2.*上廁所要保持廁所的整潔
	*3.*不亂丟紙屑
	*4.*拾到東西或金錢一定要交給老師
	*5.*送東西給師長或由師長手中接東西,一定要用雙手
	*6.*不塗抹牆壁
	*7.*不破壞販賣機或公共電話
	*8.*用水後隨時關好水龍頭
	*9.*不缺席、不逃學、有事必先請假
	*10.*發現陌生人要報告師長
	*11.*服從高年級學長姐的指導並照顧低年級學弟妹
	*12.*遇見問題立刻向老師反應

居家生活	1.先做功課再遊戲
	2.做完功課給父母親檢查
	3.空餘時間幫忙做家事
	4.愛乾淨每天洗澡
	5.準備明天的用具
	6.早睡早起精神好
	7.看書寫字要認真
上下學	1.吃過早餐再出門
	2.不遲到，也不早退
	3.東西帶齊上學去
	4.排好路隊，並行經有崗哨的路口
	5.遵守交通規則
	6.家長接送者，離校門口 30 公尺處下車步行進校門
	7.遇見老師或同學道早問好
	8.乘坐公車依序排隊，讓座老弱婦孺
	9.走路時不亂跑、不吃零食、不逗留

講解和示範班規

　　班級常規制定後，最重要的還是要讓學生知道如何去做。因此，對於較繁瑣的「規定事項」或是容易被忽略的「生活公約」條文，如：值日生每日的工作項目等，老師需要加以說明或親自演練，並讓學生練習，直到確定會了為止。教師可以透過行為、語言、圖片（投影片、卡通或畫片）的形式來示範。Bandura 在示範教學的研究中、介紹五個示範教學的步驟，在教師示範如何做好日常規定工做時，是十分有效的（金樹人譯，民82）：

一、示範

　　能夠將行為、言語、圖片等表現形式加以組合呈現，較單獨使用一種形式講解更有效。

二、溫習

　　對於教師所示範的項目，讓學生一起用口頭重述溫習，最好重述二到三次，確定所有的學生都參與了。

三、演練

請自願的學生將示範的內容再演練一次，有以三個目的：⑴讓老師檢查一下學生反應的正確程度；⑵再示範一次，讓其他同學也再溫習一次；⑶讓教師有機會增強正確行為，並成為全班的替代增強。

四、遷移

讓學生馬上將新學的事務應用在實際情形中，老師可以提供額外的練習，有助於學生將所學保留與遷移。

在運用這四個步驟時，要讓學生有參與感，不只是冷淡、平板的表現出來。此外，要馬上指正學生的錯誤，但記得不要個別指正，而是要再示範一次，然後再讓學生演練一次。這樣學生才不會感到困窘，又可使全班再注意一次正確的做法。在示範學習的過程中，老師要記得明確而清楚的回應與增強，例如說「很好，你已經懂得如何把掃地用具排列整齊」而非只是說「很好！」。

班級常規的執行

班規制定完成後，若不能徹底執行，就形同虛文。班規不是口號，要「知行合一」。在老師的演示和同學的練習之後，還要指導學生實行，並且隨時指導和矯正。班級常規管理應從「生活公約」做起。因此生活公約

的條文決定後，不僅要指導學生，訂出有效的獎懲辦法，將生活公約落實到日常生活中，而且在執行時，教師要指導學生隨時提出檢討。以下部分先說明班規執行時的一些原則，再說明班規實行的方法（林義澤，民 83；朱文雄，民 79 ）：

一、班規執行的原則

(一)對事不對人

老師應該就事論事，而非受情緒影響而意氣用事。教師對學生應該一視同仁，絕不能因不同的人犯錯而有不同的標準判定。情緒的控制是一種修養工夫，我們當然不可能企求每位老師都能把脾氣控制的完美無缺，但我們應該盡量學習把喜怒哀樂等情感適當的表達，不流於情緒化的作用而濫罵指控學生。

(二)預防重於治療

學生生活常規重在預防層面，教師應認真指導學生實踐，直到確定每個學生都確實學會並做到為止。同時，教師應多以身作則，給學生優良的學習榜樣。對於未實踐的學生，應究其原因，予以個別輔導。事先教會學生如何做好該做的事，比事後懲罰責罵來得好。

(三)注重合作而非命令

制定班級常規的旨意，是在協助學生自我引導，培養良好的生活習慣，而非操縱學生、表現教師的權威。因此，當學生犯規時，應以和學生「合作」的態度來選擇下一步的行為，勿以直接強迫命令、指揮恐嚇的方式對待學生，致使學生產生抗拒反彈。

(四)正向的引導

當學生違規或偏差行為之後,責備、體罰只能收暫時之效,不能真正解決與改善常規問題;只有鼓勵、明確告知如何遵循與執行,學生才能有所遵循,學到正確的行為習慣與常規秩序。例如,許多老師常罵班級學生:「教室亂七八糟,紙屑垃圾到處都是,簡直是……」。在指正問題之後,如能明確的提醒學生:「把自己位置四周紙屑撿一撿,垃圾整理好」。

(五)隨時指導

班級常規在實行期間教師應隨時予以指導,除了開學初班規制定完成後予以集中指導外,還可配合生活倫理或公民與道德課程,並利用各種機會隨機指導,例如週會、班會等時間。

(六)表揚優良表現

無論大人或小孩都喜愛他人的讚美、鼓勵,學習中的兒童此方面更是不可少。對表現優良的學生公開的表揚,可以激發學生追求榮譽心及上進心。可用頒發「榮譽卡」、集張數兌換學用品,也可以在走廊上設「榮譽專欄」等方式來表揚。

二、班規執行的方法

(一)辦理生活競賽

辦理全校各年級或年段競賽。分守時、秩序、整潔、禮貌等項,由導護老師或糾察對同學評分,每週統計一次,對優勝班級頒獎牌予以鼓勵,以培養學生個人及團體之榮譽心,進而能自我約束。另外,教師在班級中也可採各排或分小組競賽的方式,來落實班級常規的執行。

(二)獎勵

　　對有良好行為表現的學生或班級，利用週會或朝會當眾表揚，以激發其他同學見賢思齊之心。

(三)團體輔導

　　利用朝會、週會或團體活動時間集體輔導，透過角色扮演、辯論、演講、表演等活動輔導。

(四)配合各科教學

　　在各科教學情境中，可採討論、報告、說話、繪畫、唱遊、辯論等方式進行訓練。

(五)利用「自我評鑑表」

　　讓學生自行填表，自我評鑑、反省、改進。也可由幹部或教師根據設計過的「班規實行評鑑表」來評鑑。在本章前述的班規實質內容的表格，教師可以加以利用，設計成班規執行的評鑑表，用來考察學生在生活常規上的表現。

班級常規的評鑑

　　生活公約訂出後，教師應指導學生隨時提出檢討。生活公約的檢討評鑑方式可分為三種方式：

㈠學生自我評鑑、同儕間相互評鑑、教師評鑑。

㈡每日評鑑—配合生活與倫理與健康教育指導時機評鑑。

㈢每週（日、期中、期末）—運用班會時機評鑑。

級任老師可以依各班實際需要而設計「班級常規執行評量表」，讓學生可依表列的項目加以檢討反省自己，不妨考慮利用下列的檢核表：這是老師用來自我驗證，以檢討所定的班級常規是否合理，以作為來年改進的參考。教師在設計學生班規執行的評鑑表時，也可依需要，由老師根據前面所述的班級常規實質內容的表格加以選取所需項目來制定。

項　　　　　　　　　　　　　　目	是	偶爾	否
1. 你的班級中責任和工作分配明確嗎？			
2. 學生的責任或義務是正向積極的敘述嗎？			
3. 每個學生清楚自己的責任嗎？			
4. 學生是否參與生活公約的制定？			
5. 你和學生充分地討論生活公約的內容嗎？			
6. 學生們能自主自律，自我負責嗎？			
7. 你最近兩週內重新檢討過生活公約的內容嗎？			
8. 學生家長知道你班上的生活公約嗎？			
9. 學生家長知道你的管教原則和方式嗎？			
10. 你經常和學生家長保持連繫嗎？			

結　論

　　班級常規經過學生自己制定（商定條文）、執行、司法（自己檢討獎懲）程序，是一種培養民主生活的教育方式，也是最合乎德育原理的教育方法。班級常規管理是由生活公約做起的，生活公約訂定後，還要指導學生訂定獎懲辦法，才能使學生把生活公約的條文落實到日常生活之中。因此，在班上建立一套獎懲制度是非常必要的，不但可以幫助老師順利推行班級常規，也能成功地維持教室的秩序。對於如何建立起一套完善的獎懲制度，將在下一章有完整的介紹，在此僅敘述配合班級常規執行的一些獎懲原則：獎勵時，可分為小組比賽或表現傑出的個人表揚；懲罰時，盡量採團體制裁的辦法，不要針對學生個別來公開處罰。最重要是：老師在整個班級常規制定的過程中只是扮演「顧問」的角色，從旁指導學生，而非越俎代庖。

如何指學生做好整潔工作

出處：劉淑秋著（民83）：整潔工作分配與執行。載於台灣省教育廳
編印之班級經營──理論與實際。

解說：訓練學生做好整潔工作是班級常規訓練的重要一環，如何畫分
整潔工作的責任區與督導學生做好份內的工作呢？以下介紹劉
老師的做法：

 整潔工作的分配

1.將全部清掃範圍畫分定名，並加以編號，填在黑板上，如附表。

2.說明每項工作的方法，讓學生清楚並學會如何打掃。

3.按整潔工作明細表的順序，徵求學生自願，並在該項工作細目下填上座號或姓名。若有學生不選擇，則由老師指導分配。

4.實際讓學生認識自己的工作範圍。

5.將分配協調的結果繪成圖表，公佈在佈告欄。

6.指派各組一號為組長，負責督導工作。

7.明訂每天清潔工作時間。

 整潔工作的執行

1.在開學後第一週，老師要在旁督導，對於工作的方法要隨機個別指導，平日則由組長督導。

2.整潔工作的考核列為生活秩序評分的項目。

三、整潔工作的追蹤

1.對於不適任的工作重新分配，輔導其重新適應。

2.老師隨時對表現良好學生予以讚賞，學會欣賞自己努力的成果。

整潔工作明細表

掃地 拖地 排桌椅	1 2 3 4 填學號 1 2 3 4 1 2 3 4	黑板 風琴 倒垃圾	1 2 3 1 講 1 桌 1 2	門窗櫃子公共區域	1 2 3 4 5 6 7 8 9 10 11 12 1 2 3 4 5 6 7 8 1 2 3 4 5 6

整潔工作圖

	1 2 3 4 填 學 號 1 2 3 4 1 2 3 4		1 2 3 1 講 1 桌 1 2		1 2 3 4 5 6 7 8 9 10 11 12 1 2 3 4 5 6 7 8 1 2 3 4 5 6

值日生的工作指導

出處：黃正昆著「值日生的指導與考核」載於台灣省教育廳編印「<u>班</u>
<u>級經營──理論與實際，民 83 年，433頁</u>。

解說：值日生是班級常規工作中的「值日官」，負責溝通協調班級中
一天的學習與生活，也是班級幹部的「副手」。以下介紹黃老
師對值日生工作輔導的做法：

一　值日生的產生方式

1. 自己選擇工作夥伴，以增進合作氣氛和工作效率。

2. 男女合作，增進兩性正常交往。

3. 抽籤決定輪值時間。

4. 按座號輪流（以一男一女較佳）。

二　工作項目

1. 協助風紀股長管理秩序及路隊。

2. 協助垃圾分類與資源回收。

3. 協助班長、副班長準備教學用具。

4. 協助學藝股長收發作業。

5. 協助衛生股長檢查整潔。

6. 放學後檢查門窗及水電及課桌椅是否排放整齊。

7. 下課時，教室及走廊整潔的維護。

三、工作指導

1.輪值表要公告週知。

2.工作項目在班會中討論通過後實施。

3.每天填寫工作日誌作為考核的依據。

4.每天早晨生活倫理時間，安排前一天值日生的工作報告或檢討。

5.班會時間對一週來的「值日官」提出總檢討，並選擇幾位予以表揚。

四、值日生的考核

1.自行考核——在教室日誌中印上工作項目，做到則打「∨」，臨時服務項目自填。

2.幹部考核——班級幹部利用其觀察及教室日誌上所載，利用班會，共同連署提名表現優異者，被提名者可換取榮譽卡。

3.同學考核——班會時，老師和自治幹部將二週以來的值日生服務績優名單提出來，經「大會」通過後，由老師宣佈「優良值日生」。

4.優良值日生經評選出後，頒發榮譽卡，並加操性分數。

參考書目

朱文雄（民79）：規範理論與班級經營。載於朱文雄（民83）班級經營，復文出版，210頁。

林義濬（民83）：從制度化觀點——談生活公約的訂定與執行，載於台灣省教育

廳編印班級經營——理論與實際，360－363頁。

金樹人譯（民82）：亦步亦趨學我樣。載於金樹人譯教室裡的春天一書，台北：張老師出版社。

張新仁（民83）：教室管理面面觀。載於台灣省教育廳編印之班級經營——理論與實際，625－641頁。

張炳杉（民83）：學生一日生活作息的指導。載於台灣省教育廳編印之班級經營——理論與實際，372－376頁。

陳錦花（民83）：班級生活規約訂定。載於台灣省教育廳編印之班級經營——理論與實際，340－343頁。

黃惠玲（民83）：班級生活常規代表自己一級任老師。載於台灣省教育廳編印之班級經營——理論與實際，355－359頁。

楊麗雅（民83）：班級生活公約的制定。載於台灣省教育廳編印之班級經營——理論與實際，353－354頁。

劉秀美（民83）：班訓與班規的訂定巧思。載於台灣省教育廳編印之班級經營——理論與實際，106－111頁。

建立有效的獎懲制度

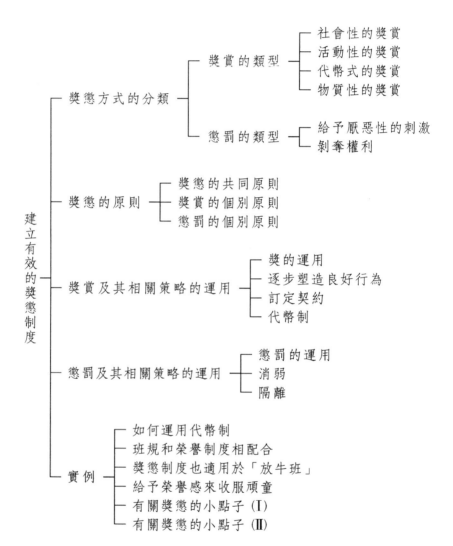

建立有效的獎懲制度

獎懲方式的分類
- 獎賞的類型
  - 社會性的獎賞
  - 活動性的獎賞
  - 代幣式的獎賞
  - 物質性的獎賞
- 懲罰的類型
  - 給予厭惡性的刺激
  - 剝奪權利

獎懲的原則
- 獎懲的共同原則
- 獎賞的個別原則
- 懲罰的個別原則

獎賞及其相關策略的運用
- 獎的運用
- 逐步塑造良好行為
- 訂定契約
- 代幣制

懲罰及其相關策略的運用
- 懲罰的運用
- 消弱
- 隔離

實例
- 如何運用代幣制
- 班規和榮譽制度相配合
- 獎懲制度也適用於「放牛班」
- 給予榮譽感來收服頑童
- 有關獎懲的小點子 (I)
- 有關獎懲的小點子 (II)

　　我們可以很容易的發現，獎懲是激勵學生學習的方法中，最常被老師運用的一種。許多有經驗的老師常會正確地運用賞罰，使表現良好的學生，因為有獎賞的「餌」而繼續努力；使表現不良的學生，因為受到警惕而不再重蹈覆轍。然而仍有不少老師，因為不知道如何正確地使用賞罰，而無法達到預期的效果，甚至還產生反效果或副作用。對這些老師來說，管教學生的確是一件頭痛的事！

　　在教學過程中，學生的違規行為常讓老師有「層出不窮」的感覺，因為學生來自不同的家庭環境，加上學生又是尚未成熟的小毛頭，思想行為的表現有時相當幼稚，所以各種違規行為可能會不斷發生。站在教育的立場，學生是「可教」的，也就是說，透過教導，學生可以改變自己的行為，發展潛能，並對自己負責。但是，如何導正學生不良的行為，建立其正確的行為？這是每位老師最傷腦筋，但卻要常常面對的課題，因為如果老師處理不當，不但沒辦法達到導正的效果，可能還會造成更大的傷害。

　　根據行為改變技術的觀點，在行為改變與建立的過程中，增強物的使用，是強化行為的必要條件，因此如何善用獎懲，也就成為改變學生行為成敗關鍵之所在（楊榮棧，民 80 ）。在行為主義學派出現之前，大多數的人文主義派學者主張學習不待外鑠，為學習而學習，才是教育的真正目標，效果也較為持久。但自行為主義派的學者以實徵效果揭示增強作用，從此以後教育界也多建議教師們在實際教學之際，多採用獎勵的手段。獎勵和懲罰在心理學上是根據桑代克（E.L.Thorndike）的「效果律」而來的，強調兒童的某種行為，若屢次引起愉快的結果，則這種行為將愈來愈鞏固；反之，若兒童的某種行為屢次伴以痛苦，則這項行為將會逐漸削減。人的本性都喜歡「吃軟不吃硬」，都喜歡嚐甜頭，也都會規避痛苦。所以，獎懲就是利用這點天性而產生的效果（紀淑和，民 80 ）。但值得注意的是，獎懲若不當的使用，會降低學生內在的學習動機。所以在教育上，獎懲的使用只是一種方法、手段，它本身不是目的，要慢慢使學生由依賴獎賞或處罰來約束行為而進步到內在的自動自發，發揮原有的潛能，

如此才能發揮教育效果。

獎懲方式的分類

　　獎勵與懲罰是教師們為了維持學生學習動機最常使用的兩種方法。凡是所給予的東西（包括物質的、精神的），能使學生產生愉快感受的，或使其需要滿足的均可稱之為獎賞。反之，凡給予的行為或物品，能使學生產生痛苦感受的，都可稱之為懲罰（紀淑和，民 80 ）。根據行為心理學的觀點，學生若表現合適良好的行為，老師能馬上給予適度的獎賞（正增強），則學生會更喜歡表現良好的行為；反之，學生若表現不當的行為，老師能予以適時的處罰，則可阻止學生不當行為的再發生。自行為心理學派之後，許多學者紛紛提出各種獎懲方式，來增強學生良好的行為或有效處理學生的問題行為。為了更清楚的呈現獎賞和懲罰的應用，以下先介紹獎賞和懲罰的類型：

一、獎賞的類型

　　獎賞是教師在指導學生時常用的技巧。老師運用「正增強物」來加強學生的行為，使學生下次願意再做出老師所期望的行為。換句話說，當學生學會了一種正確的行為，例如道德判斷、應對進退的禮節或各項知識性的學習，這時候老師要適時的給予鼓勵，學生所學會的東西，便會因增強而更加牢固。且由於獎勵本身帶給學生的喜悅和榮譽感，會引起學生主動學習的興趣及對自己的信心。所以，獎勵是一種重要而有效的教學技術。

　　學者對於獎賞的看法可謂大同小異，以下就以 Bull & Solity(1987) 所提的四種獎賞類型為代表，介紹其特色及使用時的限制：

(一)社會性的獎賞

　　這是屬於非物質性的獎賞，是由人與人之間互動所產生的自然結果，它可以是口語的，也可以是肢體語言的，例如讚美、點頭，微笑或眨眼示意。

　　社會性獎賞較適合年紀較大的學生。例如，有位老師在所任教的班級中實行滿分給獎品的制度，有一次平時考，有三位學生考一百分，老師給每人一枝自動鉛筆作為獎勵，結果有一位學生不要，把自動鉛筆還給老師，說他已經有好幾隻自動鉛筆了，老師只好請全班給他一個「愛的鼓勵」，結果這位學生笑嘻嘻的坐下了（楊榮棧，民 80 ）。這個例子說明了兩件事：它說明了社會性獎賞的效用，也說明同一增強物並不一定對每個學生都有效。

(二)活動性的獎賞

　　當學生表現良好時，即提供參與活動的機會。要注意的是，這個活動的本身必須是學生所喜愛的才有效，學生為了得到參與活動的機會，努力去達成老師所期待的工作。許多有經驗的媽媽也常用此對付挑嘴或調皮搗蛋的孩子，例如「吃掉你盤子中的青椒，才准你吃巧克力蛋糕」或「把功課寫完，才准看卡通」等。而應用在教室中的活動性獎賞也有很多，例如：在學生表現出老師期望的行為之後，允許學生觀賞影片、看課外讀物、給予自由時間、使用電腦、公差……等。值得注意的是，活動性獎賞物必須是學生所喜愛的，才具有獎賞作用。

(三)代幣式的獎賞

　　代幣式的獎賞通常是以可見的、實體的代表物來代替其他獎賞物，即

當學生表現出老師期望的行為時，給予一個讚許或表示進步的標記，累積這些「標記物」到一定的數目時，可用來換取學生喜歡的東西。原本這些「代幣」是不具增強效果的，但因為它可以用來換取「原始增強物」，例如食物、文具用品，休閒用品等，所以逐漸它便成為「制約增強物」，也就是中介物。這種代幣式的獎賞，常常結合物質性或活動性的獎賞。對於年紀較小的學童，代幣式的獎賞與能直接看到獎品的物質性獎賞一樣有效，且增強的時間更久。這種方式的獎賞，許多腦筋動得快的商人很早便學會使用，例如許多兒童食品，內附一張小卡，上頭寫著集滿幾點或湊滿幾個特定的字，即可兌換金鋼戰士玩具或參加抽獎活動……等。常常見到許多小孩子，吵著媽媽要買某種餅乾，其實並非餅乾好吃，而是想要集卡去換玩具。由此可以看出，代幣式的獎賞，對年紀小的學生仍具有無法抗拒的魅力。

在學校生活中，教師運用代幣制的例子很多，例如以星星、記點、徽章、獎勵卡、貼紙、笑臉記號……等來當代幣。通常這些代幣的材質最好是以柔軟、攜帶方便、貯存方便的紙品或軟性塑膠較好。為了避免學生對同一原始增強物因飽足而厭煩，則可以允許持有代幣的學生，依自己的需要來選擇不同的原始增強物，例如，允許學生用不同的積點來換取不同的增強物。以下的獎賞清單，即是一例（ Walker & Shea ， 1991 ；轉引自張德銳，民 84 ）：

表 3-1　獎賞清單

獎賞物	時　間	積點
自由活動時間	10 分鐘	20
看電視	30 分鐘	45
讀漫畫書	5 分鐘	15
聽錄音帶	10 分鐘	20
作美勞	5 分鐘	10
模型泥土一盒		55
蠟筆一盒		45
彩色簿一本		50
擦指甲油	12 分鐘	25
玩玩具	10 分鐘	25
借一本書	48 分鐘	35
借一套遊戲	48 小時	50

（資料來源：Walker & Shea,1991, p.127 ；轉引自
張德銳，民 84 ， p.173 ）

(四)物質性的獎賞

　　物質性的獎賞通常是具體的，可以直接食用或使用，例如甜點、文
具、各種禮物等。它不同於代幣式獎賞的是，通常代幣式獎賞只是一種標
記，表示學生的進步或表現優良，它最終的目的在換取物質性、活動性或
社會性的獎賞，但仍以能直接獲得滿足的物質性獎賞為主。因此，代幣式
的獎賞可以說是間接的；而物質性的獎賞是較為直接的獎賞方式。

　　物質性的獎賞比較適合幼稚園或低年級的學生，也可以與其他獎賞方
式配合使用。

　　以下將四種獎賞類型以表格呈現，在使用參考時更容易一目瞭然：

表 3-2　獎賞類型

類　型	特　色	例　子	評　論
社會性的獎賞	涉及與他人愉快的互動	讚美、鼓掌、接觸（握手）擁抱（小朋友）微笑、書寫便條說明給家長說明子女在校優良表現	係由他人的行為所決定：常常是社會行為的自然結果。
活動性的獎賞	涉及愉快活動的機會	任何喜好的活動：遊戲、玩耍、擦黑板、自由選擇活動、閱讀課外讀物	所提供的活動必須是學生所喜愛的，最好避免是課外活動，也許也會涉及到社會性的增強物，例如：參與同學團體遊戲。
代幣式的獎賞	可見的、實體的讚許或進步之標記	星星、記點、徽章、獎勵卡證明書	這些可單獨使用或與活動性、物質性的獎賞交換應用。
物質性的獎賞	實體的／可用的／食用的	甜點、玩具裝飾品或各類禮物	適合幼稚園或低年級小朋友，其他獎賞類型無效時亦可使用。經常與其他獎賞類型配對出現，以增強新獎賞的效果。

（資料來源：Bull S., & Solity J. (1987). Classroom management:Principles to practice. London: Croom Helm, p.112；轉引自吳清山，民 84，p.145。）

二、懲罰的類型

懲罰是對犯過或違規者，給予身心上適量的痛苦，或不舒適，例如譴責、記過等，使學生得到極煩惱的結果，在心中形成一種警惕作用，希望他以後不要再做（紀淑和，民 80 ）。當學生在學校或教室中表現不當行為時，教師基於班級秩序的維持，常常會採用懲罰的手段。許多學者對於懲罰的看法大同小異，均是指教師施罰，造成學生心理或生理上的痛苦，俾使其不良行為不再發生。Cheesman & Watts(1985) 提出兩種主要的懲罰方式：

(一)給予厭惡性的刺激

這種懲罰方式是將個人所嫌惡，視為痛苦之源的刺激加到他身上，藉以抑制其不良行為的發生。這種厭惡性刺激可能是社會性的，如口頭警告、口頭斥責、通知家長、冷漠、給臉色等；或者是實質性的，如記過、留校察看、罰錢、罰寫作業、罰掃地、體罰等。

(二)剝奪權利

這種懲罰方式是將個人所喜好，當作快樂泉源的刺激，自他身上奪走，或故意扣緊這些正增強物不施給他，藉此削弱其不良行為的發生率。例如，取消自由活動的時間、剝奪喜歡的活動、剝奪先前所發給的代幣等。

上述兩種懲罰方式，包括許多相關策略的運用，這些將在本章下一個段落敘述。這兩種懲罰方式，學者認為以「權利剝奪」對兒童的傷害較小，也是改變兒童行為的有效方式。而「給予厭惡性的刺激中」，體罰比起口頭警告、口頭斥責、記過、罰寫作業等具有更大的爭議性。對於體罰，一般的看法大致分為兩派：一派學者是堅決反對，認為學校中不能使

用任何型式的體罰，因為體罰具有下列多項負面效果（林家興，民 82 ；張德銳，民 84 ）：

⑴受罰的學生日後會仿效體罰的暴力行為，以作為解決人際衝突的最佳方法；

⑵體罰只能讓學生暫時壓抑不良行為，而不易徹底消除不良行為；

⑶體罰會引起強烈不快情緒，影響個人心埋衛生；

⑷體罰會破壞師生間的情感；

⑸糾正錯誤行為的方式很多，體罰並非最有效的一種；

⑹一般老師缺乏施罰的技巧，很難有效的實施體罰；

⑺我國教育行政當局對體罰是明令禁止的，教師若不當的體罰對學生造成傷害時，可能要負法律上的責任與教育行政當局行政上的處分。

另一派的學者是贊成「適度的體罰」。他們雖同意體罰並非上策，但也不反對以較溫和的體罰方式，來作為管教學生的「最後一招」。他們認為如果學校所實施的體罰如果符合下列要件，則可以考慮被允許：

⑴體罰不應傷害到學生身體；

⑵教師在訴諸體罰之前，必先嘗試過其他的處理手段；

⑶學生應事先獲知「遊戲規則」，即什麼樣的違規犯過行為會遭受到體罰的處分，且在體罰前，老師要說明理由使學生知道他為什麼受罰；

⑷體罰的執行方式、執行者、執行場所、執行次數、執行強度、申訴管道等應該事先明訂，並且為大多數教師、學生、家長所接受；

⑸學生受罰後，必須接受適當的輔導與追蹤輔導。

雖然大多數的教育學者主張「少罰多賞」，但由於處罰具有抑制學生問題行為並有嚇阻學生違紀企圖的作用，因此，在教師管理教室秩序時，仍有實施的必要和價值。但是，教師在使用懲罰時，應注意其施行的原則，使副作用減到最小。同樣的，獎賞的方法亦有其副作用，也容易被老師們所誤用，以下將介紹一些獎賞和處罰的應用原則，藉以提醒教師們在使用時應注意的事項。

獎懲的原則

　　獎懲運用得當與否，直接影響教學成效，運用得當，可使教師在班級經營上，如虎添翼，只要學期初訂好有效的獎懲辦法，讓學生熟知「遊戲規則」，則接下來的日子，老師就不用費太大的心力了；但如果運用不當，老師常會為學生層出不窮的違規行為而操煩、疲於奔命，有時，還會造成學生身心的傷害或師生關係的緊張。因此，如何運用有效的獎懲原則，是很重要的課題。

一、獎懲的共同原則

　　獎賞和懲罰並非完全是各自獨立的，它們可以視為管教學生的連續體。因此建議教師在運用獎懲時，能夠遵循下列共同的原則（吳清山，民84；紀淑和，民80）：

(一)獎賞多於處罰

　　懲罰的負面影響較多，不論從心理學、社會學來看，懲罰本身就是對違規者施以痛苦，折磨或損失等方式，以糾正不良行為。但懲罰並未積極地告訴學生一種替代性的行為方法，一味的責備，扣分、罰寫等，只會使學生降低學習興趣，對學生身心發展未必有益。故老師在運用獎懲時，宜視情況，在獎或懲之間作一最佳選擇，此外，懲罰次數不宜多。

(二)獎懲須及時合理

獎賞和懲罰的效果，最重要的是掌握時機。當學生有良好或不當的行為時，要立即給予賞或罰，若錯失良機、時間拖得太久，學生會對教師的獎賞產生麻木不仁的心理，也可能受罰了，也不知道為什麼事被罰，這樣的罰，就失去了意義了。此外，教師的懲罰應合理，不因學生不同而有差別待遇，也避免使用「連坐法」，連沒犯錯的同學也受到處罰，導致殃及無辜。

(三)事先訂立行為標準

無論獎賞或懲罰，事先都應和學生「約法三章」，即和學生約定好那些行為該罰，那些行為可獲得獎賞來鼓勵。在訂定這些標準時，應兼顧學生的發展階段，採取不同的標準。例如，年紀較大的學生，可多用社會性獎賞來替代物質性的獎賞；採用口頭上的斥責來替代身體上的處罰。另外，建立客觀的獎懲標準後應公開，讓學生時時自勉或自我警惕。

(四)個人與團體獎懲並用

教師在採用獎懲時，亦可透過團體的力量，激勵學生為爭取團體的榮譽而努力；同時，也可經由團體的制裁，使不當行為者有所警惕。但是，團體懲罰，絕非「連坐法」式的處罰，而是透過團體的力量來互相約束。例如：當某些學生上課秩序不佳時，老師不能因情緒不佳罰全班，可利用小組競賽的方式，並向全班說明：若小組內有同學秩序不佳，則全小組記上一個「缺點」，則小組為了小組間競賽的勝利，自然會去約束那些「愛搗蛋」的小朋友。

二、獎賞的個別原則

獎賞並非萬靈丹，如果運用不當，仍有不良的副作用，因此，建議老師運用獎賞時，能夠遵循下列的原則：

(一)慎選獎賞的方式

獎賞的方式甚多，但並非同一種獎賞對每一位學生都有效，會因學生身心發展的階段、人格特質、家庭背景等因素的影響，使學生需求不同，故老師在運用獎賞方式時，應對學生的背景有一番瞭解，再慎選獎賞的方式或獎賞物的種類，要「投其所好」，這樣的「誘餌」才有效果。

(二)精神獎賞重於物質獎賞

物質性獎賞可能的副作用是會造成學生唯利是圖，表現良好僅是為了得到獎品，而錯把獎賞手段當成是目的，此乃失去獎賞的價值和意義。有時，培養學生自動自發的精神榮譽感和內在動機，社會性（精神性）的獎賞則是較佳的方式，有時一句讚美、鼓掌等方式，學生也會感到滿足，且效果持久。有時候加點創意式的讚許，對許多平時一直得不到老師讚美機會的學生，會有意想不到的效果。例如：有位教師看到學生在打掃校園，老師打氣地說：「我看到你們掃了一堆樹葉……你們掃了兩堆樹葉……別告訴我你們又掃了另一堆樹葉……我十分感謝你們的幫忙。」這種神來之語，會常常讓學生感到很窩心的（楊樹槿，民 81 ）。

(三)避免獎賞的副作用

獎賞的濫用易使學生產生徬徨不安或毫不在乎的態度，怎麼說呢？經常獲獎的學生，一旦未能獲得獎賞，會徬徨不安；而常常無法獲獎的學生，就會得過且過，毫不在乎、漫不關心的態度。老師應教導受獎人以謙

和態度來承受獎賞；對未獲獎者也應多加鼓勵，讓他們瞭解將來仍有獲獎的機會。

三、懲罰的個別原則

懲罰固然有其副作用，為使處罰變得利多弊少，教師運用處罰時應注意下列事項：

(一)懲罰之前說明受罰理由

教師在懲罰學生之前，應對其為何受罰的理由說明清楚，使學生瞭解受罰的原因，也可以讓其他未受罰的學生瞭解那些行為是違規的、會受罰的，減少下一次不良行為出現的可能。懲罰只是一種手段，行為改正才是目的。

(二)懲罰應盡量私下進行

有些老師為了收「殺一儆百」之效，常在公開的場所處罰學生（如操場、走廊），如此會造成學生很大的難堪，基於維護學生自尊的立場，懲罰的地點應適宜，不可在大庭廣眾，眾目睽睽之下，盡量採用「揚善於公堂，規過於私室」的方式。

(三)教師施罰時應保持冷靜

老師懲罰學生時，應心平氣和，避免盛怒之下的意氣用事，常常情緒衝動狀態下處罰學生，會口不擇言，或出手太重。誤傷了學生的身心，不幸的話還會吃上官司。有些老師罵學生：「你這個沒藥救的白痴！」「你是豬！」等，此類脫口而出的話，不但損害學生的心理，也會損害老師平日建立起的威嚴和形象。有些老師將處罰用的棍子放在距離教室較遠的辦公室，等怒氣沖沖的從教室到辦公室再回來時，氣已消掉大半，若覺得還

是應罰再罰。我個人倒覺得，揚棄棍子，等氣消了再決定一些溫和的處罰方式較好。

㈣施罰後應予輔導

　　懲罰只是一種手段，讓學生改過才是目的。懲罰只能警醒學生，告訴他犯了錯，但事後的輔導，才能積極幫助學生改過向善，積極鼓勵學生表現出適當的行為來代替。而教師更應利用輔導，去深入瞭解學生不良行為背後的真正原因，才能根治這些問題行為。

　　總之，獎懲非教育的萬靈丹，也需靈活運用，並遵循各種原則，才能使獎懲發揮各自的功效。

獎賞及其相關策略的運用

　　在接下來的文章中，將介紹如何有效地運用獎賞、處罰及其相關的策略，供教師們作為處理學生行為時的參考：

一、獎的運用

　　無論是「獎賞」或「處罰」，主要是依據「增強原理」。增強原理主要有下列五個：

(一)針對目標性行為

只有在出現老師所期望的目標行為時才增強；非目標行為不應受到增強。亦即不應讓學生覺得表現極佳或表現不佳都能得到同樣的效果，否則教師的獎賞就無法具有吸引力。

(二)把握時機

為目標行為一出現時，馬上給予增強，讓學生清楚感受到老師的「遊戲規則」不是隨便說說而已，從歷史故事「秦始皇的徙木立信」的效果可知，要讓學生確實知道老師既訂的辦法，是會「照章辦理」，不能把這一套訂定的獎懲辦法「等閒視之」。

(三)緊迫盯人

這樣的招數不是要老師緊盯著學生，「雞蛋裏挑骨頭」似的找學生缺點，而是希望老師多去注意學生的優良表現。在塑造學生良好行為的初期，每次學生有好表現，老師都要適時給予鼓勵，學生才能感受到時時有人關心，期待他有更佳的表現，這就像長跑選手，剛開始的一段路程，觀眾的加油打氣能給予充足的信心。

(四)適時鬆手

當學生良行表現的次數增加時，就不需要老師緊迫盯人般的增強了，這時候偶爾的增強即可。就像學騎腳踏車，成人老扶著後座跟著跑也不是辦法，要適時的鬆開手，相信孩子自己也有平衡的能力。同樣的道理，學生表現好也不能全靠為賞而做，相信學生內在也會有一股驅動自己的力量。

(五)自我控制

對年紀小的學生，以物質性獎賞最有效，但慢慢的也要增加社會性獎賞，以減少學生對物質性獎賞的依賴，自己認為對就去做，而不必老師費盡心思地「利誘」才去做。相信經由訓練，學生內心就會有一套自我要求的紀律。

在學校生活中，教師使用獎賞物來增強學生良好行為是很常見的一種激勵策略。例如：小明按時交作業，教師摸摸頭向他表示讚許，日後小明按時交作業的可能性將提高。又如小華月考成績每科都進步 20 分以上，老師送他小禮物以資鼓勵，則小華下次月考會更努力。除此之外，老師也可以經由獎賞物來增強老師期望的行為，來消除老師不期望出現的行為。例如：藉由獎賞安靜坐在座位上的學生，來讓其他上課愛走動的小朋友為得到獎賞而必須乖乖坐下來安靜。又如果小新上課經常帶頭吵鬧，則可以讓小新擔任風紀股長，如此，小新的新角色很可能迫使他必須潔身自愛，進而還會幫助老師維持秩序！

二、逐步塑造良好行為

所謂的逐步塑造良好行為，是指在養成學生良好行為的過程中，連續分段增強與目標行為最接近的一連串反應，並且逐步消弱無關緊要的反應，一直到目標行為完全建立為止（張德銳，民 84 ）。就像是最複雜的舞蹈動作，也是將複雜的部分分解，部分學習熟練後，再一氣呵成的表演出來。

同樣的，學校教師可以運用逐步養成的策略來塑造學生良好的行為。以下就以上課不安於座的學生不當行為為例。來介紹逐步養成策略的進行（張德銳，民 84 ）：

*1.*仔細選擇一個有意義且學生能夠達成的行為目標：要求學生能在一

堂課 50 分鐘當中都能不離開座位。

　　2.獲得可靠的學生起點行為之資料：也就是觀察這位學生上課離座的情形，記錄下每隔多久會離座一次。

　　3.選擇一個有力的增強物：發現該位學生下課喜歡到球場玩籃球，因此可以決定，以下課時間到球場打球的這項權利為增強物。

　　4.劃分建立目標行為的分段步驟，然後依次增強：教師可先從要求學生上課安靜不離座 5 分鐘開始，逐步要求其靜坐 10 、 15 、 20 …… 45 分鐘，最後再要求學生能一次安靜不離座一整堂課 50 分鐘。學生只要達成老師訂定的「階段目標」，即獲得下課打球的權利，否則下課只能在教室抄書。

　　5.連續地增強新建立的目標行為：若學生果能安靜不離座 5 分鐘（或 10 、 20 …… 45 分鐘），下課即能出去打球。

　　6.間接地增強已建立的目標行為—接下來則不需每次都給予下課打球的權利，可能每兩堂課或更久時間的好表現，才給予一次獎賞，讓學生逐漸不依賴獎賞才上課安靜。

三、訂定契約

　　「條件契約」是一種以契約的形成，來說明老師期望學生表現的行為，以及學生切實遵守契約或違反契約所可能帶來的結果。這樣的契約，無論是書面或口頭的契約，最好都是由教師和學生經過一段時間的協商之後所共同決定的。教師為了誘使學生表現良好的行為，他可以利用學生很喜歡的行為做為誘因。例如「安靜在座位上 50 分鐘，然後你就可以到操場打球 10 分鐘」（張德銳，民 84 ）。下圖是一個書面契約的例子：

契　　約

日　期：80.3.7

　　小明和張老師同意本契約。本契約生效日期從 80.3.10 到 80.3.30 。在 80.3.28 對本契約的施行結果，進行檢討。

　　本契約內容是：

　　小明將在契約生效期間，每天進行老師所規定的體育活動 30 分鐘。

　　老師將提供給小明一張外埠籃球比賽入場券。

　　如果小明能夠做到契約的要求，則可以得到規定的獎賞，如果小明無法做到契約的要求，則獎賞將自動取消。

學生簽名：小明
老師簽名：張老師

圖 3-1　一個書面的條件契約

（資料來源：Walker & Shea, 1991, p.118；轉引自張德銳，民 84 ， p.171）

　　和學生訂定契約，只要各項條款清楚明確，學生也感到公平合理，並簽名蓋章同意後即生效。這種契約的形式也讓學生體會到成人社會中契約的法定效力，也感受到「成長」是必須學會為自己講過的話，做過的事負責任，這也是訂定契約所帶來的意外效果喔！

四、代幣制

　　「代幣制」是指針對一群個體實施一套專門運用代幣來增強目標行為的有組織方案。任何具有實施方便、攜帶方便和可以貯存的東西，都可以在代幣制中充當中介物，如塑膠假幣、郵票、貼紙、星星、記點卡、笑臉記號、徽章、榮譽卡等。在學校生活中，教師運用代幣制的例子很多。例

如教師對於作業認真、待人謙恭有禮、熱心助人、做事負責的個別學生，分別給予一張有笑臉的榮譽卡，集滿十張榮譽卡者可兌換一本筆紀本（張銳德，民 84 ）。

代幣制如果運用得當，對學生行為改變具有相當的功效。以下詳細說明代幣制運用的步驟（王美鳳，民 81 ；張銳德，民 84 ）

(一)仔細選擇目標行為

老師和學生共同討論目標行為，內容應兼顧品德與學業兩方面。優良行為如成績進步、作業優良、拾金不昧、熱心服務……等；偏差行為如作業缺交、經常不帶學用品、欺負同學、說髒話……等。情節嚴重者，如偷竊行為，則以個案處理。

(二)選擇一個適當的代幣

設計榮譽卡來當代幣，可分初、中、高級三種，刻三個動物圖案的印章，蓋於三種不同顏色的彩色名片上。動物圖案以活潑可愛，形象正派，能吸引學生者為佳，舉例圖如下：

（初級榮譽卡）　　　　（中級榮譽卡）　　　　（高級榮譽卡）

(三)選擇代幣可以交換的增強物

和學生討論後，可採取物質性、社會性或活動性的獎賞物。例如：自由活動十分鐘、水彩一盒、模型泥土一盒、全班同學給予「愛的鼓勵」（拍手）等。

(四)制定並公告獎賞清單

和學生討論獎賞清單的內容，其中需包括規定代幣和獎賞物的交換比例。舉例如下：

獎賞物		
愛的鼓勵	一張初級榮譽卡	・每五個「○」換一個「●」
自由活動（10分鐘）	一張中級榮譽卡	・每五個「●」換一張初級榮譽卡
模型泥土一盒	一張高級榮譽卡	・每五張初級榮譽卡，換一張中級榮譽卡
水彩一盒	五張高級榮譽卡	・每五張中級榮譽卡，換一張高級榮譽卡

(五)提供學生代幣交換增強物時間

學生需集較多代幣才能兌換的禮物，訂在每一學期末交換，至於社會性和活動性獎賞物，如「愛的鼓勵」、自由活動時間等獎賞物，可以在學期中進行，只要學生積滿獎賞清單上規定的點數或資格，可以立刻給獎，以收立即增強的效果。

(六)依學生需要，經常修正獎賞清單

　　有時候學生會因需要不同而對獎賞清單中的獎賞物不感興趣，或是因為自己已得到太多類似的獎品而產生飽足厭煩，所以老師要常常更換獎賞清單的內容，最重要的是，獎賞物對學生產生吸引力，才會努力表現去爭取。

　　上述的代幣制運用步驟中，只以獎賞來作例子，同樣的，代幣制也可以應用在懲罰時，例如每犯一個過錯在卡上畫一個「×」，集五個「×」發給加油卡一張，集五張加油卡，表示自治能力較差，須加強輔導，罰週末打掃教室，由老師指定課外讀物，看完需寫一份心得報告等。在學校中，教師運用代幣制來管理班級的成功例子很多，「代幣」的種類形形色色，頗富創意，筆者將之收集在本章後的實例部分，希望能對教師在教室管理工作上有所啟發。

懲罰及其相關策略的運用

　　在教室管理中，若教師採取獎賞的方式，通常家長不會質疑；若採取懲罰的方式，常常會遭到家長的質疑、責難，帶給教師教學過程中一些的不快和挫折，所以懲罰的運用方式，是值得我們注意的問題：

一、懲罰的運用

　　從前述對懲罰方式的分類可知：懲罰的形式主要有兩種。其一是「施

予厭惡性的刺激」，如口頭斥責、通知家長、記過、罰寫作業、體罰等，只要是令學生感到不愉快，以減少下次再犯同樣錯誤行為的機會者，皆屬於此類懲罰方式。其二是「剝奪其權利」，例如取消自由活動時間、剝奪學生參加喜愛的球類活動機會、剝奪先前所給予的代幣等。上述二種處罰形式之中，一般認為以「權利剝奪」對兒童的傷害較小（張德銳，民 84 ）。而各類處罰方式中，以「體罰」最受爭議，有些學者堅決反對任何形式的體罰。但也有學者贊成合理體罰。這兩派爭論已久，莫衷一是，在此就不對他們的論點多作敘述。筆者認為，教師應秉其專業的精神，對學生的犯錯行為多採輔導的態度。而獎懲辦法何其多，任何一種方法皆比「體罰」來的好，實在不需要學生一犯錯就動用「教鞭」，不但勞神傷身（可能有筋骨酸痛之虞！），而且還有挨告的可能。

　　由於處罰具有抑制學生問題行為的作用，因此在教育上仍有其實施的必要和價值。但處罰仍有其副作用，因此在實施時，應注意一些懲罰的原則，這些原則在前面已述及，在此不再重述了。在施行處罰時，應採下列步驟（張德銳，民 84 ）

　　1.在施罰之前，要先制訂行為規則，具體規定那些行為該罰，及採行何種處罰方式。例如在學期初所訂定的班規即可明確規定獎懲事項。

　　2.向學生公告處罰的有關規定。例如班規可張貼於教室，或將獎懲辦法條例，影印給每個學生。

　　3.老師要仔細講解，演練一次正確行為，以減少問題行為發生的可能性。

　　4.查明學生違規事實後，立即給予應得的懲罰。

　　5.公平一致地實施處罰，不可厚此薄彼或反覆無常。

　　6.冷靜的實施處罰，不要在氣頭上處罰學生。

　　7.定期檢討處罰的效果，若有不當，要隨時改進有關處罰的規定。

二、消弱

在某些情形下即使學生出現不當的行為，可以漠視不予理會，這種方式稱之為「消弱」（張新仁，民 80 ）。

在行為改變原理上，這種消弱過程也稱為「有系統的忽視」，也就是當學生不再獲得其原先可獲得的注意之後，其不當行為將因為失去背後的動機而日漸消沈。這種技術目的在消弭學生為了獲得老師或同學的注意而表現出不當行為。在學校生活中，教師運用消弭策略的例子也很普遍。例如，對於上課不舉手就講話的學生，教師就對其發言不予理會，同時對其舉手發言加以增強，則學生上課時必須舉手發言的規矩可以建立起來（張德銳，民 84 ）。

在實施此策略之前，教師要先能判斷學生的問題行為背後的動機是否只是要引起老師的注意。通常學生這樣的動機而表現出的問題行為有：上課說話、說髒話、三天兩頭謊稱生病、不斷要求老師協助等。老師一旦由各種線索斷定其行為動機是為引起別人的注意時，就可全面而徹底的進行忽視策略。

三、隔離

隔離是一種剝奪學生參與正常教室活動的策略。但首先必須先讓學生感受到不能和同學一起參加教室裏的活動是一種痛苦，否則可能收到反效果。如果教室教學氣氛過於沈悶、枯躁乏味，那麼隔離策略對學生來說反而是一種「解脫」呢！所以，讓教室的教學生動活潑有趣，這就是教師的責任囉！教師在採用隔離策略時，可考慮下列步驟（張德銳，民 84 ）：

*1.*決定隔離策略是否適用於學生：隔離策略對於喜歡和同儕相處互動的學生較為有效，至於個性孤癖的學生，本來就不喜歡與同學打交道者，

效果並不明顯。

2.決定何種隔離方式最為有效：依學生不同的特質，決定要犯錯學生站到教室後面，到走廊上，或到訓導處等不同的隔離地點。

3.讓學生確實瞭解何種行為是不當，老師不能接受的，並知道行為的後果。

4.評估隔離的成效：評估學生的行為是否因遭「隔離」的處罰而改善，否則考慮採用其他方式來處罰。

獎懲辦法實例

如何運用代幣制

出處：林美惠著（民83）：班級榮譽制度。載於台灣省教育廳編印之班級經營──理論與實際，535頁。

解說：教師在班級經營輔導方面，應可善用榮譽制度，即是應用一套有效的獎懲制度，其方式如下：

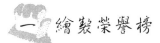

繪製榮譽榜

教師按全班名冊繪製一張榮譽榜，大小如一張全開的壁報紙，張

貼在教室最明顯的地方。表格應包括學生座號、姓名、表現情形……
小計。表現的情形只填「○」、「×」，如附表

五年甲班榮譽榜

座號	姓 名	表 現 情 形	小 計
1	包景松	○○×○○○○○ ○○×○	8（○）
2	張欲瑋	××○○×○×× ×	3（×）
3	張子良	○○○○○○○ ○××○○	7（○）
4	黃書鴻	○×○○○○×× ×○○	3（○）

 二 和學生討論目標行為

開始時，教師先和學生商討怎樣的行為可以得到紅筆「○」的鼓
勵，表現欠佳則用筆記「×」

 三 推選評鑑小組

由學生推選三至五名公正不阿的學生擔任「評鑑小組」，負責填
記「○」、「×」的工作。教師擔任召集人，評鑑小組的任務是考核
同學表現的優劣，並於每週班會提出檢討，如有小組成員評鑑不公的
情形，利用這機會提出質詢。

 四 執行

舉例來說，每天早自修，可由評鑑小組考核，選出最認真守秩序

的三位同學，和仍需加強的同學若干（人數不限，如果沒有不認真的，則可空白，仍需加強者只填座號不寫姓名，以維護學生的自尊），然後把上述名稱填在黑板上，如附表二，經教師認核後，再登記於榮譽榜上。

早自修記錄表

守規認真	仍須加強
黃書鴻 包景松 藍美花	2、7、18、24

五　核算成績

　　榮譽榜上的「○」「×」可以相抵，一週核算一次，並利用班會時間統計出最優前三名和尚待加強三名。

六　獎懲時間

　　最優三名可由老師提供象徵性獎品予以獎勵。折算後仍有「○」的同學，皆可拿給老師，在榮譽卡加分。而尚待加強三名，則由教師告誡他們下週再加強。

小評：這種效果不錯的榮譽制度，即是前述的「代幣制」的實際應
　　　用。在學校中，教師應用「代幣制」的例子還有很多，只是教
　　　師們選擇充當代幣之物有所不同而已，但精神相同。

班規和榮譽制度相配合

出處：曾秀玲著（民83）：班級榮譽制度之實施。載於台灣省教育
廳編印之班級經營——理論與實際，537頁。

解說：這是一個將制定班規和榮譽制度建立相配合的例子，訓練學生
重視榮譽、激勵自己、達成自治，其方式如下。

 訂立班規

由全班提出各項所需遵守，且能促進班級更好的條約，經由全班
表決，選出十六項，而老師將其性質畫分成生活與倫理的態度上，及
健康教育的習慣方面兩大類，訂立規條時，盡量用正向積極的字眼，
取代消極的文句。

將班規影印，發給全班，並貼於聯絡簿上，請家長簽名，使家長
明白並大力配合。本班班規如下：

類別	編號		負責人	說　　　明
班 規	生活與倫理	1　早上準時到校把握晨光靜息 2　上課鐘響立刻回座準備上課 3　上課時認真專心 4　我會按時交作業及物品 5　排隊時能夠迅速安靜、確實 6　有禮貌說話合時合宜 7　愛惜公物		・班規之考核為平 　常成績。 ・一週都能做到者 　獲好孩子卡。 ・若未做到者將登 　記在期望卡號碼 　即代表未做到的

		8	做個負責的值日生	・項目。
班		9	隨時抬頭挺胸保持良好姿勢	・某日整組都能做到發一片葉子貼在榮譽樹上，十片葉子得最高榮譽「金蘋果」。
		10	我知道飲食禮節	
		11	午休時安靜休息	
	健康教育	12	離開教室時會收拾桌面靠好椅	
		13	愛整潔保持本身及四週的清潔	・某日整組皆未做好發一隻蟲吃掉葉子。
		14	輕聲慢步	
		15	打掃時認真、負責、快速	
規		16	放學時抽屜櫃子是整潔的	・連絡本上有期望卡者要加油。
家長簽名：				姓名：

二、建立獎懲制度

隨著班規的建立，接著以建立一套完善的獎懲辦法來提醒或鼓勵學生。配合班規的每一項條例，推選出負責人來記錄，全班同學則採分組競賽的方式：

1.好孩子卡

以班規條例做評量，若一日之中的表現都達到班規的需求，可在加分卡上得一個「○」，也表示統計表上是潔白的。一週下來，若天天得到空格者，則發一張「好孩子」卡，可將其著色貼於聯絡簿上，並得到全班的讚揚。

2.期望卡

「期望」就是希望他會更好，當他表現未達標準時，大家期望他努力改進，這是實施期望卡的目的。將他未做到項目的號碼登記在表

格之中，一週之後，再統計得數最多的三至五名，教師將此項記錄也登記在聯絡簿上，並私下約談鼓勵，請父母簽名，明瞭小孩那裏需具體改進，一起輔導。以下期望卡統計表，空白格表示表現良好，沒有需改進項目：

期望卡統計表

組別	座號	1／5	1／6	1／7	1／8	1／9	個人
(1)	39		4　12				
	21		3				
	11		4				
	20		4				
	（組）						
(2)	14						★
	1						★
	23	12　4	4　4	4	4　4	4　4	▲
	3						

3.加分卡

在每月考核班規各項時，若表現特佳者，可加分以茲鼓勵。

 三 同時進行團體榮譽競賽—榮譽樹

配合前兩項卡片活動，老師也可以藉榮譽樹的活動來培養團體的榮譽心，即是希望在期望卡統計表上同一組的組員皆表現得很好，方式如下：

1.在公佈欄上先製作一顆光禿禿的大樹，上面有十根樹幹。樹上

將可能會出現葉片、金蘋果及蟲。

　　2.若在期望卡統計表上，某天同一組的組員皆表現得很好，格上未有數字者，該天即得一片葉子，長在樹幹上，若得十片葉子，則可得金蘋果一個，反之，全組不小心皆被記上了號碼，則長一隻蟲，貼在原有的葉片上，吃掉了榮譽，但不需要拿掉原有的葉片。因此。會產生兩種情形，有的組葉片會增多而使樹木茂盛，甚至結果（金蘋果），但有的組卻是葉上長了蟲，樹木自然生長緩慢，光禿禿的。

佈告欄

小評：實例中，曾老師在班上實施的榮譽制度不但能將班規的制定和
　　　獎懲制度配合，同時也將個人獎懲部分和團體獎懲配合。「好
　　　孩子卡」與「期望卡」能適時鼓勵學生保持好行為，改進不當
　　　行為，而「榮譽樹」更是能藉著小組的競爭，培養學生團體的
　　　榮譽感，共同培養良好的習慣。

獎懲制度也適用於「放牛班」

出處：林穗貞著（民83）：放牛班的回憶。載於王淑俐著<u>教育高招</u>
<u>1000</u>。台北：南宏圖書公司，64頁。

說明：在故事中，林老師並未因其他老師事先的「預警」而對這些
「放牛班」的孩子先預設立場，心存偏見；相反的，她用更積
極的態度來重新建立起更良好的師生關係。林老師「對症下
藥」所擬出的辦法，值得許多老師參考，尤其是建立榮譽制
度，「將功折罪」等獎懲辦法，都有不錯的效果。故事如下：

　　第一年到國中任教，學校要我擔任三年八班的導
師，鄰座的老同事知道後，馬上對我投以同情的眼光，
她告訴我那是一班所謂的「放牛班」，秩序常規之差冠
於全校，班上有三分之二以上被記大小過；逃學、逃
課、打架、勒索、與老師發生衝突、公然抽煙、賭博、
奇裝異服等罪狀不勝枚舉，總之，曾任該班的老師共同
的心聲就是－無力感。

　　接下這班後，我針對全班可能有一半學生領不到畢業證書，以及
其他種種不良記錄的狀況，擬出下列方法：

　　1.設立班級榮譽狀，凡有具體事實提昇班級榮譽者即頒給之，上
面並載明榮譽事實。

　　2.獎勵學生修護教室損壞的設備，並敘獎通知家長。

　　3.以「報喜」為主，進行家庭訪問與電話聯絡。如學生犯錯必須

通知家長時，也先與學生商談如何告知家長，減少學生的情緒反彈。

　　4.鼓勵學生參加正式及非正式的運動競賽，使他們多餘的精力有所宣洩。

　　5.接班「大赦」，利用改過銷過辦法，鼓勵學生將功抵過，減少違規記過人數。

　　6.放寬行為的底線，但要嚴守新底線。

　　7.對不良言行，老師應適時適度表現出不滿，提醒學生改正。

　　8.改善平常成績考查方式，鼓勵學生自我比較，重建學生對功課的抱負水準。

　　9.多作個別面談，「見面三分情」，言談之間，充分表達老師的尊重與關懷。

　　結果，一年下來，全班四十七人中三十八人順利畢業；中途離校的學生，也無一人回校破壞。至畢業時，教室設備大致維持良好，破壞不多；校長、主任，同事們對本班的情形大都表示滿意。

　　因此，我再度證實了，愛的教育可以化解一切艱難；也印證了，生活在鼓勵中的孩子，就學會自信；生活在接納和友誼中的孩子，就會信任並喜愛自己及別人。

實例四

給予榮譽感來收服頑童

出處：廖錦鳳著（民83）：護花使者。載於王淑俐著教育高招1000，台北：南宏圖書公司，135頁。

說明：故事中的頑皮學生可能換作你我，皆會為此而傷腦筋，但廖老

師的作法的確高招，她不需傷神的體罰學生。的確「擒賊先擒王」，只要「大尾」的學生收服了，並能為老師所用，可能會變成老師的得力助手呢！但要注意的是，這招對低年級的孩子可能較有效，而高年級以上的學生，老師一發現行不通，就得趕快用別的方案來替代了。故事內容如下：

　　小明很喜歡欺負女同學，不管上課、下課，總是趁老師不注意時，就打鬧她們，我聽過很多次女生的抱怨，卻一直無法完全遏阻。有一次班會，我告訴全班：「最近聽說有些男同學老愛欺負女生，從今天起，老師選小明保護女同學，不許其他男同學打人、罵人，如果小明做得好，老師每個月給他一份獎品。」從此，小明儼然以「護花使者」的姿態出現，班上男女生也就相安無事了。

有關獎懲的小點子（Ⅰ）

出處：江麗英著，（民81）：如何維持教室秩序。師友月刊，305期，32－33頁。

說明：「戲法人人會變，巧妙各自不同」，維持教室秩序有許多不同的策略，但相同的是：這些策略大都由基本的獎懲原理──增強原則所演變而來的，以下就介紹江老師所用的幾個方法：

1. 拍手鼓勵

「小明這節課最專心，給他一個愛的鼓勵」學生表現好，即刻給予增強鼓勵，激勵其他學生見賢思齊，教室秩序自然好。

2. 分組比賽

人都有好勝心，將班上學生分組做各種競賽。組別不要固定，如男、女組，橫排、直排組，或依號碼分組也可以。表現好的加分、差的減分，但兩種分數可互相抵消。達到分數標準的，整組有賞。

3. 取消下課時間

下課是學生的最愛。上課表現不好的，取消他的下課時間，他一定很難過，上課就不敢不乖了。

4. 拒絕讓其參與活動

根據調查，學生最怕的是孤獨。假如學生不守秩序，暫時讓他孤獨，不准他參與班上的活動，他就會好好反省，收斂自己行為了。

5. 當小助手

通常班上最會搗蛋的，都是最沒成就感的。如果老師能給這些學生一些機會，如幫老師倒茶、拿粉筆，學生有表現的機會時，自然少作怪。對於較低年級的學生，「幫老師做事」亦是一種獎勵方式。

6. 數珠子

老師準備一個玻璃罐或杯子（透明的），放些彩色玻璃珠擺在講桌上，只要上課秩序良好，老師就丟一個玻璃珠到杯子裏。當珠子累積到一定數字時，全班均可以得到獎勵。

7. 家庭聯絡簿

只要學生在學校有好表現，教師就寫在家庭聯絡簿上，請家長回家再次予以讚賞鼓勵。這種方法對於平常表現較差的學生，能起增強作用，但需家長配合。

8. 口頭讚揚

稱讚學生可造成積極的學習氣氛。教師一句口頭稱讚，足以讓一個平日表現中下的學生振奮良久，甚至改變一切。通常教師會認為學生表現好是當然，因此略過不提，對於缺點，無法容忍而加以指責，造成師生間的距離，因此，希望教師能常給予學生積極性的讚美。

實例六

有關獎懲的小點子（Ⅱ）

出處：胡鍊輝（民 79 ）：教學經營實例。台北：台灣書店。

說明：獎與懲，廣義的解釋，凡能引起學生喜歡的措施，就是獎勵；凡是引起學生厭惡的，就是處罰。以下介紹的是胡老師將獎懲應用在教育上的成功例子：

1. 榮譽服

若學生某方面表現良好，為獎勵他，可以讓他穿便服上學（若學生喜歡的話），便是一種榮譽，他的行為會更好。例如：小學每天排路隊上下學，每個選出表現最好的路隊，則下一週起，這支路隊可以

穿一週的便服，走起路來和別隊不一樣，會更有榮譽感。

2.榮譽徽章

若學校能設計很漂亮的徽章，兒童很喜歡戴，就具有獎賞的效果。例如：學校推行「禮貌運動」各班級比賽，獲得優勝者，每人頒一枚「榮譽禮貌」徽章，戴在胸前，待人會更有禮貌。若有不禮貌之處，把徽章收回，改聘別班，又是一種懲罰。

3.榮譽退出比賽

各級學校每週均舉行整潔比賽，每週頒獎班級，常有固定的班級成為「常勝軍」，使其他班級對比賽失去了興趣。為了改進上述的缺點，在比賽辦法中加一條：若連續兩次獲得冠軍，或累積三次冠軍者，該班「榮譽退出比賽」，而且學校會另頒「榮譽整潔班」，懸掛在教室，以資鼓勵。

4.通行證

學生有良好的行為表現，老師可以核發一張通行證。學生累積許多「通行證」，有許多用處。譬如：偶爾不小心，犯了小規，教師可以允許學生用一張或兩張「通行證」來贖過。因此，教師頒發「通行證」是一種獎勵，沒收時，又變成是一種懲罰了。

通行證的設計，最好仿照精緻型的書籤來設計，圖案和座右銘的設計要讓兒童喜歡它才會珍視它，才會具有獎勵的作用。

5.滿意點券

老師可以比照「通行證」的設計方式來設計「滿意點券」，凡學生有良好的表現或學業成績優良表現，教師可贈一張或數張點券。學生最後可用點券來兌換相當等值的商品。當然，若點券設計的好，在

兌換商品後，還可發還給學生留作紀念。

參考書目

Bull: S., & Solity, J. (1987). Classroom management: principles to practice London: Croom Helm.

Cheesman, P. L. & Watts, P.E. (1985). Positive behavior management: A manual for teachers. N.Y.:Nichols Publishing Company.

吳清山（民84）：有效的獎懲原則。載於黃政傑、李隆盛主編之班級經營——理念與策略。台北：師大書苑。

林家興（民82）：處罰而不體罰的方式，諮商與輔導，85期，2頁。

胡鍊輝（民79）：教學經營實例。台北：台灣書店。

紀淑和（民80）：對獎懲應有的認識及其運用策略。台灣教育，488期，18頁。

張新仁（民80）：教室管理面面觀，載於高市鐸聲，2:1，47－55頁。

張德銳（民84）：獎賞與懲罰的有效策略，載於黃政傑、李隆盛主編之班級經營——理念與策略。台北：師大書苑，165－186頁。

楊榮棧（民80）：其實你不懂我的心——國小學生對獎懲方式好惡之調查研究。國教之友，42卷4期，17頁。

楊樹槿（民81）：國民小學校長的權力類型、教師參與決定與工作士氣關係之研究。高雄市：撰者。

4

佈置教室

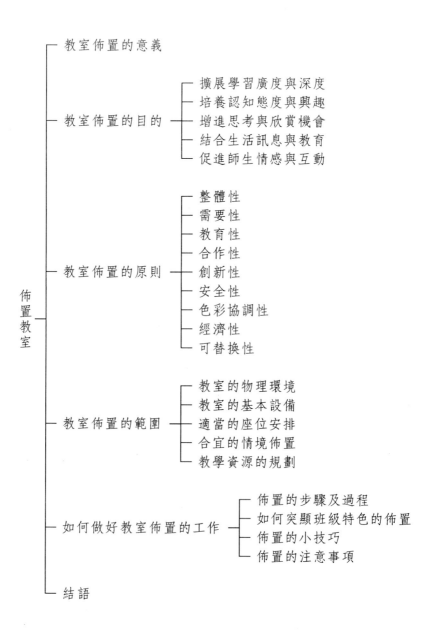

佈
置
教
室
├─ 教室佈置的意義
├─ 教室佈置的目的 ─┬─ 擴展學習廣度與深度
│   ├─ 培養認知態度與興趣
│   ├─ 增進思考與欣賞機會
│   ├─ 結合生活訊息與教育
│   └─ 促進師生情感與互動
├─ 教室佈置的原則 ─┬─ 整體性
│   ├─ 需要性
│   ├─ 教育性
│   ├─ 合作性
│   ├─ 創新性
│   ├─ 安全性
│   ├─ 色彩協調性
│   ├─ 經濟性
│   └─ 可替換性
├─ 教室佈置的範圍 ─┬─ 教室的物理環境
│   ├─ 教室的基本設備
│   ├─ 適當的座位安排
│   ├─ 合宜的情境佈置
│   └─ 教學資源的規劃
├─ 如何做好教室佈置的工作 ─┬─ 佈置的步驟及過程
│   ├─ 如何突顯班級特色的佈置
│   ├─ 佈置的小技巧
│   └─ 佈置的注意事項
└─ 結語

　　「李老師，這次學校對教室佈置比賽好像蠻重視的，除了獎狀以外，前五名的班級還有圖書禮券呢！」「真的呀？」「我們班好有心喔！還去買了很多盆栽、壁報紙、廣告顏料……」李老師看著胸有成竹的陳老師，想到自己班上學生那副漫不在乎的樣子，心情不由地沈重了起來……。

　　每學期開學後，許多老師總是會為了教室佈置而傷腦筋，不明白為什麼學校每年都要學生耗費那麼多精力去做教室佈置，累了學生，也苦了老師。然而，到底為什麼要做教室佈置呢？一個有助於教學環境的佈置是如何完成的呢？在佈置教室時又該注意那些事項？

教室佈置的意義

　　教室是師生朝夕相處與學生學習的主要環境，其教學情境的設計，對學習的情緒以及師生、同儕關係的互動，有莫大的影響（湯志民，民 80）。此外，張新仁亦認為教室環境和學生的身心健康、學習效率和常規維持有著密切的關係，不容忽視（張新仁，民 80 ）。

教室佈置的目的

　　教室佈置的目的在於擴展學生學習的廣度和深度、培養學生認知的態

度與興趣、增進學生思考與欣賞的機會、從佈置中將生活訊息與教育加以結合、藉由佈置的活動，促進師生情感與互動，茲分述如下（陳勝利、邱坤玉、胡坤璸，民78）：

一、擴展學習廣度與深度

課本的學習是一個基礎，我們不能做為求知滿足的終點，我們該把一些時代新知、社會點滴、人生百態拉到我們的教室來，甚至叫學生主動去蒐集新知、應用新知，如此一來，我們的學生才會漸漸地眼光遠大，視野遼闊，使學習加深加廣。

二、培養認知態度與興趣

課本的內容多嫌呆板，我們可藉著教室佈置中的一些單元，如：「怎麼辦」、「為什麼」活動中，培養對事物的正確態度及看法；從一些有趣而又不失學習精神的主題，提高學生學習的意願，不排斥知識的態度，凡事能虛心探討，培養多元化濃厚興趣。

三、增進思考與欣賞機會

教室佈置的「意見欄」讓學生有無所不說，無所不想的思考天地，可幫助學生思考的觸角更廣闊，也讓學生可從意見欄中知道其他同學的想法，培養接納他人意見的雅量；而同樣一個學習，大家的作品一定各有千秋，「作品欄」中讓大家精心製作的成品展覽出來，相互觀摩，也是班級經營中不可或缺的一項任務。

四、結合生活訊息與教育

　　人類的尖端科技發展可說是一日千里，各種發明不斷的創新及誕生，而最直接的影響是我們的生活方式改變。追求卓越，創造完美是我們一直夢想的，而教育的腳步也將愈來愈快。

　　從教室佈置中自然科學新知及發明物的訊息提供，去刺激學生對學習層面的追求，自我鞭策的提昇，這也是教室佈置的目的之一。

五、促進師生情感與互動

　　師生情感交流是否暢旺及同學間的友誼是否和諧，都將左右班級中學習的氣氛，這是我們不能否認的事實。而藉由教室佈置的活動，來讓大家參與，彼此瞭解，進而相互幫助，感受同儕間的友愛，老師的情誼。

　　在充滿愛的班級中，學生的心靈一定是愉快的，老師的教學活動也將回饋得更多，師生互動的情形將更加活躍，彼此之間都擁有表達、接納的權利與義務。

教室佈置的原則

　　教室佈置的原則可由整體性、需要性、教育性、合作性、創新性、安全性、色彩協調性、經濟性、可替換性等九個方面來考量：

一、整體性

教室的佈置應依教室的空間、教學的時間（進度）、教學的科目、教材的性質、單元的設計和學生的程度，就教學佈置的材料，在靜態和動態、主體和客體作整體的配合，以求連續而統整（湯志民，民 80 ）。而在教室的空間上，除教室內的四面牆壁外，教師用的講桌、辦公桌、櫥櫃、學生桌椅、掃地用具、垃圾桶及走廊牆壁等，都要列入整體的規劃，以做最好的空間安排和有效使用（蔡誌山，民 80 ）。（圖 4-1）（圖 4-2）

圖 4-1　教室的規劃要經過整體設計。學生園地、生活公約
　　　　欄、值日生欄都要有整體性。如圖中之主題為動物
　　　　世界。

圖 4-2　此圖的值日生欄配合上圖之動物世界主題，也是以
　　　　動物為主。

二、需要性

　　佈置必須以學生為本位（不能完全以成人眼光來判斷），所有的佈置
品必須適合學生經驗需要，而佈置品的大小、距離遠近，要顧及學生的身
心發展情況（傅國明，民 78）。每位學生都有不同的興趣、能力，在佈
置教室時，最好能顧及到學生的個別需求，佈置內容不可偏難或偏易，可
以多蒐集各種程度的資料，以適應學生的需要。配合學生的年級、喜好，
老師也可以和學生共同建立起不同的班級特色，讓學生因其與別班不同，
而增加對其班級的向心力和歸屬感（蔡誌山，民 80）。（圖 4-3）

圖 4-3　佈置品必須適合學生的經驗需要，顧及學生的身心
　　　　發展情況，並配合學生的年級加以佈置。（本圖攝
　　　　於高師大附中）

三、教育性

　　教室是學生學習知識的場所，教室的佈置當然必須具有教育的實用價
值，使學生能夠從佈置中自然的學習新知，或有所啟發。不僅是佈置的內
容，在佈置的過程中的合作，佈置材料的取得等，都要符合教育的需求。
但必須注意的是，應該盡量避免教條式的口號或標語，使用較生活化且符
合學生學習經驗的語句，學生才不會產生排斥感。（圖 4-4）

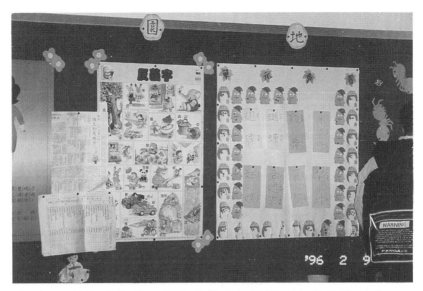

圖 4-4　教室的佈置內容要讓學生能夠從中有所啟發，因
　　　　此，要具有教育性。（本圖攝於屏東縣新圍國小）

四、合作性

　　學生的潛力是無窮的，在教室佈置時，若能讓學生參與意見，甚至讓
學生分組自行設計、蒐集資料、張貼佈置，老師只站在指導的地位，不但
老師能和學生有交流機會，發掘學生的另一項能力，而且，學生們在佈置
的過程中，師生共同合作、同學之間彼此學習，可使學生由「做中學」，
同時學生也會更珍惜佈置的成果。

五、創新性

　　教室的佈置若過於呆板、形式缺乏變化，則學生身處其中，久而久之

也會因為受到環境的影響,而變得同樣的呆板。學習中的兒童對新鮮的事物最有興趣,也易引起其學習動機,並留下深刻的印象;因此,教室佈置應依教室的功能、教學目標、佈置素材的性質,以及環境空間等主、客觀條件,做創新設計,以展現獨特新穎的風格(湯志民,民 80),吸引學生的注意。(圖 4-5)

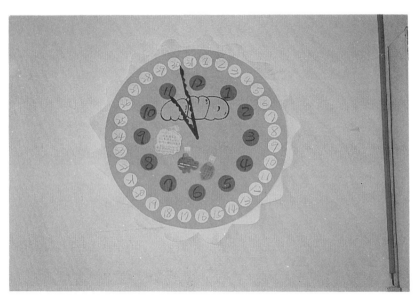

圖 4-5　本圖中的鐘可不是報時的喔!這應算是「日鐘」,因為短針所指的是「月份」,而長針指的是「日期」。這個「日鐘」可謂創意十足。

六、安全性

學童的安全是一項重要的公共責任,教室佈置應注意陳列物品的安全性。如佈置品要釘牢(非釘死)以避免掉落或倒塌,離地面 180 公分之間

的牆面，不要留有任何尖銳物；有毒性或危險性的物品應避免陳列，如確
有需要應特別註明，以策安全（湯志民，民 80）。（圖 4-6）

圖 4-6　在安全性上除了要注意不要使用危險物品外，佈置
　　　　物品的牢固性也很重要。如圖中的籃球就很容易掉
　　　　落下來，打到同學。

七、色彩協調性

　　教室佈置的格局、造形、色彩和氣氛，會影響學生的性格和學習情
緒，不同的色彩、不同的造形，都會引起不同的心理反應。因此，佈置所
選用的色彩最好能適合兒童的美感，不要過於陰暗，也不要過於強烈，陰
暗的顏色，會使整個教室死氣沈沈，太鮮艷的顏色則會使學生心浮氣躁，
也會影響老師上課的情緒。教室佈置的造型設計及色彩選擇，應力求平衡

協調，予人舒適、愉悅之感。例如：佈置素材的種類和造形變化多，則色彩應單純和諧，切忌雜亂無章，滿室彩帶（吳清山等，民 79 ）。（圖 4-7 ）

圖 4-7　佈置素材的種類和造形變化多，色彩的選擇就應單純和諧。

八、經濟性

佈置時應就現有的設備加強使用，如需購置，應以是否可增進教學效果為考量重點，有時可請學生蒐集一些廢物，而加以利用，不但可以省錢，有時還會產生意想不到的效果（蔡誌山，民 80 ）。（圖 4-8 ）（圖 4-9 ）

圖 4-8　這枚圖釘的原料是以報紙
　　　　捲成，再用垃圾袋包裝而
　　　　成。

圖 4-9　由廢物製成的小圖
　　　　釘，卻能發揮多彩
　　　　亮麗的驚人效果
　　　　唷！

九、可替換性

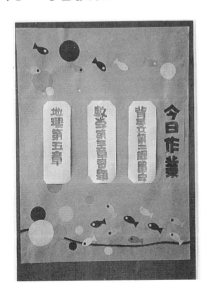

佈置時應注意到其實用的價
值，學生作品、標語，及剪報資料
能夠在不損及佈置的前提下定期更
換。（圖 4-10 ）

圖 4-10　沒有小黑板，可替換
　　　　　式的作業欄也能發揮
　　　　　很棒的功用喔！

教室佈置的範圍

　　教室的環境是指班級教室及其他可供教學、進行研討活動的場所及其相關的教學設施而言（朱文雄，民 80 ），而本篇教室佈置的範圍則包括教室的物理條件、教室的設備、座位的安排、教學及一般佈置等項目。

一、教室的物理環境

　　理想的教室環境須注意採光、通風、溫度、噪音、色彩、桌椅之高低與排列、櫥櫃的設計、空間的規劃，才能塑造安詳和諧的學習環境與班級氣氛，才能使學生對班級產生好感，有向心力（李春芳，民 81 ）。

(一)光線

　　教室光線宜以自然採光為主，人工照明為輔。班級照明度平均不得低於 250Lux （米燭光 ），黑板照明不低於 350Lux 。教室方位以南南東最佳，以避免西曬；若有西曬現象，則可考慮加裝遮陽設備（張新仁，民 80 ）。

(二)通風

　　在沒有裝設冷暖氣系統的情形下，開窗應佔教室面積四分之一以上。每分鐘應有 30 立方公呎的新鮮空氣。教室兩旁應於上、下各自裝設氣窗，夏天與冬天可打開使空氣對流（張新仁，民 80 ）。

(三)溫度

教室溫度以攝氏 20 度（華氏 68 度），濕度在 25 ～ 50% 之間，最適合教學活動的需要（張新仁，民 80 ）。有些研究發現，室溫在攝氏 24 度（華氏 75 度）以上，每超過一度，學習效率會低百分之二（朱文雄，民 80 ）。

(四)噪音

目前部分校區位於鬧區，噪音問題相當嚴重，其他如學校房舍建築若規劃不當，也會造成學生活動時所產生的聲浪無法消散，亦會引起許多噪音。噪音的防止，可應用：門窗雙層或多層間隔、固體壁間隔、絕緣材料之間隔、建築形式之變化，以及將藝能科教室自成一棟或一區（李春芳，民 81)， 運動場盡量遠離普通教室等方式。此外，厚窗簾也有部分消音的功效。

(五)色彩

教室佈置的顏色若採黃色、橘色、紅色，令人感到亮麗、活潑和溫暖；如採綠色、藍色，則讓人感到涼爽或嚴肅。此外，天花板和牆壁可粉刷淺色系，牆基可用深色以耐髒（張新仁，民 80 ）。

二、教室的基本設備

(一)桌椅

學生桌椅顏色要求清爽、不傷眼，質料好擦洗、不易破壞，最重要的是桌椅高度可隨身高的轉變而調整，並且對於體型特殊高大、肥胖的學生，也有配合他們的桌椅（祝建太，民 78 ）。此外，平時要注意，不要讓學生在桌子上亂塗亂畫，要經常保持整潔。

(二)講桌

講桌下要有抽屜或活動櫃，可放置作業簿、粉筆盒，及班上的公物、文具等（祝建太，民78）。

(三)清潔櫃

掃把、畚斗、水桶、抹布等灑掃用具可放置於清潔櫃中，使得教室看起來清潔美觀，空間亦可充分的利用。各種用具使用之後，要指導學生能隨時清洗、曝曬、歸位；工具箱、資源回收桶更要注意通風、清潔，避免細菌繁衍，危害健康，以配合環保教育，做好「垃圾分類」、「資源回收」（蔡春惠，民83）。（圖4-11）

圖4-11　在每個垃圾桶上面註明分類的項目，可提醒同學做好垃圾分類的工作。（本圖攝於高雄縣忠孝國中）

㈣燈光、門窗、玻璃

　　要注意清潔、完整、安全的維護，如閃爍、昏暗、不亮的燈光，老舊搖晃的門窗，破損的玻璃，坑洞的地面，似雪花般剝落的油漆，應隨時向學校反映，設法加以維護修繕，以提供一個美觀、安全的學習環境（蔡春惠，民 83 ）。

三、適當的座位安排

㈠學生座位的安排方式

　　長久以來，教室的座位安排都是以面對教室前方，成行列的方式排列。一九七〇年代早期開始，有一些研究發現座位安排方式對學生的成績、參與感及學習態度會有影響（劉敏惠、鄭玉曼、民 78 ）。

1.座位與學生成就的關係

　　有關研究指出：教室中桌椅座位作不同的排列，對於學生的學業成就，及語文互動的情形沒有什麼影響，但是對於學生的行為及態度，則有所影響 (Weinstein, 1979)。以下即就各種座位的安排方式，探討不同的座位安排對學生的影響，及所適用的教學方式。

2.各種座位的排列

　　座位的排列方式可分為傳統的直列式、圓桌式、馬蹄型、梯型…等，可配合不同的教學方法及教材內容加以採用，茲分述如下：

　　⑴傳統直列式（圖 4-12 ）：Becker 等人 (1973) 的研究發現，坐在前面及中央的學生，有較高的學業成就及參與感。 Adams & Biddle (1970) 也發現教師與學生之間的言語交互作用，集中於教室的前方及中央。他們

稱此為「活動地帶」（即師生交互作用最頻繁的地帶），並且認為參與感主要受座位的影響（劉敏惠、鄭玉曼，民 78 ）。

‧適用教學法：講述式教學法。

‧優點：Wheldall 等人 (1981) 和 Axelrod 等人 (1979) 發現，以行列方式入座的一年級學生，在學習活動中專注的行為要比圍繞桌子而坐者高（劉敏惠、鄭玉曼，民 78 ）。且直列式的教師稱讚次數，比圓桌式多四倍（胡鍊輝，民 78 ）。而教室常規也較好控制。

‧缺點：此種直列式的座位較不適於分組討論或小組方式的教學，例如自然科、美術科、工藝科較不適於採此種座位安排。對於坐在後排或兩邊的學生較不利（朱立德，民 78 ）。同學之間的互動也較少。

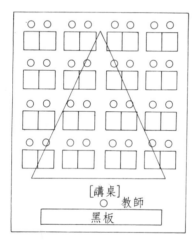 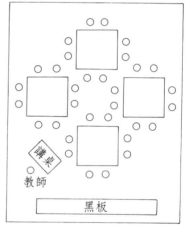

圖 4-12 　直列式座位排列法　圖 4-13 　圓桌式座位排列法
三角形地帶為師生　　　　　（資料來源：朱立
互動較頻繁之地　　　　　　德，民 78 ）
區。

（資料來源：張新仁，民 80 ）

⑵圓桌式（圖 4-13 ）：所謂圓桌式即是把學生安排成一個大圓或分組

成數個小圓，以利於討論式教學、合作式教學或促進教學互動。

　　・適用教學法：分組討論、合作式學習。

　　・優點：學生的參與感強，並可促使更多眼對眼的接觸及非語言式的溝通機會，有助於學生的互動。

　　・缺點：學生容易分心，出現的壞習慣比直列式多三倍，且老師的稱讚次數也較少。

　　⑶馬蹄型（圖 4-14 ）：馬蹄型的排列方式，可視學生的多寡決定排列的圈數。

　　・適用教學法：講述式教學法、表演課、問題討論教學。

　　・優點：教師可隨時走到中央地帶，從事溝通與教室管理（張新仁，民 80 ）。易於控制教室秩序，注意每個學生的反應，學生的參與感較強。

　　・缺點：老師如果不能前後來回走動，只一直站在馬蹄型的正中央位置，則坐在兩旁前面座位的學生往往會成為死角。

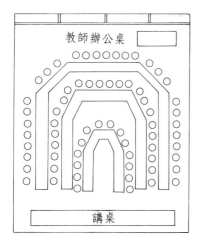

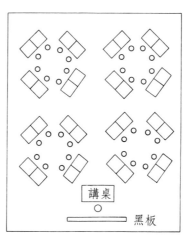

圖 4-14　馬蹄形座位排列法（資料來源：張新仁，民 80 ）

圖 4-15　適合個別化教學的座位排列方式（資料來源：朱立德，民 78 ）

(4)其他座位安排的型態（圖 4-15， 4-16， 4-17， 4-18 ）（朱立德，民 78 ）：

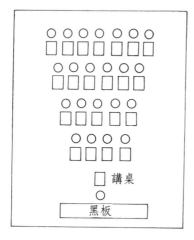

圖 4-16　梯形座位排列方式（資料來源：朱立德，民 78 ）

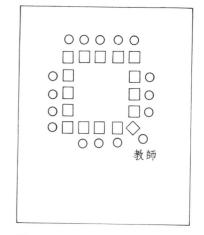

圖 4-17　適用於問題討論教學的座位排列方式（資料來源：朱立德，民 78 ）

・圖 4-15 ：適用於個別化教學，此種方式讓每位學生保有較大的活動空間，比較不會相互干擾個別的學習活動。

・圖 4-16 ：此種梯形的排列方式適於講述教學法，但是其優點是前面的學生不會擋住後面同學的視線，以及老師能注視到全體同學。

・圖 4-17 ：此種型態適於問題討論教學，每一位學生必須面對全體，因此會產生很大的情境壓力，所以對於內向、害羞沈默的學生比較不合適。

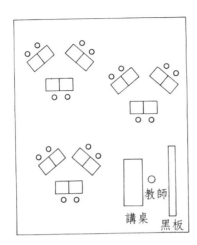

圖 4-18 　適用於討論教學的座位排列方式

（資料來源：朱立德，民 78 ）

・圖 4-18：此種型態常使用在國小討論教學上。

㈤綜合式：能迅速變換不同座位的座位安排法。

黃勝輝（民 83 ）將傳統座位稍加改變，使其能迅速變換各種不同的座位安排方式，以適用各種不同的教學法，來達成各科教學目標。

・將班上平時上課座位安排，依傳統排座方式稍加變化成圖 4-19-1 。

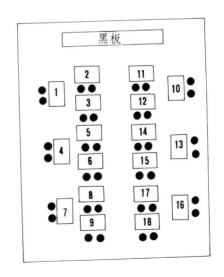

圖 4-19-1 　平時上課方式

（資料來源：黃勝輝，民 83 ）

• 如平時上課中，需要實施生活座談或角色扮演，就按圖 4-19-2 箭頭方向，安排成適合生活座談或角色扮演的座位。

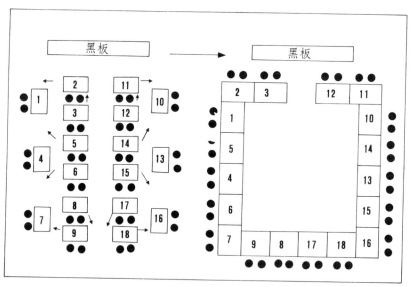

圖 4-19-2　平時上課─生活座談或角色扮演

（資料來源：黃勝輝，民 83）

• 如平時上課中，需要以分組討論方式來實施教學，就按圖 4-19-3 箭頭方向，安排成適合分組討論的座位。

• 如果實施完生活座談或角色扮演後，需要改採分組討論教學，可按圖 4-19-4 箭頭方向，變換成適合分組討論的座位。

• 三種座位安排方式可靈活運動，互相變化。

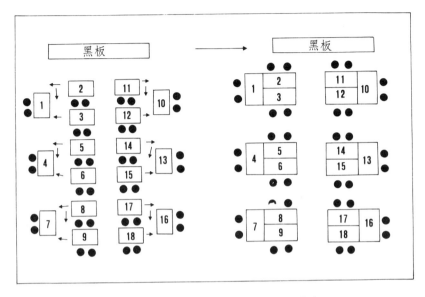

圖 4-19-3　平時上課──→ 分組討論

（資料來源：黃勝輝，民 83 ）

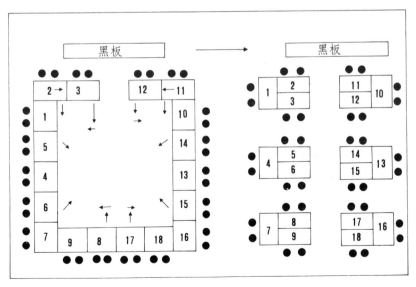

圖 4-19-4　生活座談或角色扮演──→ 分組討論

（資料來源：黃勝輝，民 83 ）

3.座位安排的原則

(1)保持通道流暢：通常教室中的三分之一到二分之一，都應該被用來作為學生往來行走的通道（單文經，民 84 ）。座位之間的通道流暢，才能便於師生的移動。

(2)保持視線清楚：座位的安排，要盡量使每一位學生皆在活動地帶範圍之內，如此可使教師注視學生，學生也可以看到教師，有助於提昇學生的參與感，進而提昇其學業成就（朱立德，民 78 ）。

(3)定期調換座位：教師應依學生身心及學習特質來安排座位，但經過一段時間之後，可調整部分學生的座位。以免一些在活動地帶之外的學生永遠被放逐（朱立德，民 78 ）。

(4)依科目、教學方法採取適當的座位安排：為達到教學目標，教師可依科目、教學方法的需要而採取不同的座位安排方式，如講述式的教學法，可以採取直列式（圖 4-12 ）、馬蹄型（圖 4-14 ）及梯形（圖 4-16 ）的座位安排；小組的討論，可以採取圓桌式（圖 4-13 ）、馬蹄式（圖 4-14 ）及小組式（圖 4-18 ）的座位安排等。但在學生移動座位方面，老師必須事先加以示範、訓練與督導，以免學生無所適從，浪費上課時間。

(5)學生座位的方向：學生座位宜面向黑板，盡量避免直接面對干擾的來源，例如門。

4.安排座位的方法

(1)按身高輪流：按學生身材高矮排列學生的座位，男、女生同座，作梅花型排列為原則，每週各排依次輪動一次，避免分坐角落者產生斜視或獨享黑板反光之苦（陳麗華，民 81 ）。

(2)抽籤：每次段考後，即以抽籤方式決定座位。先抽出排數，再將該排學生依高矮順序排出座位，與鄰排同列的學生成為一組，如圖 4-20 （曾秀玲，民 83 ）。

(3)自由選擇：座位可讓學生自由選擇，學生會感到較新奇有趣，但易造成同學之間的不愉快（不知和誰坐好），也可能使得較不得人緣的學生因沒有人願意和他坐，而不喜歡上學。

(4)排長制：在學期開始的時候，先讓同學自己選出七位排長（視各班排數而定），同學可以依

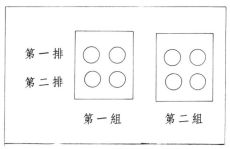

圖 4-20　分組的座位安排方式（資料來源：曾秀玲，民 83）

自己的意願來選擇要當那一位排長的「排員」，由於可能會有太多同學想在同一排的情況出現，教師可以私下找排長來協調，讓排長自己選擇排員，但這種協調必須保密，以免被淘汰的同學有被排斥的感覺。因此，教師必須在一開始的時候就和同學說清楚，如果太多人在同一排時，老師會以抽籤方式決定那一排的成員，同學不可以有異議，以免造成紛爭。此方法的好處在於，由於排長都是「眾望所歸」，在實施學生自治活動時，較能管理排上成員（鹽埕國中，謝靜惠老師提供）。

5.不當的座位安排方式

如前所述，良好的座位安排方式對學生的學習態度及學習效果會產生正面的影響；相對地，如果學生的座位安排欠妥的話，對學生也會有不良的影響。不當的座位安排方式包括以下幾種：

(1)依能力安排座位：有些老師會根據總成績之好壞，調整坐位，以鼓勵學生努力用功讀書，但是往往好的固定是那幾位，壞的也固定是那幾位，因此，座位就成了標記化，對成績不良的學生而言，會造成教師忽視或冷落、人際關係差等不利的影響（胡鍊輝，民 79 ）。

(2)男女分排坐：有些老師也為方便男女生的管理，採男女分排坐法，結果使學生失去男女和諧相處的學習機會。更有些教師，為處罰調皮搗蛋

的男生，罰此男生跟女生坐，以禁止其頑皮。這種以女生做為處罰的工具，不但歧視女性，且暗示男生排斥女生的反教育（胡鍊輝，民 79 ）。

⑶固定按身高排列：為了避免擋住後面同學的視線，有些老師會按學生的身高排列，這種考慮雖然有其需要，但若就此固定，則會導致部分學生長期處於不利的學習環境，如靠近門口、垃圾桶、黑板反光等，可能影響學習的成果。

6. 分組的安排

教師在實施「合作式學習」的教學方式時，可依人數的多寡以分組的依據，將教室的課桌椅排列成適用於小組教學的「分組式排列」。（圖 4-19-3 ）（圖 4-21 ）

⑴人數：分組的人數，每組以四人至八人為佳，但一般合作式學習以六人較適宜，秩序容易控制，移動座位的時候也不至於太過紊亂。

⑵同質或異質：異質編組比同質編組好。以能力、家庭背景的同質分組，會讓劣等生貼上標籤，則對這些學生產生不良的影響。把不

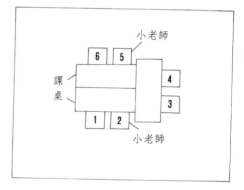

圖 4-21　分組的座位安排方式（資料來源：黃奇汪，民 79 ）

同能力、性別、家庭背景的學生混合的異質編組，可讓各組裡的每一個學生在課業、秩序、發表、記錄上分工合作，發揮合作式學習的功能，不但可以減輕老師的負擔，學生的學習成效也較高。

7. 安排座位的小技巧

⑴某些較頑皮或須特別輔導的學生，老師可將其調到前面，方便管理

及指導，並視其情形好壞再更換座位。

　　⑵老師可以實行小老師制，安排成績較好的學生和成績較差的學生坐在一起，讓成績好的學生可以輔導成績較差的同學。

　　⑶有近視或重聽、殘障，行動不便的學生，宜安排對他最有利的位子，以免妨害他的學習（胡鍊輝，民 79 ）。

　　⑷教室裡搬來一張新桌子，教師可向學生說，這是張「榮譽座」，將分配給守規矩、用功的學生坐。這種作法就將座位的功能變為獎勵的工具了（胡鍊輝，民 79 ）。

(二)教師講桌的安排

　　教師講桌的位置不是在教室前方的黑板旁邊，便是在教室後。此外以往的講桌較高，會擋住前面同學的視線，改良方式可將講桌訂作成長方形的大桌子，內附資料櫃可存放教材、教具和學生資料。其高度以不擋住前排同學的視線為原則（張新仁，民 80 ）。把講桌擺在教室後方，將更增進教學效果。因為後者的擺置方式，不但可以促使老師站起來，來回教室走動，更可以便利教師由後向前，自然地觀察每一個學生的學習情況（許採雲，民 82 ）。

(三)特殊的教室設計與其不同的佈置

1.六角形教室的佈置特色

　　彰化縣的員林國小是一間先整體規劃設計後始建築的學校，所以整體感覺非常協調。但教室形狀皆為六角形（圖 4-22 ），六角形的佈置特色是什麼呢（石埒，民 78 ）？

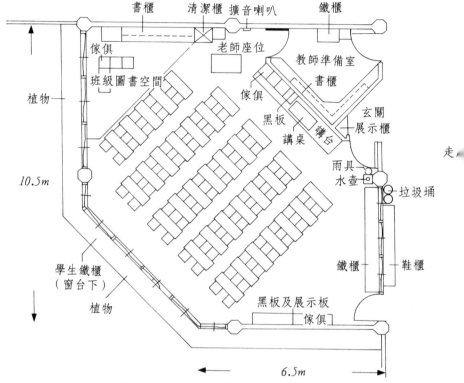

書櫃　清潔櫃　擴音喇叭　鐵櫃
傢俱
班級圖書空間
老師座位
教師準備室
書櫃
傢俱
黑板
玄關
講桌
講台
展示櫃
植物
10.5m
雨具
水壺
垃圾桶
學生鐵櫃
（窗台下）
鐵櫃
鞋櫃
植物
黑板及展示板
傢俱
走
6.5m

圖 4-22　彰化縣員林國小六角形教室平面圖

（資料來源：湯志民，民 82）

⑴光線充足：教室呈六角形，三面採光，光線非常充足，學生寫字也不會有陰影。

⑵課桌椅機動調整：課桌椅不再是呆板的排排站，每班隨教室形狀及人數而機動調整（或六角形、或菱形），顯得生動活潑。

⑶私有壁櫥：教室內側設有隱藏式壁櫥，每位學生皆擁有一個壁櫥放置學用品，學生不須再背個重重的大書包上學，也可減少忘記帶課本、用品的機會，在教學上也比較方便。

⑷小型圖書室：每班有一個小型圖書室，形狀都不一樣。大都闢在教室後面，以複式地板區隔。

⑸清潔櫥櫃：清潔用品不再裸露在教室後面，而放置在櫥櫃中，顯得

井然有序。

　　(6)教室休息室：老師上課後不必走回辦公室，在教室後面闢有教師休息室，老師們可在這裡休息或準備教學；另還可與學生單獨談話，保有學生的隱私權；也可增加與學生相處的時間，多瞭解、關心他們，這是非常新穎與合乎時代的設備。

2.迎接二十一世紀的班級教室

　　黃家懋（民 80 ）所提出新的班級教室設計（見圖 4-23 ）以滿足二十一世紀的教學需求。其教室特色如下：

　　(1)增闢開放式的導師教學研究區：導師教學研究區的設置，以雙面走廊的一面來作即可，再用一些櫥櫃作隔間，可提供導師充分掌握班級的教學環境、存放各項資料，從事教學研究、學生行為輔導、學習輔導，增加師生之間的溝通，建立良好班風。

　　(2)增設班級用盥洗用區：採班級盥洗區的方式，師生使用方便，在管理上也自然形成專責，易清潔維護。再配合旁邊的給排水管，由樓上至樓下，如此不但施工快速，節省造價，而以後的維修也容易。

　　(3)寬大的空間及活動式的隔間：導師研究區與盥洗區的增設，教室的空間比傳統教學區大了將近二分之一，它們可用高 1.5 公尺左右的櫥櫃分隔；活動式的擺置，提供師生更大的自主性，佈置自己的樂園。

　　(4)班級盆栽式的綠化、美化：以班級為單位，用盆栽的植物來綠化，定能綠意盎然，把教室襯托得更美觀舒暢，而維護管理也很容易。

　　(5)雨具懸掛處可解決困擾多年的煩惱。

3.Z型教室

　　紐約市最近設計了一種新的Z型教室（黃幸美，民 80 ）（圖 4-24 ）。

　　這種新的Z型教室所佔用的空間與傳統的矩形教室相若，可容納二十五名學生。Z型教室內由於教師的座位在教室前方故可總督全班，而學生

則在多樣設計的不同區域內進行各種的學習活動。

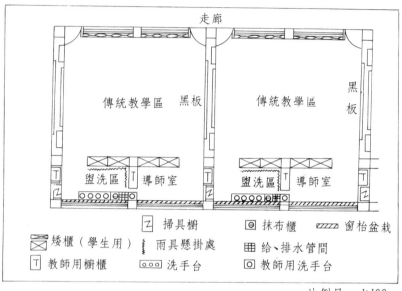

比例尺　1:100

圖 4-23　迎接二十一世紀的班級教室平面配置圖
　　　　（資料來源：黃家懋，民 80 ）

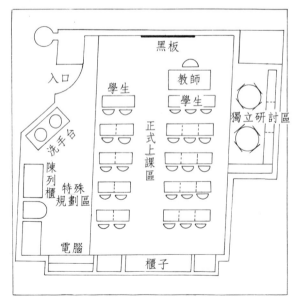

圖 4-24　Ｚ型教室
（資料來源：黃幸美，
民 80 ）

四、合宜的情境佈置

一般常見的佈置項目有生活公約、標語、感謝專欄、意見箱、榮譽榜……等，其內容可參考下列所述：

(一)生活公約

教室裡可以準備一個小黑板，或利用壁報紙製作可更換式的生活公約欄。生活公約的內容可以由老師和學生共同討論後決定這一學期或數週所要注意或努力的具體行為，如「要愛護公物」等，讓大家共同遵守。（圖4-25）

圖 4-25　生活公約的設計最好是可以更換的，才可以在達到目標後，予以更換

(二)標語

採用簡明的生活化短句，避免教條式的口號標語。不可以漿糊黏貼，以免損壞牆面（湯志民，民80）。（圖4-26）

圖4-26　標語應採用簡明的生活化短句，學生較具親切感

(三)值日生

值日生欄的內容除了包括每天的值日生同學外，還可以將值日生需作的工作標示出來，以提醒值日生該作那些工作。由於每天的值日生都會不同，因此必需以可以更換值日生的姓名為佳。（圖4-27）

(四)感謝專欄

感謝專欄可以讓同學之間溝通心聲，促進同學之間的情誼，並且可以

讓學生學習要常懷感謝心。（圖 4-28 ）

圖 4-27　在值日生欄列出值
　　　　　日生應做的工作，
　　　　　可提醒學生做好份
　　　　　內的工作

圖 4-28　感謝專欄

(五)意見箱

學生如果對班上有意見，不一定敢說出來，如果有一個意見箱，可促進老師和學生之間的良好溝通，也可改進班級的缺失。

(六)榮譽榜

榮譽榜上的學生可以每週更換，不僅鼓勵原本就品學兼優的好學生，原本品學不佳的學生若有好表現或成績進步，更應該以此予以獎勵。（圖 4-29 ）

圖 4-29　榮譽榜的表揚項目
除了學業優良的學
生外，也可以是其他
有優良表現的學生

(七)佈告欄

　　學校及老師的宣佈事項和班級幹部的工作報告，如總務的帳目、班會的規定事項，都可貼在上面。佈告欄的版面不要太雜亂，並能事先作好規劃，最好使用軟木或保麗龍板，拆釘方便，並有專人負責將失去時效的佈告拆下，以免版面太過擁擠，不知道要看那裡。（圖 4-30）

(八)你怎麼辦

　　提供生活週遭切身問題，如「回家路上發現有人跟蹤你，你怎麼辦？」（侯淑麟，民 83）讓學生能先思考，如果真的遇到這種事情時，才能夠知道如何應對。

圖 4-30　　佈告欄的資料以拆釘方便為原則。圖中的蜻蜓其
　　　　　實是製作精美的圖釘

㈨班級圖書

圖書數量，每人應有書籍低限約四、五冊，每班約二、三百冊；書籍
來源可由老師捐贈、學生捐贈或借閱、學校分期購置、社區人士或家長捐
贈等等。書櫥可徵求家長協助或自行訂製書架（湯志民，民 80 ）。或利
用大的紙箱層疊成克難書櫃。圖書要分類放置，妥善管理，建立班級借書
制度，也可班際交流閱讀。

㈩其他——有關學童身心發展的文章

學生都正在發育的階段，教師平時可以收集一些和學童身心發展有關
的文章，如：坐姿對骨骼發展的影響、眼睛體操……等，而國中學生正值
青春期，對性知識缺乏又充滿好奇心，老師平時上課若不方便和學生討論，
也可將一些與青春期有關的剪報貼在一個專欄上，讓學生閱讀。(圖 4-31)

圖 4-31　剪報資料專欄也要以拆釘方便為主，避免重疊排列，過於凌亂（本圖攝於高師大附中）

五、教學資源的規劃

(一)教學視聽器材

部分教室設有視聽器材，如電視螢幕，最好放在黑板旁側高處，如此黑板不會被電視擋到，而且可以讓每一位學生都看得到電視；而投影機所需的白色螢幕，則可設在黑板上方，並可以隨時拉下、捲起，螢幕的大小約佔黑板的二分之一，不妨礙黑板的使用。

(二)教具的展示與管理

在教具管理方面，如果教室有足夠的空間，可以將各科的教具，依照進度分科分類擺放在教室內，不但取用方便，學生在平時也可以練習。

㈢各科教學資料

　　佈置時可以配合各科教學單元佈置情境，列舉幾科的實例如下（胡鍊輝，民78）：

1.生活與倫理

　　⑴教室裡可以設一個生活與倫理專欄：揭示有關生活與倫理的德目故事文章、圖片，還可以加上寫得較好的週記文章，但必須經過學生的同意。

　　⑵模範生專欄：依據每週中心德目，選出實踐最好的學生，由同學推選揭示表揚。

2.國語或國文

　　⑴作文、書法學生作品專欄：作品不分優劣，應輪流揭示，肯定每件作品的努力成就。

　　⑵文學專欄：師生共同蒐集童詩、古詩、成語、或每日一字、每日一詞等資料，張貼在這個專欄中。

　　⑶故事樹：每排（組）畫一棵樹，每個兒童閱讀完一本故事書，就製作一片葉子，上面寫明書名、姓名，貼在樹枝上，書看得愈多，樹葉愈多，學期結束時，樹葉繁茂，就是豐收的成果。可以做分排（組）比賽。

3.數學

　　⑴設數學專欄：師生共同蒐集有關數的故事、遊戲計算工具等文章圖片，揭示在這個專欄裡。

　　⑵誰會解答專欄：為增進學生練習數學的興趣，每單元教完後，師生共同用卡片出題，張貼在本欄。

4. 自然科學或理化、生物、地球科學

　　⑴科學新知專欄：師生共同蒐集最近新發現、新發明的報導文章或圖片，張貼在本欄裡。

　　⑵科學信箱：每週公佈一題目，學生把詳細答案，投入科學信箱裡。經評審最優答案，公佈在科學園地上，供其他同學參考。

㈣小小實驗花圃、動物飼養

　　老師可利用教室前的小花圃，配合讓學生自己動手種植花草植物，以體會自己栽種作物的樂趣，如果種的是蔬菜或水果，又可以收成，提高學生的興趣。另外，在徵得學校同意後，班上也可以飼養小動物，但必須注意的是，避免飼養會干擾到上課的動物，如狗、鳥⋯⋯之類的動物。

如何做好教室佈置的工作

一、佈置的步驟及過程（朱文雄，民80）

㈠事先規劃

　　由師生共同參與全學期各單元佈置內容，並討論和決定預定之進度，作成計畫。

(二)確定內容，分組進行

師生共同決定了佈置形式之後，可將班上的學生分成若干組，每組選派一位組長（對該科有興趣或專長者），負責策畫該組的佈置工作。佈置之前，組長須先將佈置的構想及所需材料，向老師做書面或口頭的說明，待老師認為妥適之後才進行佈置。

(三)教師從旁指導

每組欲擬定全學期各單元佈置內容及進度之前，老師應先向學生稍加提示，使學生對各單元能有初步的認識。老師除了應適時從旁指導之外，並須規定各單元佈置更換的時間以及考核辦法；這樣可以激發學生積極的參與，也可以使他們得到應有的鼓勵。

(四)蒐集各種資料

1.如何指導學生蒐集資料

⑴報章雜誌的剪貼資料：教師可以依照「教學資源佈置計畫表」的內容，公佈告知每位同學，使他們在平時閱讀報章雜誌或課外書籍時，多加留意這些主題，隨時做剪貼資料工作。然後，教師蒐集每位同學的資料，作去蕪存菁的選擇，再將這些珍貴的資料配合教學進度陳列出來。如果遇到不能撕剪需要保存下來的刊物時，指導學童利用影印的技術來取得資料。

⑵圖片或圖畫的蒐集：圖片的蒐集來源，可以指導學生從報章雜誌或月曆上、海報中取得，也可以蒐集日常生活中的相片，如果真的找不到資料，亦可用繪圖來補充替代。

⑶社會文獻物質資料的收藏：國小課程大部分科目的教材內容是以兒童生活經驗為中心所編製的教材，尤其是社會學科的鄉土教材，所以有些

教學資源必須取自社會，包括衣物、器具、產物、古蹟……等學習之所需（何錦順，民 81）。

2.資料的保管和處理

每一主題的圖片、資料裝入專門一個袋子中留存起來，指定專人整理、保管，或編成專輯（侯淑麟，民 83）。

(五)進行張貼佈置工作

張貼佈置的工作可在共同計畫方向、規定各組的工作進度後分組進行，如此可使佈置的工作更有效率，不過教師在這個階段最好還是要隨時注意學生佈置的進度、經費的控制及其他問題。

(六)欣賞檢討

佈置完成之後，教師可召開一個欣賞會，並提供評審標準，或輔導學生自行訂定標準，欣賞完成的教室佈置，並加以檢討，以作為下次教室佈置的參考。

二、如何突顯班級特色的佈置

教室的佈置如果能夠突顯出班級的特色，那麼學生會對自己的班級較具有認同感，可以顯示出本班和其他班級不同的地方。這類的教室佈置較特殊，可以依據教師的專長、學生的興趣與能力共同決定。

(一)靜態方面

1.快樂園地

教室後面的快樂園地專欄，一般都用來做為靜態的展示，例如美術作

品、書法作品、學生作文……等，展示內容可與上述所提到的各科教學資料互相配合應用；但在規劃版面時，要注意到整體的版面設計，各專欄之間有所相關，有一個主題中心，例如，以圖 4-32 為例：可以國中國文第一冊第三課—夏夜為主題，並用放風箏、抓螢火蟲的動態活動去貫穿版面，小組的補充教材所使用的釘子製成蝸牛釘子，以求版面的協調。此外，版面還要常變化，不要一整個學年都一成不變，令人望而生厭。（圖4-32 、 4-33 、 4-34 ）

圖 4-32　以夏夜為主題的快樂園地專欄，底下的蝸牛其實是圖釘，方便釘學生的作品。

圖 4-33　以捕螢火蟲的動態活動貫穿兩個版面。

圖 4-34　以放風箏的活動使生活公約欄和主要版面巧妙連結，具有整體感。

2.綠化美化

　　教室的綠化美化工作如果作得好，學生的精神會較好，學習興致也會比較高，並且多看綠色植物對學生眼睛具有保護作用，可謂一舉數得，在這樣的環境中學習，對學生的學習有正面的幫助。

　　要作好綠化美化的工作可由下面方法著手進行：

　　⑴植物的選擇：水生的萬年青、黃金葛、水芙蓉……等，小型的觀賞用仙人掌、盆栽，及灌木類的果樹，如：蕃茄之類都是不錯的選擇。

　　⑵來源：植物的來源可由學生家長提供、學生樂捐，或是由班費支出。

　　⑶花盆：種植小型植物的花盆可利用工藝課時，讓學生自己用保特瓶設計製成美麗的小花籃，或讓學生自己從家中帶來造型可愛特殊的竹筒、木杯、陶瓷器，再利用票選的方式，讓同學們自己選出要擺放在班上的作品，如此，不但學生具有參與感，也可以減輕老師的負擔。

　　⑷擺放地點：小的花籃可以吊掛在教室四周的牆上；講桌上則可以擺盆花，但須注意不要擋到學生的視線；陽台可種植蟛蜞菊或吊蘭，假以時日的細心照顧，可形成別出心裁的綠簾；窗台、走廊等空間則可以擺設花卉盆栽，由學生從家中各帶一種盆栽到校栽種照顧，加上植物名牌（魏惠燕，民 83）。（圖 4-35 、 4-36 ）

　　⑸管理：老師可教導學生如何栽種植物並藉由小組比賽方式，讓學生自己照顧這些花卉植物。

圖 4-35　放在黑板上的綠意（地瓜葉）使得整個教室都活
　　　　起來了。（本圖攝於高師大附中）

圖 4-36　教室外的洗手台旁，是擺放盆栽，綠化美化的好
　　　　地點。（本圖攝於高師大附中）

(二)動態方面

1.分享角

　　老師在教室後側可以闢一個小角落，讓學生輪流將自己收集的集郵冊、卡片、貝殼、貼紙、玩具等帶到學校來擺設，並且在班會時向同學介紹自己的收藏。但必須有專人管理，且放學後要將收藏品鎖起來，以免遺失。

2.腦力開發中心

　　教室後側還可以放一些益智玩具，讓學生在下課的時候，可以動手做做看，老師也可以蒐集一些具有創造性的益智問題，讓學生試著回答，將答案投入小信箱中，每週公佈正確答案，或在學生的回答中挑選最有創意的答案，貼出來讓學生參考。

3.老實樹、優點大轟炸

　　由全班同學以不記名方式書寫紙條，將該週的老實樹主角優點、缺點以條列方式盡量書寫出來，愈多愈好，再由老師指定同學整理、過濾（心瑋，民 80 ）。接著交由導師變化語句（漫畫式的誇張，書寫缺點時避免使主角難堪，而以幽默的口吻形容之。）公佈之，供大家欣賞、參考。教師可藉此機會教育兒童，多多觀察別人的優點，並把別人的缺點往好的方面想（因為有時別人在自己眼裡的缺點，在第三者眼中，正是第三者所欣賞的哩！）。如此一來，必可減少人與人之間的摩擦，使班上的氣氛更和諧、融洽（圖 4-37 ）。

圖 4-37　優點大轟炸可使學生學習欣賞別人的優點，也可以
　　　　　建立主角自己的信心。（本圖攝於高雄縣鹽埕國中）

三、佈置的小技巧

㈠如何利用空間

　　教室可以利用的空間是很大的，除了四週的牆壁外，天花板可裝些掛
鉤，垂吊一些立體的美勞作品。（潘秀雲，民 78）教室裡有剩餘的桌子
時，正好可以用來擺設學生的收藏，或是益智玩具。如有需要，四週的牆
壁也可再拉線懸掛學生的作品。但要注意的是，教室佈置時最好不要把整
個教室塞得滿滿的，尤其是天花板的垂吊物，如果掛得太多，會顯得凌亂
俗氣，反而適得其反。

(二)鏡子的妙用

教室裡如果擺上一面大鏡子，不但可以提醒學生注意自己的儀容整潔，還可以使教室具有擴張的效果，感覺上空間會大一些。

(三)材料的應用

1.快樂園地的版面

由於學生的作品常常更換，需要比較特殊的材料：

(1)磁鐵板：使用磁鐵板在展示學生作品或剪報資料時，非常方便，只要用磁鐵即可固定，並且不會傷及學生的作品，但成本會比較高一些。

(2)塑膠布：用一塊適當長的寬塑膠布安置在牆上，作品展示時可使用膠水或雙面膠黏貼，既省費用也方便（潘秀雲，民 78 ），而且只要用抹布擦拭即可保持清潔，也不會傷及作品。

(3)保麗龍板或軟木板：二者的優點都是可以使用圖釘來展示學生作品，但又各有其缺點：保麗龍板雖然較便宜，但無法長期使用，容易損壞，軟木板可以長期使用較不易損壞，但成本較高，且不易黏貼。

(4)一般紙類加噴 3M 利貼膠水：以一般紙類為底，做好佈置後，再加噴 3M 利貼膠水，紙張的表面就會形成一層可黏撕性的黏膜，作品的黏貼和取下都很方便；但時間一久，則可能會沾上空氣中的灰塵，使黏性減少。

2.紙類

(1)包裝紙：可以利用其特殊的色彩及圖案，加以剪裁做成花邊或剪成幾何形的碎片用以裝飾。

(2)瓦楞紙：可應用在樹幹房屋的表現，因為瓦楞紙較貴，可將紙箱的一面剝開，即會呈現凹凸狀，再視需要加塗顏色。

⑶舊報紙、雜誌：可以將其揉皺，表現立體感，以做為花邊，或應用在石頭、山洞的表現。也可以做為摺紙的素材，或隨意撕碎貼上。

⑷珍珠板：具有立體的層次感，可做為表現立體的材料。

⑸一般紙類：常見的有雲彩紙、粉彩紙、砂點紙、雪花紙、壁報紙、錫箔紙等，各種材質有其不同的質感，老師可依其需要選用。

3.其他

詳見表1。

表1：不同材料的構思與用途

材　料	各　種　構　思
碎　布	種類很多，是頗有趣的材料，但因需要剪貼而不易於兒童作業。如做材料時在背面塗層薄漿糊，裱上一張紙即可使作業容易。
樹　葉	可貼在樹木形狀的襯紙底紙上，或貼成完全不同的形狀，或跟撿拾落葉的活動互相配合使用。如在表面塗上以水稀釋的木工用樹脂即可長久保持。
沙	用刷子先在紙上塗上漿糊，再撒上層沙子做成沙丘或沙灘的模樣，如以有色的呢絨取代紙張或塗上顏料，更能發揮意想不到的效果。
鋁箔紙	使用於火箭或機器人等器具，或做成抽象事物的一部分時效果最好，因本身的材質較薄，故覆蓋在厚紙或箱子上使用；粘接時要用膠帶或強力膠。
塑膠（塑膠布）	在透明的塑膠上，用油性的筆繪上花紋或用黑色、淺藍色的塑膠袋攤開來貼成海洋模樣，然後上面貼上魚類或船隻會更為有趣。

毛　　線	先釘上幾支釘子，再纏繞毛線即可做成各種有變化的有趣花紋，捲曲的舊毛線可用來強調部分質感。
包裝用塑膠袋	可將撕開的帶子並列一起做面來使用，如做成波浪、雨等線條，使用時，將二、三根重疊即可表現出量感。
木筷、吸管、竹籤	蜻蜓的身體或花莖、樹果的軸等可在壁面上表現立體感。另外也可以並列粘貼做成面來使用。
卷芯類	衛生紙、鋁箔塑膠包裝紙等的卷芯可做為面具的一部分，或動物、昆蟲、火箭、房屋等各式各樣物品的運用。
紙盒（箱）	小自牛奶糖的包裝盒，大到禮物箱等盒子都可粘合或穿上繩子吊掛在一起，用途甚廣。也可以齊切將側面粘起。另裝牛奶的紙盒洗淨也可以使用。
紙　　袋	可做面具或裡面塞入舊報紙做成瓜果造形，或繫紮一處做成魚類。
樹、草	兒童所做的水果或小鳥等裝飾品，如使用實物的樹即最能表現出真實感，另使用實際的花草也十分有效。
方形細木材	用於天花板吊掛物品時比鐵絲或繩子更為堅固，而且可以表現出量感，是壁面構成時不可或缺的有趣素材。
保麗龍板	可以做為筷子所製成物品的台几。
石　　子	為了表現自然景觀時可直接使用，也可以著色來表現抽象的意念。
棉　　花	可集中成堆或撕成小片狀，並可利用其柔軟的質感表現雪、雲棉花等效果甚佳。

（資料來源：王文欣，民 80 ）

4.黏劑

常用的黏劑有漿糊、樹脂、強力膠、快乾膠、普通膠帶、雙面膠帶、熱熔膠、噴膠……等。通常一般類用漿糊及樹脂即可,但漿糊和樹脂如果上得太多時,會有皺皺的現象;因此,如果是大範圍面積的紙類,又要求要黏得非常平順的話,不妨使用噴膠作為黏劑,效果是相當好的。石頭、布類、樹、草……等較不易黏上的材質,則可使用樹脂、快乾膠、熱熔膠等黏劑。唯在使用熱熔膠時,由於會有高熱產生,要小心使用,以免燙傷。

5.顏料

常用的顏料有水彩、POP 筆、廣告顏料、噴漆、油漆、墨汁、蠟筆、粉彩筆、金銀粉、亮片等。

㈣色彩的應用

圖 4-38　明亮的色系令人感覺清爽、有朝氣。

　　在選用色彩的時候，需配合季節、班級特色、班級大小、及整體的設計。例如：夏天時可用清爽、明亮的色系，藍色、白色、粉紅、粉黃、綠色等都是不錯的選擇（圖 4-38 ）。冬天可以用較溫暖較重的色系，紅色、黃色、橘色等，但避免一整片的大紅大橘色；教室空間較小者，盡量選擇明亮、清爽的色系，可增加空間感。

　　一般較少以黑色、深色咖啡色為底，但若是設計得宜則亦有不錯的效果（圖 4-39 ）（朱立德，民 78 ）。

圖 4-39　深色為底的佈置只要巧心設計，也會有令人驚喜
　　　　　的效果。

四、佈置的注意事項（林煌耀，民 79）

(一)注意佈置的要領

注重整體美，先由主要部分，再及於從屬部分，側重教室後面和兩旁位置，正前方盡量簡單，避免揭示色彩搶眼的圖畫，以免分散上課注意力。設計公約欄、公佈欄、榮譽榜等，可多樣化，但不能太雜亂，且具實用性，可隨時加以更換為原則，不要一勞永逸型，標語的設計要活潑，不要八股化，增加新鮮感。

(二)資料及作品的位置

資料的字體及高度應該要考慮到學生的閱讀視線，基本上，美勞作品、書法、圖畫等不需閱讀的可放在上方，而作文、剪報、佈告等需閱讀的則放在下方，文字太小的可以影印放大。各種資料、圖片展示的位置應事先規劃並固定，避免雜亂無章，或互相重疊干擾。

(三)讓學生有參與感

教師只是個輔導者，學生才是佈置教室的執行者，所以，教師應該採取包容的態度，讓學生充分發揮，並採小組方式進行，使得人人都有參與感，進而對自己的班級認同。

(四)管理的工作

為避免辛苦佈置的結果遭破壞，班上可在班會時制定管理條款，由專人負責執行，以保護教室的佈置。

結語

　　教室是學生每天生活的地方，一個好的教室佈置，可以在潛移默化中改變學生的行為，提昇學生學習的效率，達到「境教」的功能。因此，教室的佈置必須掌握上述之原則及方法，透過全體師生的參與，補充教學的資源，並定期的更換充實，提供學生更多更好的情境刺激，以達成教育的目標。

參考書目

Adams, R.S. & Biddle, B.J.(1970). Realities of teaching:Explorations with Video tape. N.Y.:Holt, Rinehart & Winston.

Axelrod, S., Hall, R.V., & Tams. R. (1979). Comparison of 2 common classroom seating arrangements. Academic Therapy, 15, 29-36.

Becker, F.D., Sommer, R., Bee J., & Oxley, B. (1973). College classroom ecology. Sociometry, 36, 514-525.

Weinstein, C.S. (1987). Seating patterns. In M.J. Dunkin Ed., The international Encyclopedia of Teaching and teacher education, 545-548. N.Y.: Pergamon Press.

Wheldall, K., Morris., Vaughan, P., & Ng, Y. Y.(1981). Rows versus tables:

An example of the use of behavioral ecology in two classes of eleven-year-old children. Journal of Educational psychology, 1, 171-184.

王文欣（民80）：創新設計溶入教學情境。載於高雄市政府教育局編印之教室經營，209－213頁。

心瑋（民80）：老實樹風波。載於高雄市政府教育局編印之教室經營，333－337頁。

石埒（民78）：在學習空間注入一劑新鮮與清爽。師友月刊，268期，13頁。

朱立德（民78）：座位安排方式之探討。研習資訊，54期，31－33頁。

朱文雄（民80）：班級經營。高雄：復文出版社。

吳清山等（民79）：班級經營。台北：心理出版社。

李春芳（民81）：班級經營。中等教育，43卷3期，45－48頁。

何錦順（民81）：班級經營——學習環境的安排。中縣文教，13期，19－21頁。

林煌耀（民79）：創意的教室佈置。師友月刊，279期，58－61頁。

祝建太（民78）：給學生一個溫暖的家。師友月刊，267期，14－15頁。

胡鍊輝（民78）：教室佈置的新理念。師友月刊，268期，6－8頁。

胡鍊輝（民79a）：教室佈置實例。國教輔導，29卷2期，20－23頁。

胡鍊輝（民79b）：座位的玄機。師友月刊，276期，24－25頁。

侯淑麟（民83）：教室佈置。載於台灣省教育廳編印之班級經營——理論與實際，296－300頁。

陳勝利，邱坤玉，胡坤璸（民78）：動態的教室佈置。國教之友，41卷1期，59－66頁。

陳麗華（民81）：班級經營實務——我的班級經營理念。研習資訊，9卷3期，64－65頁。

黃家懋（民80）：從班級教室的功能談空間設計。載於高雄市政府教育局編印之教室經營，310－314頁。

黃勝輝（民83）：教室佈置——能迅速變換不同座位的座位安排法。載於台灣省教育廳編印之班級經營理論與實際，318－323頁。

黃幸美（民80）：老師如何從遊戲中培養兒童的創造力。教育研究雙月刊，22期，61－67頁。

許採雲（民82）：一個班級的經營。國教輔導，32卷5期，58－62頁。

張新仁（民80）：教室管理面面觀。載於高雄市政府教育局編印之教室經營，1－21頁。

湯志民（民80）：淺談教室管理。高雄市政府教育局編印之教室經營，99－105頁。

湯志民（民82）：教室設計的發展趨勢。教師天地，63期，37－51頁。

曾秀玲（民83）：學生分工與分組。載於台灣省教育廳編印之班級經營——理論與實際，112－115頁。

單文經（民84）：班級空間經營的原理與策略。台灣教育，536期，12－18頁。

傅國明（民78）：學校環境佈置與美化綠化之研究。國教輔導，28卷5期，40－44頁。

蔡誌山（民80）：教室佈置動態而家庭化。載於高雄市政府教育局編印之教室經營，349－353頁。

蔡春惠（民83）：教室佈置。載於台灣省教育廳編印之班級經營——理論與實際，301－304頁。

潘秀雲（民78）：如何創新教室的佈置。載於師友月刊，267期，19頁。

劉敏惠，鄭玉曼（民78）：座位的安排方式。教育文粹，18期，103－105頁。

魏惠燕（民83）：教室的綠化美化。台灣省教育廳編印之班級經營理論與實際，490－491頁。

（本文未加註之教室佈置圖片，取自於高師大張新仁教授開設「教室管理」課之學生教室佈置，經張新仁教授同意後拍攝）

5

指導學生自治活動

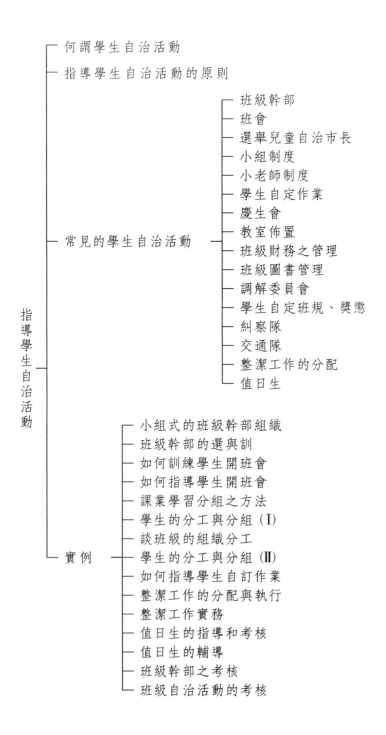

指導學生自治活動
├─ 何謂學生自治活動
├─ 指導學生自治活動的原則
├─ 常見的學生自治活動
│   ├─ 班級幹部
│   ├─ 班會
│   ├─ 選舉兒童自治市長
│   ├─ 小組制度
│   ├─ 小老師制度
│   ├─ 學生自定作業
│   ├─ 慶生會
│   ├─ 教室佈置
│   ├─ 班級財務之管理
│   ├─ 班級圖書管理
│   ├─ 調解委員會
│   ├─ 學生自定班規、獎懲
│   ├─ 糾察隊
│   ├─ 交通隊
│   ├─ 整潔工作的分配
│   └─ 值日生
└─ 實例
    ├─ 小組式的班級幹部組織
    ├─ 班級幹部的選與訓
    ├─ 如何訓練學生開班會
    ├─ 如何指導學生開班會
    ├─ 課業學習分組之方法
    ├─ 學生的分工與分組（Ⅰ）
    ├─ 談班級的組織分工
    ├─ 學生的分工與分組（Ⅱ）
    ├─ 如何指導學生自訂作業
    ├─ 整潔工作的分配與執行
    ├─ 整潔工作實務
    ├─ 值日生的指導和考核
    ├─ 值日生的輔導
    ├─ 班級幹部之考核
    └─ 班級自治活動的考核

　　「陳老師，您怎麼看起來這麼累啊？」「我……」「哎呀！你的聲音這麼沙啞，是不是感冒了？」「不是啦，只是每天又要教書，又要管秩序、整潔、以及那些大大小小的瑣事，快煩死了……」陳老師厭厭地向資深的楊老師抱怨著。「你們班的自治幹部呢？」楊老師好奇地問。「算了吧，小孩管小孩能有什麼用，能收收作業，喊喊起立、敬禮就不錯了。」陳老師不以為然地說。「那可不，自治幹部可是大大的好用呢！瞧我，不是教得輕鬆又愉快嗎？」陳老師看著神清氣爽的楊老師，心中仍是有一些存疑，「真的那麼有效嗎？」

　　是的，只要能夠好好的善用學生自治幹部，指導學生進行自治活動，將可減少教師的大部分負擔，而且還能培養學生自治能力、民主精神，以下，就讓我們一起來看看到底什麼是學生自治活動，內容為何，又該如何指導學生進行自治活動呢？

何謂學生自治活動

　　「學生自治活動」指學生在教師指導下成立自治組織，從事自我管理的活動。其目的在培養學生做為一個公民的基本智能及獨立自主的精神（吳清山，民 79 ）。而學生成立班級自治幹部的功能在於：一方面幫助教師做好教室管理中的各項事務；另一方面培養學生的自治能力，發展學生的潛能，以奠定學生民主生活應具備的基本素養。因此，教師應該以積極輔導的方式，來協助學生自治活動的進行。

指導學生自治活動的原則

由於學生生理和心理上的發展有階段性的差異，因此，教師在指導學生推展班級自治活動時，必須依國中及國小低、中、高年級而有不同的指導方式。基本上，較年幼的學生主要的指導重點，應放在教導學生建立班級常規和熟習例行活動；對年齡較大的學生，因為他們已經熟習基本的例行工作，教師便可開始培養學生自我管理的能力（許慧玲，民80）。

常見的學生自治活動

學生的自治活動範圍包括很廣，除了一般學校規定選出的班級幹部，如：班長、副班長、風紀股長、衛生股長……等以外，還有班會、兒童鄉鎮市長、互助小組、守護神活動、學生自定作業、關心您專線、教室佈置、班級財務、班級圖書管理、慶生會、學生自定班規獎懲、校園糾察隊、交通隊、小老師、調解委員會、整潔工作、值日生以及班級幹部的考核等，都可作為學生的自治活動。茲說明如下：

一、班級幹部

這裡所謂的班級幹部，主要是指一般學校所指定選出的幹部，如：班長、副班長、風紀股長、學藝股長、衛生股長、總務股長、體育股長、康樂股長、排長等。每個幹部各司其職，可以單獨擔任，也可以以小組方式組織（參見實例一）。好的班級幹部不但可以協助教師管理教室，幫助教師處理各種事務，減輕教師許多工作份量和辛勞，甚至還具有推動班級自治、領導全體同學向上求進的功能（黃長安，民 80）。

小組式的班級幹部組織

出處： 許鎧珍著（民 83）：談班級學生自治網。載於台灣省教育廳編印之班級經營——理論與實際，頁 392-395。

解說： 由於班級幹部只限於少數同學，會忽略其他同學潛力的激發，因此許鎧珍老師在班上採「自治網」的型式，以各人性向和專長為準，各股下設小組支持，使全班都是「班級幹部」，其做法如下：

 學藝小組

　　學藝股長是各班基本幹部之一，職掌不外乎教室佈置、班會紀錄和其他學藝事宜，工作可繁可簡，甚至也可只負國語日報的裝卸之

責，端看導師的督策。基於個人的智慧和能力有限，本班乃成立學藝小組，由班上在作文、說話、繪畫、工藝等方面有專長的小朋友組成。級會由學藝股長召開，主席、司儀、記錄的人選由組長編號，輪流擔任。教室佈置和配合單元教學的佈置，亦由學藝組長依同學的專長分配工作，需用的材料則會同總務小組購買，而後共同完成。他們不但在工作，更磨鍊了自己的能力，從互助中體認了同舟共濟的重要，培養人與人合作的精神，建立了自信心，也體會了服務團體的喜悅。

二 衛生小組

衛生工作最繁瑣，由衛生股長領導全班同學，共同維護室內外環境的整潔，不在此贅述。本班衛生小組由組長一人，幹事四人所組成，組長全面領導。甲幹事專司黑板，如板書的擦拭，槽溝的清理，粉筆的排列等；乙幹事的責任區是走廊和教室內地板的整潔；丙幹事負責電燈開關和垃圾的處理；丁幹事專司外區打掃。各人工作性質明確，責任畫分清楚，執行起來非常方便而順利。

三 總務小組

本組除負責「動產」的管理之外，也負責「不動產」的整修。如教室內殘舊的百葉窗，已多年不堪使用，他們能想出方法來，修繕妥當，可運用自如。他們的技術在一個木匠師的眼裡，也許是幼稚可笑的，但是對他們本身而言，他們的學習是活的，收穫是真實的。

四 圖書小組

本班級圖書室，每人至少捐出文藝和科學的書籍各一本（實際上大部分的小朋友都捐了不少書）。這些書，經由圖書小組審核，將紙張、印刷、字體合於標準，內容有閱讀價值者（教師要從旁指導），

統一編號，並公佈書名，供同學們借閱參考。圖書小組備有借書還書的簿冊，手續簡便又易於管理。規定週三、六借書，週二、五還書，孩子們逐漸養成閱讀的習慣和興趣之後，已視讀好書比吃好菜來得更甘美了。

五　園藝小組

先將全班的小朋友依排次分組；選出組長為園藝小組的成員，以督策花木的養護。再從坊間購得花肥和牌籤，花肥定時施澆，牌籤上則寫明花木名稱和花主所屬組別，使其他同學得以認識植物名稱，並以植物生長的茂盛程度，作為分組比賽的依據之一。園藝小組還設計了掛勾，吊在窗框上，別出心裁，綠意滿室。

六　通訊小組

作文是磨練表達情意能力之要途，「小小信箱」便是根據「教育即生活」的學理而設立的。同學之間互相通信，一方面可磨練文筆，另一方面可增進彼此情感和意見的交流。通訊小組成員較少，僅有兩名郵差，信箱鑰匙由這二人保管，每天課間操後開信箱。甲登記寄信人姓名，乙登記收信人姓名。從孩子們通信的對象和數量上，對他們「社交」的情況，可略窺一二，作為輔導的參考。小朋友也會寫信給老師，吐訴心聲或表達意見，對班級經營頗有助益。

七　慶生小組

慶生活動的日期，避開定期測驗和其他校內重大活動，擇「吉」舉行，每月的壽星推派一位代表組成慶生小組，負責慶生事宜，如訂購蛋糕、收取費用、安排節目等。全班同學都要參與節目的演出，唱、跳、話劇、雙簧或其他性質的表演，有趣而回味無窮。

自強小組

　　人生旅途中，無時不有挑戰和奮鬥，要克服一連串的困難，得有充沛的鬥志和堅強的毅力。由於時下多係靡靡之音，不足振奮人心，因此全班決定每天最後一節下課後，等待集合放學的時間，齊唱豪邁雄壯的歌曲，由自強小組的三位同學領唱，一星期中一人領唱兩天。唱完給自己愛的鼓勵，而後神清氣爽，精神百倍的踏上歸途。

(一)幹部的形成

　　班級幹部的產生可經由教師指定、同學推選、沿用舊幹部、自願等方式，找出能力強、負責任、熱心服務的學生為班上服務。這些方式各有其優缺點，可視學生的情況選用最適合的方法，或者互相搭配著使用皆可，茲說明如下：

1.教師指定

　　在初接任一個新組成的班級時，同學之間都還不認識，教師可以參考學生過去的資料，或是新生訓練時的表現，先指定幾位重要的幹部，等過一、二週之後，再舉行幹部的選舉。這時必須要注意的是，不要以成績的好壞來選擇班級幹部，應以學生的能力及是否有責任心為選擇的依據。有時，也可以針對某些學生，給予磨練和獎勵，使其視當幹部是一種榮譽，因此在他當上幹部時，也較能負起責任，認真完成老師所要求的事項。老師可以口頭稱讚，期末操行成績加分，或者獎賞物品，都有很好的鼓舞作用（郭慶發，民83）。

2.同學推選

在同學們相處一段時間後，對彼此有部分的瞭解，就可以採用互相推選的方式，這也是最民主的，讓學生可以學習民主社會的選舉模式，推選出自己心目中的最佳幹部，也就更願意接受幹部的領導；幹部們有了「民意」的基礎，做起事來不但較易推行，也會較具有信心。

但是完全由同學推選出來的幹部不一定是教師心目中的理想人選，學生往往會以為成績好、人緣佳便適合當幹部，而忽略了其他平常表現平凡，卻很有服務熱忱，能力也不錯的同學；如果同學推選出來的幹部不適任於其職，有時甚至會使得整個班級氣氛受到影響，教師的工作量不但無法減輕，還可能會因這些班級內的瑣事而加重。因此，教師在讓學生選擇之前，教師應先明確告訴學生各股幹部之職責與應負之責任，再由學生選舉幹部，並要明確與學生溝通「幹部是同學自行選出的，少數要服從多數。既由同學們自己選出，就要和幹部合作，不能另鬧意見。」等語（張萬枝，民 83）。另外，教師亦可先用點小技巧，讓學生的選擇和教師的理想能夠一致。（請參見實例二）

實例二

班級幹部的選與訓

出處：劉志賢著（民 83）：班級幹部的選與訓——一件事的啟事。載於台灣省教育廳編印之班級經營——理論與實際，頁 98-99。

解說：劉志賢老師在幹部的選舉之前，為了選出理想的幹部會給予學生一些「引導」，並在選出幹部後再加以「職前訓練」，成效

相當好。其做法如下：

在選舉當天，我較往常多用五分鐘時間做引起動機的宣導：「小朋友，老師今天想藉著選舉來瞭解大家是不是有判斷和觀察的能力，並且也想測驗一下我們之間有沒有默契。」

接著又說：「我們現在要選舉的人物是班長；他是班上的靈魂，他不一定是第一名，也不一定是男生，更不一定要家財萬貫或是你的好朋友。重要的是有一顆為同學熱忱服務的心和優良的品行，能負責、有魄力，就是理想的班長人選。各位同學在選舉之前務必理性的思考，待會兒就知道你們和老師之間有沒有默契了。」

加上了引起動機的過程後，所選出的班長和我心中的理想人選竟然相同，接下來其他股長的選出方式也如法炮製。

緊接著就是職前訓練的工作了，我立刻宣佈班長的職責和權利，以得到全班同學的共識。並經常利用時間和他個別談話，瞭解各項工作的利弊得失，作為進步的參考，藉此可加重其責任感和使命感。若遇有表現優良時，立即予以讚揚，一方面能增加他的信心，另一方面也能得到同學們的信賴而易於管理。

經過一段時間的觀察，我發現班上無論是秩序及常規都有進步，以前每天聲嘶力竭，氣急敗壞的窘境已不復再見。

由這件事件，我體會出只要多花一點心思，以後可節省你幾倍，甚至於幾十倍的時間和精神。也證明了兒童的可塑性極高，需要老師們正確的引導。

3.沿用舊幹部

因為升年級的關係，原來的班級打散後再重新編班，於是學生之間彼此各不熟識，無法推選，可以暫時任用曾經當過幹部的學生來為大家服務

（黃長安，民 80 ）。

4. 自願

有些具有服務熱忱，能力也還不錯的學生，希望能當幹部卻不一定會有同學選他，這時候就可以保留一些較不重要的職位，如：圖書管理、牛奶的訂送等，讓他有服務的機會，若是他表現良好，獲得同學的肯定，亦可增加其自信心。

(二)幹部的訓練

幹部選出後，緊接著就是幹部訓練的工作了。沒有經過訓練的幹部，即使他的能力再好，服務熱忱再高，都無法順利做好其職位內的工作；因此，幹部的訓練工作是非常重要的。

一般可以分為職前訓練和在職訓練兩種（劉志賢，民 83 ）。

1. 職前訓練

幹部人選產生後，教師可利用全班在場的時間報告其職責以取得全班同學的共識，若有不妥的規定，亦可利用此一機會加以修正（劉志賢，民 83 ）。此外，也可以找一個週六的下午，辦一個小型的幹部訓練營，讓這些幹部除了瞭解自己的職責之外，也能事先意見交流，使彼此步調一致，共同為班上努力。如果前一任的幹部作得不錯的話，不妨考慮讓新舊幹部有意見交換、經驗傳承的機會，使前車之鑑以為後事之師。

2. 在職訓練

這是補職前訓練的不足，也是隨機性的訓練。職前的訓練再完善，總難免有疏漏的地方，當臨時產生新問題，或舊的方式不合宜時，教師可適時加以訓練。在職訓練期間，若有表現優良的幹部，教師應予讚美或嘉獎，一則可激勵士氣，增其自信，再則兒童亦能認同幹部，使班級管理更

臻順利和圓滿。

職前訓練是奠定幹部的執行細則和方法，而在職訓練則補職前訓練的不足，一為樑，一為柱，二者不可偏廢（劉志賢，民83）。

(三)幹部的職責

各個幹部都有其應負責的工作，只有在所有的幹部都瞭解自己任內的工作，並彼此分工互助的情況下，才能使整個班級經營上軌道，發揮自治的功能，因此，對於每個幹部的職責劃分就必須清楚，免得職務重疊時，互相推卸責任，造成管理上的困擾。至於每個幹部的工作為何，請參考〈表5-1〉所列的項目。

表 5-1　各股工作分配表

各　股　工　作　分　配　表			
班　長	1.協調班級事務 2.集合整隊、呼喊口令 3.代表班級領獎及出席重要集會 4.為同學陳情或反映意見 5.召開班內幹部會議 6.訂定每月行事曆	衛生股	1.分配掃地區域 2.監督檢查整潔工作 3.清潔用具的保管 4.輪排並檢查值日生工作 5.整理整潔紀錄表
副班長	1.協助班長分擔職務 2.借還教具	總務股	1.班費的收支 2.帳目的管理與公告 3.各類費用的收取 4.檢查公物保護情形 5.班級物品的添購 6.簡易的公物維修
風紀股	1.維持秩序 2.公佈競賽表 3.整理考核表		
學藝股	1.教室佈置的分配與主持 2.圖書的管理 3.報紙的整理及剪報 4.班會的紀錄	康樂股	1.舉辦每月的康樂活動 2.運動會的啦啦隊 3.慶生會、同樂會的舉辦與會場佈置
各排排長	1.作業簿的蒐集 2.協助監督整潔工作	體育股	1.體育課整隊、帶操 2.借用運動器材 3.帶領選手練習

二、班會

班會是班級最基本的一項活動，班上的每一位同學都必須參加，並藉著班會的運用，互吐心聲，交換學習心得，共同檢討生活上的得失，使全體同學不斷在學習研討中求進步。然而，大部分的同學都對班會感到乏味，主席主持班會，三言兩語就開始冷場自我罰站，各股長作工作報告，也講不出所以然來，更別談什麼生活檢討、討論提案、讀書心得報告、臨時動議……等等，有些班級的主席，在無可奈何的情形下，開會開始不到十分鐘，就乾脆請導師講評，把整個班會時間交給導師去應用，這是不對的（劉坤德，民 80 ）。

那麼班會該發揮的功能是什麼？班會有那些型態？又該如何訓練學生開好一個班會呢？

(一)班會的功能

在民主的現代社會中，國民的民主素養必須要從小就開始訓練，而班會就是要讓學生能夠學習民主制度中議會的進行方式，並以民主的方式解決自己在校內外所發生的任何問題。如果在中小學階段能有效的學習，日後在社會中自然也就能夠健全運用，不但能提高學生的民主素養，對學生自治能力的增進亦大有幫助。

(二)班會的程序

一般班會的程序如下（劉坤德，民 80 ）：

1.司儀宣佈班會開始：班會開始，全體肅立；主席就位。或由主席直接宣佈開會亦可。

2.唱國歌。

3.宣讀上次會議記錄。

4.主席報告。

5.各股股長工作報告（包括日常生活報告，上次決議事項辦理情形報告，以及發現問題或建議）。

6.提案討論（包括學習心得報告、演講、時事報告、康樂活動……）。

7.臨時動議。

8.導師講評。

9.散會。

㈢如何訓練學生開班會

目前，各國民小學召開班會的規定是從三年級開始，隔週舉行一次，國民中學則每週舉行，至於召開班會的時間視各校而不一。由於國小三年級學生從未接觸過班會活動，因此，必須以漸進的方式訓練學生如何開班會，同時可配合新教材——社會科三上第一大單元第二小單元——認識級會，讓學生對班會有初步的認識後，再循序漸進的展開班會活動。（實際的訓練方法，請參看實例三、實例四）

實例三

如何訓練學生開班會

出處：黃豐昌著（民83）：教了才會級會。載於台灣省教育廳編印之班級經營——理論與實際，頁388-389。

解說：黃豐昌老師認為班會制度對小學三年級的學生而言乃為新經驗，為使班會能夠順利進行，必須事先加以訓練教導。其作法如下：

　　班會主席和司儀的產生，關係著班會的成敗，而因剛開始，故此兩者都要用指定。主席須大方，組織能力強，發表能力亦不錯。司儀更須口齒清晰、大方，能掌握狀況的同學。老師要先示範主席的上台方式，司儀的位置及班會進行的程序。依經驗，第一次班會若能進行到：(1)班會開始；(2)全體肅立；(3)主席就位，這三步驟就已不錯。

　　第二次班會須還是同樣的主席，同樣的司儀，先熟練先前三步驟，本週再次練習：(4)唱國歌，(5)主席報告，(6)班級幹部報告。班級幹部報告是重頭戲，故須多次說明演練。

　　第三次班會還是從(1)、(2)、(3)演練到(6)步驟，此時幹部的發表能力差異相當大，故多以鼓勵代替批評。此階段可選出記錄，以發言條，匯集主席和幹部的發言。

　　第四次是整個程序即將完成的階段，第七步驟作者習慣上改以「生活檢討」來代替「討論」，因討論要有議題，多向溝通，作成結論，並非易事，故不宜急，先以學生當週的生活情況檢討之。

　　第五次班會即可試著從班會開始到散會整個程序進行，此時重順利即可，內容千萬別苛求，讓學生瞭解整個班會的過程，且不時鼓勵學生發言。

　　約一個學期過後多增加優良事蹟選拔、討論等，且老師退居第二線，成為真正以學生為主的班會。

如何指導學生開班會

出處：林中鎮著（民 79 ）：淺談如何指導小學生開班會。<u>南投文</u>
　　　　<u>教</u>，創刊號，頁 66 。

解說：林中鎮老師在文中暢談其指導班上學生開班會的方法，並論及
　　　　班會中的活動項目，見解獨到，可作為各位老師參考。

　　目前，各國民小學召開班會的規定，是從三年級開始，隔週舉
行。三年級的班會，通常前幾週由級任老師擔任示範，等小朋友熟悉
以後，再由學生輪流主持，有的學校會在開學後第一次班會時，安排
三年級的小朋友到六年級各班去觀摩學習。四年級以上，一般而言，
班會均能依循預定的程序進行。

　　班會中，最重要的活動項目有：班級幹部的工作報告（含上次會
議決議事項執行情形）、生活檢討、問題討論。這些項目，也就是級
任老師指導班會的工作重點。

　　首先，談到班級幹部的工作報告，這是中年級的班會指導重點。
我們從班級幹部的報告中，可以窺知班級常規及組織運作的情形，因
此，級任老師在接任新班級之前，通常會因人因地先指導全班小朋
友，共同訂立乙套班級的規則，也就是「組織章程」，並且加以說
明，讓所有的小朋友瞭解自己及他人在班上扮演的角色，各有各的任
務及功能。在如此指導之下，班級常規及組織運作才能正常，而會議
中的工作報告也會很有內容。

　　其次再說生活檢討的部分，這是高年級的指導重點。此一階段的

小朋友在檢討時，往往不是「無話可說」，就是「意氣之爭」，有時演變成「人身攻擊」，因此，教師必須指導學生：「多提改進意見，少做無謂的批評。」、「多檢討自己，少批評別人。」、「對事不對人」、「就事論事」。即使要批評別人時也要善意的，僅作事實的述敘，不提及當事人的姓名，改以「某位小朋友」相稱呼，如此，可減少糾紛。

　　最後談談問題討論。小學班會的討論內容，除了學校事先排定的主題，以及小朋友提出的班上問題之外，級任老師可以提出與學生有關的問題，讓小朋友發揮。為了使討論的問題順利解決，一定要有適當的準則，否則容易形成散漫的爭論，所以教師應指導小朋友，把握「一時不議二事」的原則，一件一件的解決。討論時，更應兼取正反意見，經過充分討論後，再交付表決。表決時則要「先提名先表決，先提案後表決。」並且要有服從多數，尊重少數的修養。

㈣班會前的準備

　　班會召開之前必須先選好主席，並加以訓練主席主持會議的能力，至於要上台報告工作內容的幹部與小組長，教師也可以在班會之前，先集合幹部群協調班級事務。茲分述如下：

1.事先訓練主席

　　一般主席產生的方式可由各股股長輪流，或讓班上每一位同學抽籤、選舉產生，並且必須在前一次班會選出。由於班會開得是否順暢和主席有密切的關係，主席不僅要能熟悉民主議事方法、控制班會時間，更要引導同學發言讓班會在流暢且愉快的氣氛中進行，並獲得良好的結果。（劉坤德，民 80 ）如果學生對班會尚未熟悉，不妨事先訓練幾位領導能力較強的學生，由他們先擔任前幾週的主席，讓其他學生觀摩學習。

至於主席所應具備的能力，劉坤德（民 80 ）認為有以下幾點：

⑴對時間的掌控得宜：主席要預先估計各項議程所需的時間，使班會能在預定的時間內結束，並規定每位同學發言次數和時間，以免少數同學佔去太多時間，對冗長而沒有內容的發言，主席應該婉言制止，或請其改用文字寫出列入記錄，同時要留出時間，讓自己做結論和請導師講評。

⑵引導同學發言：在開會時，如果發言踴躍，或沒有人發言，主席可以採用輪流發言的辦法，使每個同學都有機會發言，或者是以指名方式詢問同學，對這一週來中心德目的實踐情形，提出報告。若無人發言時，主席不妨請平常發言能力較強的同學發表他的意見，這樣就可以打破沉默的氣氛，其他同學也會比較敢發言。主席在鼓勵同學發言的同時，也要提醒同學：每個人都可以提出自己的看法，但不可以批評他人的意見，更不可以對同學做人身攻擊。

⑶把握討論的重點：主席要糾正離題太遠的討論，對於重要的問題，要指出值得注意的地方，以及問題提出的理由，引導同學深入研討，同學發言的重點則隨手筆記，並且予以綜合歸納，提付表決，讓會議始終在熱烈而愉快的氣氛中進行（劉坤德，民 80 ）。

2.幹部與小組長會議

幹部和小組長是班上的行政組織，也是班上事務的執行者，教師可在開班會的前一天找個十五分鐘左右的時間將他們集合起來，導師做重點提示，並且詢問班級狀況，給予適當對策，有困難馬上支援，並且肯定幹部的認真，適時地給予鼓勵。最重要是瞭解幹部的報告內容，並由其他幹部商討班會上要進行的議題，如果隔天的主席不是幹部，也可以在這時候一起集合，加以訓練指導。

3.事先公佈討論主題

班會必須要有主題、有重心，才能使班會進行流暢，開得有聲有色。

因此，教師每週可以針對這一週的中心德目，並且配合學生的生活情形，和學生討論後擬訂討論題綱；於開會前兩天公告在班上的公告欄上，讓全班同學提前準備。

(五)班會後的處理

每週的班會結束後，記錄（通常都是學藝股長擔任，但亦可由主席擔任，或全班同學輪流學習）要將會議記錄，整理出來，送給班長簽名表示同意後，再送導師簽名，轉呈訓育組長、訓導主任核閱（劉坤德，民80）。

(六)班會的其他內容型態

班會除了一般的程序外，還可以有不一樣的內容型態，這些多變的班會型態不但活潑有趣，能夠吸引同學們的參與，還可以促進班上的和諧風氣，好處極多。以下就來介紹班會其他的內容型態。

1.繪畫能力

教師先公佈本週的主題，然後再讓每組同學以接力的方式畫出主題。每位限制作畫時間（約10～20秒），一位畫完換另一位上場，至該組輪完為止。畫作完成後，各組針對自己完成的圖畫討論，賦予其意義，由各組組長上台針對圖畫內容自圓其說，畫圖同學只可添內容，不可刪改其他人所畫，各組主題也可以視情況變化。此活動不但可以培養同學間合作的態度，並可以訓練同學們的聯想創造力（陳美月，民83）。

2.音樂回想

教師放輕音樂或古典音樂，要學生輕閉眼睛，隨著音樂回想一些事情（如寒暑假時特殊之事，小時情景……等），教師隨著音樂引導學生想起某些事情。例：老師可說：「新的一年開始了，在過去這一年中，每位同學都經歷了各種不同的情況，有歡笑，可能也有悲傷，現在讓我們跟這段

音樂去想想過去的一切，也讓我們在回憶中展望未來。」約數分鐘之後，當音樂停止，隨即中止，自由發表，老師結語。此法最適合用於「新的年度」或「歲末」之「計畫」或「反省與檢討」時使用。其目的在使班會檢討活動富變化，增進學生心靈上的寧靜與詳和（陳美月，民83）。

3. 2001 全民開講

為了鼓勵學生發表自己的意見，教師可以在班會舉辦一個類似電視節目「2001 全民開講」的活動，由同學自己決定較有興趣的話題為討論題目，如：『中學生該不該交異性朋友』、『被同學欺負時該怎麼辦？』、『如果我是班長』……等。可以讓學生自己學習去主持，並由幾位同學扮演「權威人士」，增加趣味性。藉著這樣的活動，不但可以讓學生們知道別人的看法，幫助他們思考更加周延，教師也可以從中瞭解學生的想法。若有想法偏差的學生，則應適時加以輔導。

4. 才藝表演

在班會中也可以闢個「與□□有約」或是「□□□時間」讓學生們可以有機會展現才藝，這裡所謂的才藝可以是唱歌、樂器、美術、說笑話、心愛物展示解說、新知傳播、舞蹈……等，在固定的時間內，讓學生自定上台表演的內容，也可以二、三個人一組，視表演的內容而定；原則上，最好讓每個學生都有上台的機會。

5. 趣味選舉

每個月可以辦一次選舉活動，如：「□□小姐」、「□□先生」、「最佳人緣」、「助人天使」……等，鼓勵那些平時表現良好的學生，並使其他學生能夠見賢思齊，促進班級氣氛的和諧；某些較受歡迎的項目也可以再舉辦第二屆、第三屆……。

6.其他

　　除了以上的活動之外，班會亦可配合時事，讓學生上台做「時事報告」，或是舉行班上的慶生會、進行升學就業輔導、戲劇表演、康樂活動……等，只要花點巧思，就可以讓班會活動更活潑、更有趣，學生的參與感會因此而增加，班上的氣氛也會更融洽，何樂不為呢！

三、選舉兒童自治市長

　　透過選舉能激發學生個人的榮譽感，亦能創造合作的團隊精神，同時對學校之認同感與使命感的營造亦頗有助益。選舉的歷程更是最具臨場感的教育。

　　另外，兒童自治市組織功能的發揮，則是引領學生自律自治，自我成長的新境界（林秋風，民 80 ）。

　　自治市的組織內容可能每個學校不一，以下提供一個例子為參考（王文泰，民 83 ）：

㈠自治市的目標

　　1.透過選舉的民主方式組成自治市，讓兒童從實地演練中，瞭解選舉的過程：登記、政見發表、宣導活動、進行投票、完成開票、公告當選、宣示就職。

　　2.藉著自治市之市長、幹部協調運作，推行生活教育易收宏效。

　　3.可培養兒童的領導才能、工作能力、人際關係。

　　4.從選舉過程中以養成兒童自主與獨立、權利與義務的正確觀念。

　　5.培養兒童服從多數，尊重少數的民主習慣。

(二)自治市組織

由自治市長、秘書、學藝課、風紀課、康樂課、總務課等組成。

(三)自治市組成方式

1.在每學年下學期，由五年級各班推舉一人當候選人。

2.競選期間可由班上同學或校內朋友組成助選團宣傳助講。

3.經由投票、開票過程以獲最高票者當選學校自治市市長。

4.利用朝會時間，由校長（或地方鄉、鎮、市長蒞校）頒發證書。

5.由市長就高年級各班班長、副班長或其他適宜同學任命為各課課長。

(四)自治市的運作

1.自治市長每週一、三、六定時召開幹部會議，提出工作計畫，並對已推行的工作報告實施概況、反省檢討之。導護、行政人員列席指導，從旁協助。

2.每天升降旗典禮之進行，學校可指定一天由「小市長」來主持。

3.全校性的活動工作，可利用每週朝會的部分時間，由自治市幹部向全校同學提出計畫報告，並報告已實施的事項加以反省檢討。

4.自治市長與幹部可抽空前往地方鄉、鎮、市公所拜訪參觀，使對市（鎮、鄉）政的工作內涵有更清晰的概念。

四、小組制度

小組制度在班級活動上的應用很廣，應用在課業學習上，可實施「合作式學習」（參見實例五、實例六）；應用在整潔工作上，可以小組畫分清潔區域（參見實例六）；應用在幹部工作上，可讓班級工作以性質畫分

至各組（參見實例一、實例七）；或成立班級學生自治網，在股長之下設各股的股員（參見實例七）；應用在協助教師教學工作的進行上，可使教學工作更有效率，減輕教師的負擔（見實例八）。

課業學習分組之方法

出處：黃奇汪（民 79 ）：國民小學『分組學習式』教學模式之設計與運作。初等教育學報，3 期，15 － 32 頁。

解說：省立台南師院黃奇汪先生提出的「分組學習式」的教學模式運作非常實際可行。茲摘錄重點於後：

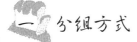

一　分組方式

採用等力分組，亦即每一組的學習能力要大致相接近，小組的成員以六人為原則。小組互選正副組長各一人，其為組之自治與服務幹部。每一小組每一科最好有二位小老師，協助能力較差的同學進行學習活動。

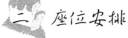

二　座位安排

為便於協助學習起見，小老師的座位最好固定在被協助的二位同學之間，故小組成員座位的安排宜如下圖所示：

說明：國小學生課桌，二人共一張。小組成員六人，編號 1 至 6 ，小

老師的位置為「2」、「5」號;「2」號協助「1」、「3」二位同學,「5」號協助「4」、「6」二位同學學習。

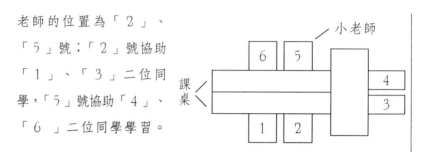

　教室空間夠大時,以採用「馬蹄形」式的座位較佳。若教室空間不足亦可採用其他排法。(如下圖)

圖例說明:1. 　　:大粉筆板　　2. 　　:教桌

　　　　　3. 　　:教學資料佈置板　4.凹:學生課桌

　　　　　5.●:小老師　　6.○:學生

〈30人班〉　　　〈36人班〉　　　〈42人班〉

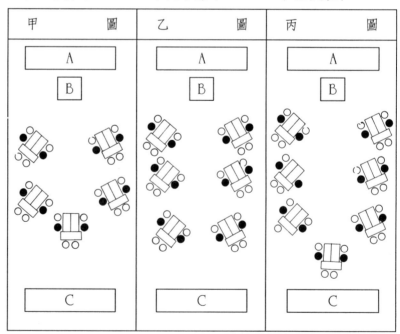

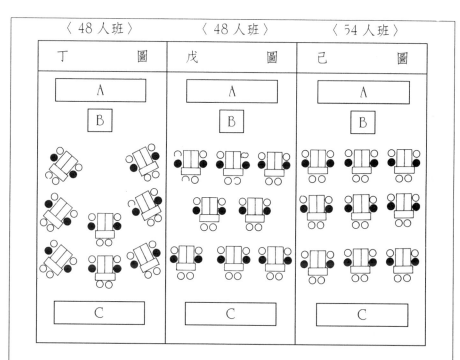

 實際運作

1.重視課前準備活動，輔導學生課前預習，資料蒐集活動，可以個別進行，亦可分組分配實施。

2.要求學生在筆記本上摘記要點，有不瞭解的地方隨時舉手發問。

3.學具及實驗操作時，小老師先操作後再由左右兩位學生輪流操作。在操作時，如有錯誤，小老師及其他觀看之學生應加以指正。在學生操作時，教師應巡迴組間，協助小老師解決問題。至於實驗報告之填記，要學生各自依實驗情形記錄，切勿每小組僅做一份。

4.對於教師的講解、說明，學生應以人人徹底瞭解為原則，尤其小老師，如有不瞭解，應請教教師。一般學生遇有不瞭解處，則應隨

時與小老師討論。

　　5.教師在介紹一項新教材之後，須先抽樣考查小老師是否已經學會？如已學會，則進行全班性的練習活動，由小老師指導左右兩位同學，然後做隨機抽樣式的分組學習效果競賽，此項競賽即為形成性評鑑活動之一。

學生的分工與分組（Ⅰ）

出處： 曾秀玲著（民 83 ）：學生分工與分組。載於台灣省教育廳編印之班級經營——理論與實際，112 － 115 頁。

解說： 曾秀玲老師在其班上實施分組制度，不但在學業上互助，在班級工作上也以小組分工，其做法如下：

一、分工部分

(一)級務分工

　　每人一職將學校所需的各項幹部、義工、糾察、衛生……等服務隊及班務所需之公務，列成同一張表，分成四十份工作（班級人數），以自願、選舉……等方式公平的，使每一個人均有為班上或校方服務的機會，由於對公務的付出，使自己覺得重要，而發揮小小螺絲釘的精神。（表格如下：每人一職工作分類表）

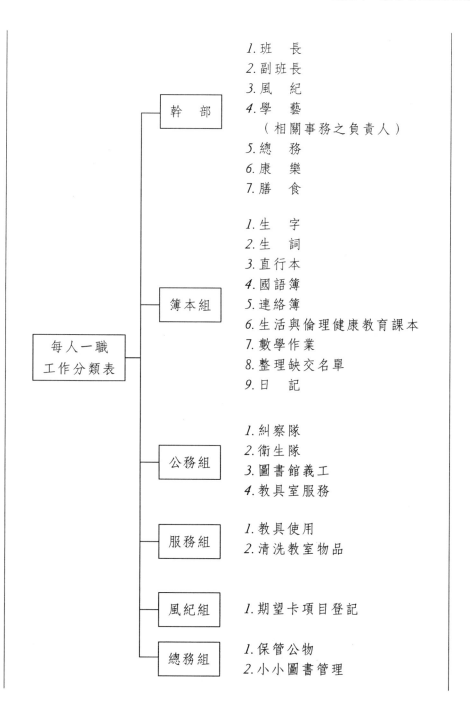

每人一職
工作分類表

幹　部
1. 班　　長
2. 副班長
3. 風　　紀
4. 學　　藝
（相關事務之負責人）
5. 總　　務
6. 康　　樂
7. 膳　　食

簿本組
1. 生　字
2. 生　詞
3. 直行本
4. 國語簿
5. 連絡簿
6. 生活與倫理健康教育課本
7. 數學作業
8. 整理缺交名單
9. 日　記

公務組
1. 糾察隊
2. 衛生隊
3. 圖書館義工
4. 教具室服務

服務組
1. 教具使用
2. 清洗教室物品

風紀組
1. 期望卡項目登記

總務組
1. 保管公物
2. 小小圖書管理

(二)打掃分工表

本人對班級整潔活動分工方式，與一般不同的地方是不以個人為單位採用「組別責任區」。配合班級組別數，將整潔工作畫分成各組的區域。例如：全班有十組，打掃區域就是十區。

每一組負責一區，而其工作交由組長與組員協商如何分配，以達到整潔的目的。其實施完全採自治，由組長擔任負責人負督導之責，在每日打掃後，將打掃情形記錄於各組的「自我考核」表中，而衛生股長亦將每組的工作情形在記錄表上做考核，看看每一組是否都完成工作的標準。若衛生股長認為仍需加油，在考核後立即向該組組長提出改進之處，隨即進行補救工作。

二、學生分組部分

每次段考後，即進行分組，如此一學期下來可換三次，不但有新鮮感，更有新氣象。方式如下：

(一)先以排為單位抽籤，孩子抽到的紙上為排數。如(1)為第一排，(2)為第二排。

(二)請同一排者出列，依高矮順序入坐該排。

(三)與鄰座同列孩子成一組。

由此前後兩排兩列所形成的組共有四人。每人都有其職掌。

1.組長：為負責人，並負責收組內功課，檢查組員作業是否完成，物品是否攜帶，並在聯絡簿上各項做檢核，完成者打「∨」，不足者用紅筆記錄或做記號，如此在老師收到的聯絡簿上，馬上可知孩子功課作業情形，立即瞭解或與家長反映督導。其他組內活動，諸如打掃、佈置、發表……等組內活動，組長皆為負責督導之人。

2.國語小老師：專職負責國語部分之工作，如訂正指導，班級佈置，資料蒐集，課程上所需之角色扮演工作，分配各組生字教學之督

導……等。

　　3. **數學小老師**：性質與國語小老師同，負責數學科之學習活動及工作，其他科目如自然、社會、健教……亦常需表演、發表、蒐集資料，此時就與國語小老師互相協商，負責與組員分工合作來完成。

　　4. **總管**：即副組長，協助組內各項工作。如此分工下來，各有所司，每一個人都很重要。這樣一來，使許多表現平平，未擔任重要幹部，甚至低成就的孩子也有表現的機會，尤其在各組競賽、活動中，大家更卯足了勁。

談班組的組織分工

出處：歐李懿卿著（民83）：滿天星。載於台灣省教育廳編印之<u>班級經營──理論與實際</u>，404－406頁。

解說：歐李懿卿老師將班級組織分為三大組：幹部組、服務組及座位組，各自發揮工作和學習的功能。

 班級組織

(一)幹部組

　　正副班長、學藝、風紀、總務、衛生、體育等股長。

(二)服務組

1. 圖書組──編錄班級圖書及借出、歸還登記。
2. 好書介紹組──介紹好書每月一次，充實班級精神生活。
3. 簿本組──檢查作業及各科簿本繳交及訂正情形。
4. 剪報組──蒐集國、數、社、自剪報資料。
5. 維護組──門鎖、櫥櫃、電器設備管理。
6. 牛奶組──低年級牛奶的訂定及發送。

(三)座位組

1. 值日生：每週輪一組，全組分工合作（如下表）。

值　日　生　工　作
1. 擦黑板
2. 提開水
3. 午間垃圾
4. 午休秩序
5. 領取便當
6. 提供每日佳句

2. 整潔工作：教室及公共區域整潔工作也以座位組為單位。
3. 討論發表：分組討論，作業繳交，作品發表單位組。

 # 二、組織動力推展

(一)規劃

1. 志願分組

·服務組以自願為原則，依興趣、專長、能力分組，結果沒有人願意沒有工作，因而每人一職。

·座位組以前後左右鄰近五人一組，全學期榮辱與共。

2.公佈職務：各組分工仔細，各人職務全部列表公佈。

3.事前討論：教導學生學習計畫及知所行止，每一組工作前，先自行分配工作內容，安排工作方式，與老師作簡短討論。

(二)管理

1.各組幹部及組長負責各項工作執行情形登記。

2.老師觀察、掌握全班狀況。

(三)鼓勵

各組服務後，老師必召集全組事後討論個人盡職、全組合作情形，簡短輕鬆，多加鼓勵。

實例八

學生的分工與分組（Ⅱ）

出處：張文馨著（民83）：善用人力資源──談學生的分工與分組。載於台灣省教育廳編印之班級經營──理論與實際。

解說：張文馨老師為了配合各科的教學活動能順利進行，將全班小朋友分為六組，分別為教具組、單元製作組、板書組、小老師組、作業組、統計組等，茲分述如下：

課前

(一)教具組

　　1.各科教具製作或借還。
　　2.科任老師聯繫事宜。

(二)單元製作組

　　1.蒐集各單元資料。
　　2.佈置、更換單元資料。

 課程進行中

(三)板書組

　　1.課前板書工作。
　　2.抄寫值日生、中心德目等。
　　3.黑板環境的整理。

(四)小老師組

　　1.國、數、社、自各科分組。
　　2.週末總考核。
　　3.作業指導。

 課後

(五)作業組

　　1.聯絡簿、各科作業之催交送繳。

*2.*挑選優良作業並展覽。

(六)統計組

*1.*每週常規表現的登記統計。

*2.*各科平常考登記和平均。

*3.*月考進步獎成績的統計。

另外，再將上述的工作要項畫成流程圖，寫上各人的座號，張貼在佈告欄上，如此一來各人職責便一目瞭然。

學生在小組制度之下，有其必須負責的職位，不但可以從中得到成就感，在分層負責之中，領導別人，也接受別人的領導，不知不覺更磨練自己的能力，也更真切瞭解群體與自我的關係，從群體中更堅定了對自我負責的理念，對班級的認同感也會相對的提高。此外，又能大大的減輕教師的工作負擔，真是「大大的好用」！

五、小老師制度

每科可選一位該科成績優秀的學生為該科的小老師，平時可以協助教師輔導同學課業、收齊同學作業、借還教具、進行課前的小考……等工作。（參見實例五）

六、學生自定作業

學生的回家作業是老師教學的延伸，其應包含課前準備、課後練習、發展應用等內容。然而，作業的形式並非只有單調的讀、寫方式，凡能激發兒童思考的，建立正確的觀念，熟練技巧的訓練，和各種應用的練習都

屬於作業。以往學生都是被動地死讀書、被動地做筆記、被動的做指定作業，一切都任憑老師的安排，顯得死板，學生也視讀書、寫作業為苦差事。

而自定作業的目的就是要改變以往以教師為活動中心的學習，而以學生為活動的主題，讓學生在學習的重要歷程中扮演積極的、主動的角色，讓學生親自體會親手出題目親手回答的奧妙，也可以培養學生獨立自主，自己分配自己的時間，認清自己的能力，思考自己該做什麼，發揮學生的創造思考能力（徐美蓮，民 80 ），學生也不會再視作業為心頭上的負擔了。（請參看實例九）

實例九

如何指導學生自訂作業

出處：徐美蓮（民 78 ）：學生自訂作業的內涵及其實施方式。<u>國教天地</u>，<u>82 期</u>，11－13 頁。

解說：本文詳述學生自訂作業之涵義，以及如何逐步地指導學生自訂回家作業，使作業不但生動有趣，並能兼顧學生的需要。其實施方法如下：

在還沒有讓學生自定回家作業之前，教師應給予指導，培養學生對作業的正確觀念及自定作業的能力。首先教師本身應做到下列兩點努力：

㈠與家長溝通：可利用「母姊會」的機會，將自定作業的實施目的、方式及意義，與家長溝通，取得認同與合作，不能參加母姊會的

家長，也應以書面說明溝通。

　　㈡提供創造思考的作業模式：當一個小朋友升上新的年級的時候，會對凡事好奇，老師先不要急著讓他們自定作業，首先教師應提供富創意的作業方式。例如：從課文中找問題、新語詞、編短文、生字找同音異字或同部首的字、看算式編應用題……，除了書寫、閱讀、練習、計算等工作外，尚有製作、設計、調查、繪圖、飼養、栽培等活動，都要加以指導，讓小朋友除去作業只有國語、數學的錯誤觀念，為了讓小朋友能精確地學習，這些作業模式要不斷地提供給小朋友。

　　當教師本身已做好努力時，即可以下列方式來實施：

一　仿作

　　這階段由兩種方式進行：

　　㈠教師提出作業名稱，由學生自行決定方式或次數。例如教師留「一課生字三～五次」讓學生自行決定次數；或教師留第一課生字，由學生決定是生字練習或者生字造詞、造句、找同音異字……等方式。

　　㈡師生共同定作業，教師若出閱讀心得，則學生出另一項作業方式進行，而星期六、日則完全由小朋友自行決定作業方式及內容，慢慢地，老師的意見減少，學生的主見增多。

二　自定作業

　　到了這個階段可以讓學生大膽的嘗試，但仍須把握下列幾項重點：

㈠善用家庭聯絡簿

　　小朋友將回家作業寫在第一欄，功課完畢後，由父母簽章，隔天將作業內容和聯絡簿一同交出讓老師查閱，無法查閱的項目如做家事

或閱讀及藝能科的學習，一律由家長簽名表示該生作業已完成了。

(二)批閱的方式

老師應有寬大的胸懷容納學生各式各樣的作業，態度最好是「讚賞＋批評＋讚賞」，對於學生的作業方式，盡量給予肯定。

(三)展覽獎勵

作業的方式多樣化，所以教師應設計不同的發表方式，展覽小朋友的作品。例如：

1.作業是繪圖、設計、書法，可將作品發表於公佈欄，一方面可以佈置教室，一方面可讓小朋友勇於表現自己。

2.作業是心得寫作或日記童詩時，教師應利用班刊或語文月刊發表優良文章，甚至鼓勵投稿各報兒童天地。

(四)輔導學生做自我檢討

自訂作業的過程難免會有缺點，例如作業愈寫愈少、作業方式想不出來……等，除了檢討外，應互相觀摩，讓小朋友對自己愈來愈有信心。

七、慶生會

慶生活動可成立一個小組來專職負責，也可以由班上的各小組輪流負責，原則上一至二個月進行一次，但要避開定期考試或其他校內有影響的重大活動。慶生活動的費用可由班費支出，慶生小組的任務在：訂購蛋糕、安排時間、節目等，全班同學都必須支援慶生小組的工作，參與節目的演出，或是由壽星本人負責表演節目。

八、教室佈置

　　教室佈置能增進學習效果，學生於其中生活長達每日八小時，實在不可忽視。所以每於學期甫一開始即讓學生自由選組由二至八人不等，並且由學藝股長負責安排出刊時間（見表 5-2），每位學生都參與工作，更能珍惜及賞析自己佈置的成果，教室也就可長期保持鮮活、生動的景觀（黃淑英，民 80 ）。

表 5-2　教室佈置工作分配表

日　　期	主　　　題	負　責　同　學
9.10.	開　　　學	
9.28.	教　師　節	
10.10.	國　慶　日	
10.25	月　　　考	
11.12	國父誕辰	
12.25.	行憲紀念日	
1.1.	迎接新年	
1.25.	期末感想	
1.30.	寒假開始	

日期主題自訂（原表引自黃淑英，民 80 ）

九、班級財務之管理

　　班級的財務可由總務或財務管理小組負責，除了金錢上的管理外，還

必須負責班級公物的簡單維修工作。班上的班費可以存在學校的實習郵局中，既安全又能賺取利息，班費的運用在學期初就必須訂好預算，以及一筆預備金，以防有超支的情況，各項支出要依照預算來運用，非不得已不得超支。財務管理者在平時要作好班費的收支帳目，每次週會時上台報告班費的運用況狀，每個月並將帳目整理好，公佈在佈告欄讓同學瞭解。

十、班級圖書管理

為了提昇班上的讀書風氣，成立班級圖書是一個很好的方法，但班級圖書的管理也很麻煩，如果沒有一套完善的管理制度，常會有掉落或損壞的情形發生。一般班級圖書的管理可以交給班上的學藝股長，或是再另外組成一個圖書小組，先草擬一份借還書規則，以及損壞和遺失的賠償辦法，再交由班會討論、修改通過。圖書管理者必須備有登記借書還書的冊子，並將借還書規則、期限和注意事項張貼在班級書櫥上，提醒同學注意。每週還可以公佈「最高出借率的書籍」、「借書王」及「好書介紹」，鼓勵同學借書。

十一、調解委員會

調解委員會旨在解決紛爭，促進和諧，其組織為主席一人（可由班上較有「分量」的學生擔任），下設搜證小組及和解小組。搜證小組負責搜集現場第一手資料。調查小組負責瞭解當事者想法；和解小組負責執行協調工作。

十二、學生自定班規、獎懲

班規和獎懲若由教師來制定，一來學生可能心裡不服，二來不一定符

合學生的需求，不如讓學生自己訂定班規及獎懲事項，既可以讓學生心服
口服，又可以使學生體會民主精神，瞭解訂定法規的程序，可謂一舉數
得。班規和獎懲規定的草案可以讓幹部們先召開幹部會議訂定，然後再交
由班會，讓全班同學討論、修改通過。（詳見班規獎懲一章）

十三、糾察隊

　　由國小學校五、六年級以上的學生所組成，可由各班輪流，或每班派
一、二人擔任。負責全校學生秩序之維護、管理，其所登記的秩序成績亦
列為秩序比賽的成績之一。

十四、交通隊

　　亦由國小五、六年級以上的學生所組成，負責學生上下學路隊之管理
及交通之維持。

十五、整潔工作的分配

　　整潔工作的範圍較大，教師一人的力量是無法兼顧那麼多掃地區域
的，這時候不妨讓學生自己來做分配及監督的工作，將會有相當好的成效。
　　可以先將教室及公共區的負責人選出來，指導這些幹部就整潔區的工
作性質、評估所需人數，再向全班同學徵求工作伙伴。編派力求勞逸均
衡，要求各盡其職，並請愛惜整潔用具，切勿任意毀損。並培養其勤勞服
務、負責盡職的責任感。（陳麗華，民 81 ）
　　在監督部分，可由服務股長及其股員幫忙整潔工作之督導，以小組畫
分整潔區域的，也可以由小組長加以監督。這樣分層負責，教師就不必事
必恭親，並且更落實責任畫分制。

此外,在每週六上午生活與倫理時間,或是班會的時間,可以由班上同學提名,在本週環境整潔上表現優異同學,供全班同學票選,最高票者當選為「環保小天使」,並於公佈欄上公佈一週,座位調整至榮譽座。(其他實施方法,請參見實例十、十一)

整潔工作的分配與執行

出處:劉淑秋著(民 83):整潔工作的分配與執行。載於台灣省教育廳編印之班級經營──理論與實際,418 – 419 頁。

解說:劉老師在整潔工作上的分配、執行及追蹤上提出了具體有效的作法,並將其落實到學生日常生活中,其方式如下:

 整潔工作的分配

(一)將全部清掃範圍畫分定名,並加以編號,填寫在黑板上,如附表(低年級整潔工作)。

掃　　地	1 2 3 4 (填學號)	黑　　板	1 2 3	門窗	1 2 3 4 5 6 7 8 9 10 11 12
拖　　地	1 2 3 4	風　　琴 講　　桌	1 1	櫃子	1 2 3 4 5 6 7 8
排桌椅	1 2 3 4	倒垃圾	1 2	公共區域	1 2 3 4 5 6

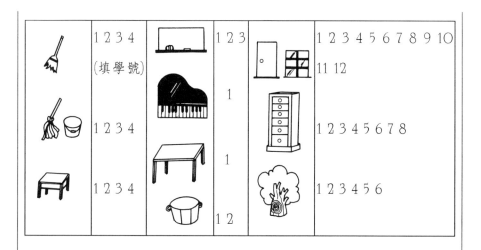

🧹	1 2 3 4 （填學號）	黑板	1 2 3	門 窗	1 2 3 4 5 6 7 8 9 10 11 12
🧹🪣	1 2 3 4	鋼琴	1	櫃子	1 2 3 4 5 6 7 8
凳子	1 2 3 4	桌子 水桶	1 1 2	樹	1 2 3 4 5 6

(二)說明每類工作的方法，讓全班每位同學都清楚並學會如何打掃。

(三)按整潔工作明細表的先後次序，徵求學生自願，並在該項工作細目下面寫上學號或姓名。若有學生不會選擇，由老師協助指導或分配其他工作。

(四)要求小朋友在自己整潔區域內，清楚認識自己的工作範圍。

(五)將分配協調的結果，繪製成圖表，張貼在教室佈置欄。

(六)指導各組的一號為組長，負起協助、調配、督導工作。

(七)明訂每天清潔工作的時間。

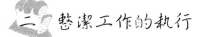

二、整潔工作的執行

(一)在開學後第一週，老師要在旁督導，瞭解工作是否做得很好，對於工作的方法要隨機個別指導。

(二)平時由組長督導，老師每日皆留意他們的保潔情形。

(三)整潔工作的考核列為生活秩序評分的項目。

(四)整潔工作的時間與次數，因實際需要可彈性調整或增加。

整潔工作的追蹤

(一)對於不適任工作的重新調配，依生理條件，輔導其重新適應新的整潔工作。

(二)整潔工作完畢後，口頭讚美小朋友，學會欣賞自己努力的成果。

實例十一

整潔工作實務

出處：童政憲著（民83）：實務整潔工作。載於台灣省教育廳編印之班級經營——班級與實際。

解說：童老師採「責任區抽籤輪流制及榮譽考評制度」來落實其班上的整潔工作，成效卓著，其實施方法如下：

第一、首先評析本班整潔工作的項目及內容，再依工作性質和份量，規劃工作組別，並製表（如下）公佈於布告欄內。

第一組 地面、走廊	第二組 窗戶、黑板	第三組 公物維護	第四組 外掃區
1-1 第一排 （　　　）	2-1 窗戶甲 （　　　）	3-1 電　源 （　　　）	4-1 組　長 （　　　）

1-2 第二排 （　　　）	2-2 窗户乙 （　　　）	3-2 盥洗室 （　　　）	4-2 甲 （　　　）
1-3 第三排 （　　　）	2-3 窗户丙 （　　　）	3-3 講　桌 （　　　）	4-3 乙 （　　　）
1-4 第四排 （　　　）	2-4 窗户丁 （　　　）	3-4 清掃用具 （　　　）	4-4 丙 （　　　）
1-5 走　廊 （　　　）	2-5 黑　板 （　　　）	3-5 垃圾桶 （　　　）	4-5 丁 （　　　）
1-6 走　廊 （　　　）	2-6 黑　板 （　　　）	3-6 回收桶 （　　　）	4-6 戊 （　　　）
1-7 排桌椅 （　　　）	2-7 公佈欄 （　　　）	3-7 回收桶 （　　　）	4-7 己 （　　　）
1-8 排桌椅 （　　　）	2-8 學生園地 （　　　）	3-8 圖書櫃 （　　　）	4-8 庚 （　　　）
1-9 倒垃圾 （　　　）	2-9 前　門 （　　　）	3-9 蒸飯箱 （　　　）	4-9 辛 （　　　）
1-10 倒垃圾 （　　　）	2-10 後　門 （　　　）	3-10 蒸飯箱 （　　　）	4-10 副組長 （　　　）

　　第二、依班級人數編定工作細目並做好籤後，讓學生自己抽籤，抽到幾號後再把姓名填在括號內，並規定每週六定期輪換工作；每一組的同號學生互相往前輪替，即第一週按表工作；第二週時，換第二

組的同學清掃第一組同號的責任區，第三組替第二組，第四組替第二組，而第一組的同學做第四組的工作，這樣每四週為一循環，一方面，每位同學可嘗試工作的多樣性，增加新鮮感才不覺乏味，一方面會以前組同學的工作態度及工作績效當楷模或借鏡來激勵自己。

第三、教師必須把每項工作的性質和整潔方法，一一詳加說明指導，尤其是外掃區的工作，一定要親自帶他們到責任區，臨場指導，告知負責區域的界限，以善盡其責，而分配的區域最好能重疊，不然，久而久之，會出現三不管地帶，並要求在每週六工作交接的時候，一定要把負責的工作要項交待清楚，如此教師不用每週重複贅述外，更可培養學生負責的態度及敬業樂群的精神。

第四、每一組各自推舉組長、副組長各一名，負起榮譽考評的工作，每天公佈工作認真及不認真的同學（不服者只能向老師申訴），老師於滿三次不認真的同學就要私下叫來，要他注意並改正；而組長、副組長的表現也應適時給予肯定獎勵，並賦予適當的權力。

第五、要求各組成員輪流擔任「整潔小先鋒」，於課間活動中午等時段，巡查本組責任區，執行簡單檢視工作，如撿紙屑、排桌椅、倒垃圾，糾察規勸等，以達維護環境整齊清潔的目標。

十六、值日生

過去一般認為值日生的工作都是只限於倒垃圾、擦黑板、幫老師倒茶及大小事務……等，對值日生的看法也都是只有義務，沒有賦予權利，亦缺乏指導、考核、獎懲，無榮譽感與成就感。然而，其實值日生也可以是協助班級自治幹部實施各自治工作的得力助手，是班級管理中的值星官，班級中一天的學習、生活，均由其負責溝通、協調；只要能夠善用「值日

生」，教師將會發現，值日生實在是一個很有用的小幫手呢（黃正昆，民
83）！（參見實例十二、十三）

值日生的指導與考核

出處：黃正昆著（民 83）：值日生的指導與考核。載於台灣省教育
　　　　廳編印之班級經營——理論與實際，433 — 435 頁。
解說：過去對值日生的角色界定太過狹窄，現在黃正昆老師對值日生
　　　　重新認定，其指導方式如下：

 「值日生」的指導

(一)界定角色

　　1.值日生像導護老師一樣，負責一天的全班秩序、整潔、作息、
安全……等的指揮、指導評鑑…等，協助導護老師執行工作。

　　2.值日生協助自治幹部服務同學，各自治幹部為班級工作時，即
由值日生當其「副手」，不另找他人。

(二)產生方式

　　1.自己選擇工作伙伴，並且男女合作，以增進合作氣氛和工作效
率。

　　2.抽籤決定輪值時間，把一個學期的時間，扣掉所有假日後，平

均分配抽籤。

(三)工作指導

1. 輪值表在學期開始時公佈通知。

2. 工作項目在班會中討論決定後實施。

3. 每天填寫工作日誌，作為考核依據。

4. 每天早晨生活倫理，健康教育時間，安排前一天值日生的工作報告或檢討。

5. 每次班會時間，自治幹部要對一週來的「值日官」工作，提出看法，並選擇幾位予以表揚。

6. 導護老師直接指導班級值日生，協助有關班上的導護事宜。

二、值日生的考核

(一)自行考核——在教室日誌中，印上工作項目（統一固定的）做到的打∨，臨時服務項目則自填。

(二)幹部考核——班級自治幹部就其觀察及教室日誌中記載內容，利用班會時間，並連署提名表現優異者，並在公佈欄中的輪值表上給予註記（註記方式自定）。並作為換取上一級榮譽卡之基數。

(三)導護考核——導護老師可以隨時提供協助其執行工作的優良班級「小導護」名單給導師。

(四)導師考核——導師可就自己觀察或聽取班級幹部報告、導護報告，或於查閱班級日誌時，隨時在日誌中寫下評語，即時多以表揚，或在班會中表揚服務績優者。

(五)同學考核——班會時，老師和自治幹部把二週來的值日生服務績優名單提出來，經過「大會」通過後，由老師宣佈「週優良值日生」。

三　獎勵

(一)週優良值日生，由校長分發「榮譽卡」，作為換取上一級榮譽卡積點，該學期操行分數加一分。

(二)週優良值日生，除在班級輪值表上加以「註記」（方式自定）外，並在學校公佈欄中公佈姓名。

值日生的輔導

出處：黃正昆著（民 83 ）：值日生輔導。載於台灣省教育廳編印之班級經營——理論與實際，436 頁。

解說：其內容包含有值日生的產生方式、工作項目、分配方式、合作事項及實施效果等。其具體方法如下：

一　產生方式

依照座號採輪流方式（以一男一女為原則）。

二　工作項目

1. 上、下課喊口令。

2. 協助風紀股長管理秩序及路隊。

3. 協助環保小尖兵垃圾分類及資源回收。

4.協助班長、副班長準備教學用具及佈置環境。

5.協助學藝股長收發作業、班級圖書借閱之管理與登記。

6.協助衛生股長作整潔活動檢查。

7.放學後檢查門窗及水電關閉,課桌是否排放整齊。

8.下課時教室走廊整潔之維護。

 三 分配方式

自行協調。

四 合作事項

1.共同填寫教室日誌,共同評鑑自己值日的工作後簽名。

2.共同擬定於第二天生活倫理時間檢討報告的內容(報告人自行決定)。

五 實施效果

1.分攤班級自治幹部吃力不討好的感覺。

2.人人都有機會扮演不同的角色,體驗不同角色而作自我調整。

3.人人都有服務,表現的機會,而且服務時短,不會有倦怠感,考核與獎勵,個個力求表現。

4.人人富參與感、榮譽感、成就感與民主自治的精神。

5.導師、導護老師減輕工作負擔。

6.班級經營氣氛良好。

十七、考評

在班級中實施自治活動,是以民主化的經營理念,因此,除了執行各

種自治活動外，亦應該有考評的工作，驗收活動實施的成果。這又可分為幹部的考核（參見實例十四）和整個班級表現的考評（參見實例十五）。幹部的考核部分，可以成立議會制度以監督班級幹部，在第一次選出班級幹部的同時，也由學生推薦六位「議員」，負責監督和記錄幹部的表現，並在下次班會中提出報告。如果發現幹部有失職行為，可提交班會議決後予以更換。而表現良好的幹部除獲得連任外，可獲得「議會」頒發的榮譽獎章（林碧霞，民80）。

班級幹部之考核

出處： 張萬枝著（民83）：班級幹部之考核。載於台灣省教育廳編印之**班級經營——理論與實際**，100－102頁。

解說： 為防止班級幹部循私，產生流弊，因此張萬枝老師建立了一套考核班級幹部的制度，其做法如下：

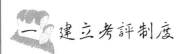

一、建立考評制度

(一)方法

可在問卷調查法（如下表）或問答法間二者取一再由教師作最後考評：

1. 問卷調查法：

班　級　考　評　調　查　表

1. 在班上最喜歡的幹部是：
   你認為他表現最好的是：
   喜歡幫助人　　　　　　　　　　　　□
   常帶笑容　　　　　　　　　　　　　□
   老師交待事情辦得很好　　　　　　　□
   其他你想到的事
   ....

2. 在班上最不喜歡的幹部是：
   不喜歡的原因有：
   請他幫忙都不肯　　　　　　　　　　□
   常常和同學吵架　　　　　　　　　　□
   老師交待的事常常忘記　　　　　　　□
   自己都愛講話上課搗蛋　　　　　　　□
   其他你想到的事
   ....

　　2.問答法：即是由同學提出書面問題，教師彙總後請各股幹部分別針對問題上台答辯，說明緣由。若有誤會當場澄清，若是幹部不對可向同學道歉。幹部與同學間可取得一共識。

　　此者均較適用於四年級以上學生來實施。

(二)作用

　　在使學生由幹部的考核活動中達到自主及自我管理的能力，同時也養成正確的是非判斷能力。使幹部能藉由此考評活動檢討自己受歡迎或不受歡迎之原因，同時亦能使其他同學瞭解幹部之難為，幹部之辛勞而能與幹部密切配合。

班級自治活動的考核

出處：梁健行著（民 83）：自治活動。載於台灣省教育廳編印之<u>班</u>
<u>級經營——理論與實際</u>，407 － 409 頁。

解說：梁老師的自治活動還加上了學生自我考核制度，使自治精神更
加完備，其做法如下：

一　訂定自治活動實施辦法

要經過全班討論和決議。

(一)自治項目和守則

由教師掌握主線（項目），以整潔、秩序、禮節、學習和品行等
項目為主，引導學生提議和表決守則，以十則為恰當。

(二)評分方法

1. 以排為單位，各排成員個人之得扣分皆記入該排中。
2. 以每週為階段統計各排總分。
3. 由班長、副班長、各排排長輪流觀察記錄。
4. 個人或整排表現優良即得一分；反之則扣一分。

(三)計分標準

以八十分為基本分數和自治標準分。

㈣獎勵方法

每週最高分的一排每人可獲全班愛的鼓勵和小獎勵卡一張，次優排可獲愛的鼓勵。

㈤校正方法

1.個人方面：每項守則都訂有相對罰則，以適度和自動進行為原則。

2.團體方面：每週未達自治標準分（八十分）之排，該排成員必須輪流擔任垃圾桶清洗和老師交辦之公益事項。

二、製表

依守則製成自治評分表，影印分發每位同學一張，並張貼公佈欄四張，依排記分，表格如下：

第（　　）排　自治活動評分表

項目	守　　則	校　正　法	加減分	小　計	總　分	名　次
整潔	我要認真打掃	下課加掃十分鐘				
整潔	我要符合晨檢規定	撿紙屑二十份				
秩序	排隊、上課時，我要守秩序	下課禁足八分鐘				
秩序	午餐、午休時，我要守秩序	寫課文一遍				
禮節	我對師長要恭敬	寫課文一遍				
禮節	我與人交談要文雅	寫課文一遍				
學習	我聽課要專心	站五分鐘				

項　目	守　　　則	校　　正　　法	加減分	小　計	總　分	名　次
學　習	我作業要按時完成	下課禁足寫到完				
品　行	我要遵守校規	撿紙屑五十份				
品　行	我要友愛同學	站兩節下課				
增　加	我要熱心服務為團體爭光	撿紙屑二十份				

三　實施及修正

其實施由師生隨時留心觀察記錄、要避免遺漏，並製造機會。其修正得視實際需要為之。

參考書目

王文泰（民 83）：自治活動。載於台灣省教育廳編印之班級經營——理論與實際，410－412 頁。

吳清山（民 79）：班級經營。台北市：心理出版社。

林秋風（民 80）：小教導，動動腦。師友月刊，289 期，26－28 頁。

林碧霞（民 80）：他山之石可以攻錯——談班級常規。師友月刊，291 期，42－43 頁。

徐美蓮（民 80）：學生自訂作業的內涵及其實施方式。載於高雄市政府教育局編

印之教室經營，214 － 220 頁。

許慧玲（民80）：教室管理。台北市：心理出版社。

陳麗華（民81）：班級經營實務──我的班級經營理念。研習資訊，9 卷 3 期，
    64 － 65 頁。

張萬枝（民83）：班級幹部之考核。載於台灣省教育廳編印之班級經營──理論
    與實際，100 － 102 頁。

陳美月（民83）：讓『班會』成為孩童的『最愛』。載於台灣省教育廳編印之班
    級經營──理論與實際，396 － 400 頁。

郭慶發（民83）：營造動靜分明的學習環境。載於鄭玉疊、郭慶發合著之班級經
    營──做個稱職的教師。

黃正昆（民83）：值日生的指導與考核。載於台灣省教育廳編印之班級經營──
    理論與實際，433 － 435 頁。

黃長安（民80）：班級幹部──教師的第三集手。載於高雄市政府教育局編印之
    教室經營，76 － 79 頁。

黃淑英（民80）：從朦朧中見曙光。載於高雄市政府教育局編印之教室經營，
    127 － 130 頁。

劉坤德（民80）：如何開好班會。台灣教育，485 期，24 － 25 頁。

劉志賢（民83）：班級幹部的選與訓。載於台灣省教育廳編印之班級經營──理
    論與實際，98 － 99 頁。

6

營造良好的班級氣氛

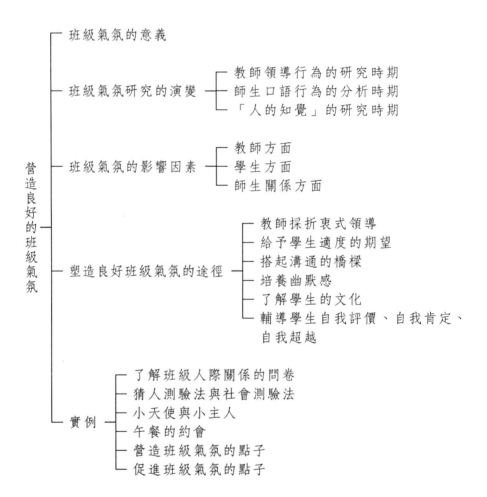

營造良好的班級氣氛
├─ 班級氣氛的意義
├─ 班級氣氛研究的演變
│   ├─ 教師領導行為的研究時期
│   ├─ 師生口語行為的分析時期
│   └─ 「人的知覺」的研究時期
├─ 班級氣氛的影響因素
│   ├─ 教師方面
│   ├─ 學生方面
│   └─ 師生關係方面
├─ 塑造良好班級氣氛的途徑
│   ├─ 教師採折衷式領導
│   ├─ 給予學生適度的期望
│   ├─ 搭起溝通的橋樑
│   ├─ 培養幽默感
│   ├─ 了解學生的文化
│   └─ 輔導學生自我評價、自我肯定、自我超越
└─ 實例
    ├─ 了解班級人際關係的問卷
    ├─ 猜人測驗法與社會測驗法
    ├─ 小天使與小主人
    ├─ 午餐的約會
    ├─ 營造班級氣氛的點子
    └─ 促進班級氣氛的點子

一個學生的心聲：

　　「老師您為什麼總是喜歡功課好的學生，對他們講話的時候，總帶著笑容？我很想接近您，可是一看到您的眼神，就讓我害怕了。我也希望您多聽聽我的觀點，多瞭解我的需要，我們都需要同學的友誼，而不希望彼此之間互相競爭。我們可不可以和同學有更多的課外活動，而您也和我們一起玩呢？」

一個老師的心聲：

　　「我這麼苦口婆心的教學，就是希望同學能有所成就，獲得你們肯定與認同。如果你們不能體諒我的用心，不肯上進而不虛心檢討，反而在上課的時候，竊竊私語或做白日夢，看到我也裝作沒看見，背後還為我取了不雅的綽號，怎不教我感到傷心難過呢？」（轉引自陳如山，民84）

　　這些心聲很可能來自教師與學生，而這些心聲也透露出人際關係出現某些問題。當班級中師生關係不良，班級分崩離心時，教育的效果自然大打折扣。在班級經營中「人的處理」最難，有的老師不管帶到什麼班級什麼學生，都一樣能凝聚學生的向心力，營造積極進取團結合作的班級氣氛；有的老師則因欠缺領導技巧，和學生溝通不良而導致師生關係惡化，自然會影響到教學的成效。由此可見班級經營中人與人的互動所形成的班級氣氛是多麼重要。

　　班級氣氛是由班級成員長時間的互動所產生的，不但是班級經營的重點，也是學生學習教室社會化的重要一環。本文擬先概述班級氣氛的意義與重要性，分析班級氣氛的影響因素，並探討從那些方面來改善班級氣氛，最後再以實例的方式提供老師在增進班級氣氛上的一些實際活動。

班級氣氛的意義

　　有關「氣氛」(climate) 一詞，學者的界定各異： Bower & Hollister (1967) 認為班級團體是一個小型的社會，具有心理團體活動、社會團體活動及工作活動。此一團體的成員在共同生活一段時間後會形成一種氣氛，它能控制成員的活動，進而形成該團體的特色，通常稱作「團體氣氛」。國內學者吳武典（民 68 ）認為：班級氣氛乃藉著班級各分子間的社會交互作用而產生，它形成之後，又回頭影響班級中個別分子的行為。所以，班級氣氛實在是一種社會壓力 (social press) 或環境壓力 (Environment press)（轉引自李彥儀，民 79 ）。

　　外國學者 Fraswe, Anderson & Walberg 發展出一種研究班級氣氛的工具——「學習環境量表」（ Learning Environment Inventory ，簡稱 LEI ）。該量表係以十五個班級氣氛向度作為班級氣氛的定義，分別是：團結、多樣性、班規、進度、物質環境、衝突、目標導向、偏愛、困難、冷淡、民主、派系、滿意、組織散亂、競爭。為了更瞭解這十五個向度，我們引用鍾紅柱（民 72 ）的研究結果，將這十五個向度再進一步歸類為三個層面來敘述（轉引自李彥儀，民 79 ）。

一、人際關係層面

　　包含兩種人際關係，即同儕關係和師生關係：

(一)就同儕關係而言

　　「團結」指學生認識其他同學，幫助其他同學，對其他同學的友善程度；「競爭」是指學生彼此間在成績、工作上的競爭；「派系」是指學生拒絕與其他大部分的同學混在一起，只與三兩好友在一起讀書的情形；「衝突」指學生間緊張與爭吵的情形。

(二)就師生關係而言

　　「偏愛」是指教師對某些學生特別好的情形；「民主」是教師讓學生均等地參與決定班級事務的情形。

二、班級組織層面

　　其中「班規」指的是教室行為由正式規則引導的情形；「目標導向」指的是班級目標清晰的情形；「物質環境」指的是班級有足夠而且適用的書本、工作、空間、光線的情形；「滿意」指的是同學喜歡班級的情形；「冷淡」是指同學對班級活動不關心的情形。

三、學習層面

　　「多樣性」是指同學有不同興趣、見解、學習活動等情形；「困難」是指同學在功課與工作上有困難的情形；「進度」指班級進度迅速的情形。

　　綜上所述，所謂「班級氣氛」，不外指班級活動中互動關係所形成的一種社會心理環境，透過班級氣氛可瞭解一個班級的社會交互作用及個別差異的情形，而班級氣氛也影響個體在班級中的態度、價值及學習活動（李彥儀，民 79）。有時候班級氣氛也可看成是班級獨特的「班風」。

班級氣氛研究的演變

為了更清楚班級氣氛究竟要從那些方面著手去瞭解，我們將介紹有關班級氣氛的研究。由於學者探究的角度各異，所以對班級氣氛研究的方向也不斷演變。早期有關教室活動的探討，著重在「教師領導行為」的研究；尤其以勒溫、利比特、懷特的「權威型、民主型、放任型」等的教師領導型態最有名。近年來，班級氣氛的研究趨向於「學生對學習環境的感受」；並從「教師領導風範」、「學生之間的同儕關係」、「學生的自我評價」等來探索，以確認如何營造良好的班級氣氛（林義濬，民 82）。以下就分為三個時期來介紹有關班級氣氛的研究（鍾紅柱，民 72；洪素玉，民 78；李彥儀，民 79）：

一、教師領導行為的研究時期

早期有關教室活動的研究皆著重於教師領導行為的探討。這些研究不外將教師的領導行為區分為三大類：

㈠權威型領導

一切策略、計畫、活動步驟、工作分配與考核等過程都由領導者決定，部屬只是依令行事。在教學情境中，權威型教師較為嚴肅而保守，教學注重由教師灌輸知識給學生，不喜歡學生多表示意見或隨便發問。

(二)民主型領導

一切決策由團體開會決議，共同討論研究團體發生的問題。對於個人工作的情形，領導者給予客觀而委婉的建議，不做主觀的批評。在教室情境中，民主型教師較有整合的領導方式，能與學生打成一片，注意學生的個別需要，並鼓勵學生發問，使全班每一份子都能參與班上事務。

(三)放任型領導

領導者不管部屬，任由部屬自行決定，領導者常不參與活動或自行離去。在教室情境中，放任型的教師通常對學生沒有要求，上課時往往聽任學生自由行動，不指導學生如何處理班級事務。

有關的研究結果指出，在不同的領導類型下，班級氣氛和學生成就有下述顯著的差異：

(一)在權威型教師領導下的班級

這樣的班級通常表現冷漠、無精打采，雖然效率高，但當教師離去時，效率卻大打折扣。

(二)在民主型領導下的班級

在這樣的班級中，攻擊、敵視等學生不良行為將會減至最少，士氣最高，即使教師離開，表現仍不變。

(三)在放任型教師領導下的班級

這樣的班級，士氣與工作效率都最差，很難達成團體目標，學生的行為往往落入「挫折」→「攻擊」→「挫折」的不良循環中。

由以上對教師領導行為的研究中顯示，「班級氣氛」的塑造是需由教師積極主導非由學生放任而為，但老師涉入的部分應視班級性質來斟酌增

加或減少，民主型與權威型各有利弊，教師宜適當評估後採用，最重要的一點是，無論在任何情況下，放任學生任意而為是下下之策。

二、師生口語行為的分析時期

至一九四〇年代，教育學者將班級氣氛的研究轉向教師口語行為的分析及師生互動關係上。Withall(1949) 以七種教師口語行為作為班級氣氛的指標，進而促進教師提供適當的口語行為，以增進學生學習的班級氣氛。以下將此七項「氣氛指標」(Climate Index) 分述如下（轉引自李彥儀，民79 ）：

1.支持學習者的陳述：例如稱讚學生。

2.接受與使學生明白的陳述：使學生明白老師是瞭解他們的，並且幫助學生表達他們的觀念和情感。

3.形成問題的陳述：這樣的陳述是要促進學習者解決問題的能力，所以要用客觀的方式提出問題。

4.中立的陳述：這樣的話語很難用來推論其目的，通常包括禮貌性話語、重複已說過的字等。

5.指導或督促的陳述：要學習者照著命令去做。

6.責罵或駁斥的言論：阻止學生繼續做「老師不能接受」的行為。

7.教師自我支持的言論：支持並肯定教師的地位與行動。

此一時期的研究重點皆是從教學的歷程中，利用觀察法、錄音或錄影等方法記下教室中師生的語言，再將這些師生的口語互動加以歸入事先分好的類別中，做各種有意義的組合，以數量來表示師生互動的情形（林生傳，民82 ）。基本上此一時期的研究皆相信師生的口語溝通會影響教室中的氣氛，因此紛紛致力於分析師生口語的交互作用，但值得注意的是，師生的口語互動多集中在教室內的社會心理環境，並不能涵蓋班級氣氛的全部特質。

三、「人的知覺」的研究時期

鑑於前一時期以師生的口語互動來研究班級氣氛有所缺失，學者轉而利用環境內人的知覺來測量班級氣氛，也就是說，學者漸趨向於以「學生對學習環境的感受」、「學生間的同儕關係」、「學生的自我知覺」等方向來探索，以確認如何營造良好的班級氣氛（林義烈，民 82）。

學者 Barclay 於 1972 年發展出一種班級氣氛量表（Barclay Classroom Climate Inventory；簡稱 BCCI），即是採用多種知覺來源的調查作為班級氣氛之評量工具。此量表放棄探討班級共同心理特性的觀念，改以探究班級中個別差異因素，並且以「對學習的態度」一量尺作為班級氣氛的指標。Barclay 提出「多元社會互動模式」來表示班級中團體交互作用的關係，他認為「教師」、「友伴」、「學生自己」間的交互作用是以期待的方式來進行，班級成員相互間的期待即產生環境壓力，因此也形成了個人的自我觀念。因此 Barclay 認為班級氣氛的評量必須來自三方面：(1)自我的覺察；(2)友伴的印象；(3)教師的評定。國內吳武典於民國 63 年將其修訂並引進國內。（轉引自盧美貴，民 79）

由上述可知，有關班級氣氛研究的演變，從早期對教室活動中教師領導行為的研究，到師生口語交互作用的師生互動關係，迄至學生所知覺的環境差異，這些不同研究時期的產生，皆是由於研究角度或著重點的不同而產生的。

班級氣氛的影響因素

　　由前一段對各個時期學者的研究敘述，讓我們對班級氣氛一詞的意義有一些基本的概念：教師與學生是班級中的主要角色，也是班級氣氛的締造者。班級教學是目前主要的教學型態，學生每天在校的大部分時間都是在教室內活動，換句話說學生長時間都沉浸在班級氣氛下，讀書、休息、活動等，所以班級氣氛的好壞，對學生的影響很大。有關研究指出：班級氣氛愉快與否對學生的學業成績及其他的表現等均有影響，在愉快的班級氣氛中學習的學生有較好的學業成績及表現；反之則較差。因此，創造並維持一個良好的班級氣氛，藉以促進師生間良好的關係，進而建立學生積極的自我觀念，是師生共同的職責。在介紹如何塑造良好的班級氣氛之前，我們先對影響班級氣氛的各個因素做進一步的瞭解：

一、教師方面

　　勒溫說：「教師在班級內是否成功，不僅靠其熟練，大部分要看教師所創造的班級氣氛。」由此可知創造良好的班級氣氛，是教師工作中很重要的一項。在整個教學過程中，教師的主要任務在建立一個真摯、接納、瞭解、關懷、無威脅且安全的學習環境，因此班級氣氛中有極大部分是教師行為的產物，所以教師該如何扮演其角色才能使教學效果更顯著，值得我們再深入探討（陳碧桃，民 82 ）：

(一)教師的人格特質

　　教師的「人格風範」對學生產生的影響是自然而然的。要學生學會如何肯定自己，首先教師必先肯定自己。身為教師若妄自菲薄，不能肯定自己，凡事怨天尤人不知檢討自己，就無法「維持尊嚴」，對學生「發揮影響」。有關教師內外控人格特質的研究指出：具外控傾向的教師，對學生往往表現負向態度，具較低的容忍力，在面對人際關係及新情境時，外控傾向的教師比內控傾向的教師更易感受到較大的工作壓力和工作倦怠（Fielding & Gall 1982），也就是說凡事檢討自己找出錯誤的教師，在教育工作的適應上，會比凡事斥責別人，將錯誤歸諸他人的教師來得佳。

　　此外，內控型的教師情緒較為成熟，會避免情緒衝動與情緒化的態度；反之，情緒不夠穩定的教師，極易受到外界事務的刺激、在乎別人的評價，所以容易發脾氣、經不起玩笑、受不了學生的幼稚言行及犯錯，常在情緒的陷阱中無法自拔，事後又懊惱不已。這樣不良情緒的惡性循環使教與學的雙方關係緊張，上起課來「師生對峙」，結果只有增加師生之間的疏離而已（王淑俐，民 84 ）。

(二)教師的領導行為

　　最早從事領導行為對班級氣氛的影響之研究者為 Lewin, Lippitt & White(1939)。他們探討教師的三種領導方式對團體的社會氣氛有何影響時發現：民主式的領導，成員能共同討論事物，朝團體目標邁進，其工作效率較高；權威式的領導使團體中的成員缺乏合作，班級向心力不高；放任式的領導，成員雖有很大的自由，但彼此不瞭解工作的目標及性質，缺乏組織行為（轉引自李彥儀，民 79 ）。對於年紀較小的兒童或青少年，權威型的領導對良好班級氣氛的形成較不利，因為學生習慣於有外界的壓力才學習與工作，一旦外界的壓力或專制控制解除，反而會顯得無所適從。學生在這樣的班級中常感受到羞辱、苛責、覺得沒有安全感、傾向拒

絕學習或逃避學習、容易出現攻擊性行為，而且常會把攻擊行為指向團體中的弱者。所以，一個人性化的教師是不會把「你們是最差勁的學生！」「你們簡直無藥可救！」等破壞性的話語掛在嘴邊。

(三)教師對學生的期望

相信許多人都看過名片──「窈窕淑女」（My fair lady），片中的女主角本是一介鄉下賣花村姑，言談粗俗、舉止庸碌，由於男主角的一番「造就」，搖身一變成為一位談吐優雅、舉止高貴的淑媛。看過的觀眾無不對此「麻雀變鳳凰」的故事留下深刻的印象。由這則故事我們知道：一個人的成就受到他人對他「期望」的影響。所謂「教師期望」是指教師對學生學習成就或行為等之期望。教師對班級中的學生很難做到一視同仁，難免會對某些喜愛的「好學生」疼愛有加；對部分「不堪造就」的學生予以冷漠、歧視。因此教師會對不同的學生有意無意中給予不同的「期望」，這些差別的期望能否對學生的表現造成實質的影響？我們再加以深入探討（曾阿南，民 81）：對學生而言，教師的看法、同學的態度、成績的優劣是形成自我觀念的主要因素。學生通常從不同的線索中察覺出教師對其的差別印象，這些「期待線索」包括教師不經意的談話、平常的關心與注意、面對面的態度、臉色與說話的聲調、作業的評語、鼓勵與讚賞的頻率、成績單上的考評及指定的任務等等。學生所感受到教師對他的看法，必然影響到他對自己的看法與成就期待。如果學生對某位老師不滿，常會連帶地對其教授的課業失去學習的意願，在心理上產生逃避抗拒的反應，自然造成學業成績低落。教師的冷漠、輕視與厭惡感，對學生而言，都屬於挫折，因而產生消極或敵對的反應，包括抗命與對學業的疏懶，學生這種態度無形中又造成教師的挫折。這樣的一種師生間惡性循環狀態，勢將一直延續發展下去。

二、學生方面

教師在營造良好的班級氣氛時，除了教師的人格特質、領導方式及盡量公平對待，不給偏頗的期盼或偏見外，還要能夠適度的去瞭解學生，包括學生間的同儕關係及學生的次文化：

(一)學生同儕關係

班級中同儕團體的結構成為團體成員學習的社會環境之一；這種同儕團體間的關係是否會影響團體成員的學習成果呢？有關的研究中發現國中班級中學生的學生社會關係結構與學業成績有密切關係存在，我們可以說學業成績會因班級社會關係結構的「優」、「中」、「劣」不同而有顯著差異，也就是班級中同儕之間的人際關係越佳，則學生的成績表現也越好（林生傳，民 82 ）。所以教師在經營教室時極需注意班級中學生同儕間的互動。

現行的學校教育以升學掛帥，以智育成績為主，其他群育、人格表現等，都不被重視。在「五育並重」下，學生往往彼此競爭，為了些微的分數差距勾心鬥角，不懂得同學間的友愛，更不會去互相合作。再加上如果碰到「權威領導型」的老師，學生會更加鬥爭，以求得老師的賞識，或避免被老師處罰。如此一來，學生對班級缺乏責任感，所以班級事務往往被冷漠以對，班級自然是一團散沙（洪素玉，民 78 ）。從兒童的發展特徵來看，相信許多老師都知道：中、高年級階段的孩子，開始從自己的世界走入社交世界。因此，每個孩子都非常在乎同學對他的看法。如果在班級中能被同學接納，則會對班級產生歸屬感、向心力，人格發展也會較順利。

(二)學生次級文化

　　所謂學生次級文化，是指班級體系中學生同儕團體所形成不同於成人社會的價值觀念與行為模式，形成一套特殊的文化來滿足他們的需要，一方面防衛自己，避免太多的挫折；一方面由此過渡發展為成人社會中獨立的份子（林生傳，民 82）。就如同現在約二十五歲以下的青年、青少年、兒童等即算是「新人類」，越晚出生的人，越被誇張地稱之為「新新人類」。這些新人類從外表到內在，形成一套「新人類的文化」，這也是次級文化的一種，以下就來介紹這些新人類的文化有那些是讓父母師長百思不得其解，甚至傷心生氣的表現或行為（王淑俐，民 84）：

1.外表上

　　隨時帶著耳機聽 Walkman（隨身聽），隨著音樂搖頭晃腦一副渾然忘我的樣子。前衛而大膽的言行，深怕自己不會紅，而不考慮自己所說所做是否符合道德標準。這些青少年在長輩眼中可謂是集懶惰、依賴、自私、虛浮、自大於一身。有位資深教師描述得幽默又貼切：「嘻笑調皮不受拘束，冷漠麻木不知榮辱」。

2.觀念上

　　「只要我喜歡，有什麼不可以」，「把握眼前的歡樂，何必想那麼多」……這些觀念顯示出青少年心中及時享樂的心理，與極端個人主義不考慮別人的處世原則。在這樣的錯誤觀念下，「有理想、有目標、肯用功讀書」的人被視為「怪胎」，對於父母師長的勸告與建議則認為「上一代的觀念趕不上潮流，不太有用」，因此師長的分量逐漸減輕，學生會更相信自己及同儕，真正的心事也多與同儕分擔商量。

　　班級中的學生次文化是否會影響學生的學習？答案是肯定的。有關的研究發現：若學生次文化漠視個人成就、卑視個人成就，則學生的成就水

準會降低，內在的潛能無法完全實現（林生傳，民 82 ）。在班級經營中，師生相處較從前不順利、不如意，有許多原因都可歸之於老師不夠瞭解學生，有些老師則是不願意調適自己去瞭解、接受學生屬於「新新人類」的次級文化，所以會和學生間產生代溝，師生間永遠保持一段距離。

三、師生關係方面

良好的教學建基於師生關係，教師與學生都可以察覺彼此之間所存在的氣氛，而此種氣氛進而會影響到教師的教學與學生的學習，因此，良好的師生關係是必要的。在師生關係這個課題中，我們可以在許多研究中發現：教師的期望與學生學業成就間存有正相關，教師期望高的學生其學業成就也高。因此教師必須常以孔子的「有教無類」來要求自己、期勉自己，對學生能夠一視同仁，不可偏愛。同時也要常常檢討自己的言行與態度，不因不正確的成見與期望，有意或無意的造成學生發展的不良後果（洪素玉，民 78 ）。例如：老師對於家庭背景較複雜的 A 生總是較為注意，她不僅家庭不幸，而且學習能力也很差，所以便對她特別照顧。但是其他同學則認為老師偏心，老師的心理因此受到不小的打擊，同時也影響到 A 生在班上的人際關係，她反而被同學視為「特殊份子」而不願去接近她。其實這樣的情況下，大多數的同學都會希望老師「一視同仁」，所以老師可以私下和 A 生談，或利用 A 生不在時和班上同學溝通，希望大家同情 A 生，和 A 生多接近。

時代在變遷，人心在調整。教育環境變遷，老師也得跟著調整，調適自己去適應現代的師生關係。從老師的立場來看，可以察覺到師生關係有一些改變（王淑俐，民 84 ）：

㈠由「上下關係」轉為「平等關係」

現今師生之間的距離逐漸拉近，也就是說師生之間的上下之別越來越

不明顯，學生漸將老師視為如朋友般的對等關係，使師生之間更易相互瞭解，但也使教師不再具絕對不可侵犯的權威。

(二)由「上對下的傳達」轉為「雙向交流」

今日，教師不僅在上課時須注意學生的反應，也須將學生的活動納入教育過程中，尊重學生的感受及意見，使師生關係更穩固，但學生七嘴八舌的意見，老師也常顯得無所適從。

(三)由「命令、指揮」轉為「溝通、商議」

今日的教師不再是發令的指揮官，而是採技巧性的溝通及商議，如：尊重學生、多說鼓勵讚美的話，由師生共同商議，找出解決問題的方法等。這樣的師生關係較有彈性，不致緊張、衝突，但也較花時間，無法快速達成教學效果。

(四)由「單一的教」轉為「教學相長」

今日知識爆炸，知識的來源分散於學校之外的大眾傳播或出版界、電腦等，有些知識甚至比教師所傳播的知識新，因此老師只好從各種管道自我充實，包括從學生身上學習，成為共同研究學問的伙伴。

時代在改變，師生關係也在變，如果教師無法自我調適，還是以往日壓制的方法要學生接受，學生可能會想掙脫來自老師的壓力，也會因師生間缺乏溝通而感到疏離。

塑造良好班級氣氛的途徑

教師和學生相處在一起，就像一個大家庭，彼此能相處融洽，營造出和諧的班級氣氛，對學生的學習效率也有幫助。但是要如何營造出良好的班級氣氛呢？以下就從幾個方面來敘述：

一、教師採折衷式領導

教師是班級的領導者，班級氣氛受其人格與行為的影響很大。一位採用獨裁方式領導的老師，其班級氣氛充滿著緊張和衝突；而一位採用民主方式領導的老師，其班級氣氛自由與融洽。這些不同的教師領導方式各有利弊，但相同的是所營造出的班級氣氛皆會對學生的認知與情感的學習發生影響。老師所必須做的是：視班級性質的不同，採用折衷式的領導，避免絕對權威所造成的師生衝突與絕對放任所造成的散漫、師生疏離等弊端。

所謂民主式領導似乎與放任學生之間的標準相似，難以拿捏，折衷式領導是一種真正民主的領導方式，具有下列特質（王淑俐，民 84 ）：

1.教學或面對問題時，要以學生為中心，針對個別差異來對症下藥。

2.強調人性化的教育方式：真心與學生相處，瞭解學生的可愛之處，接納學生的缺憾，不要輕言放棄任何一位學生。

3.老師居於「顧問」的地位，讓學生共同參與、共同決策、培養團體合作精神，老師不需處處干預或完全放手給學生做。適當的讓學生學會民

主社會的決策模式，將使班級事務的處理更為輕鬆。

4.一起製定法規，討論相關問題，決議後共同遵守。並不是教師開放太多自由，過度尊重學生，弄得班上意見太多、不易取得共識或是老師「很有技巧」的否決學生的意見等，這樣就是「假民主」。

5.學習民主的過程中，師生雙方均可「教學相長」，老師可以接受學生的批評和建議，學生也由參與中激發自己更多的靈感。

二、給予學生適度的期望

學生的表現會受到教師對其「期待」的影響。學生若感受到教師對他正面的、積極的期望，則會「自我應驗」般的使成就水準提高，因此，老師對學生應有適度的期望，學生將更努力表現給老師看，達到老師的期望。同時，老師也要不斷鞭策自己，檢討自己的言行及態度，不因不正確的期望與成見，有意或無意的對學生產生影響，因此，老師要努力去做到以下三點（洪素玉，民78）：

1.信任學生：如果教師能夠相信學生具有發展自己潛能的能力，則會允許他們有機會選擇自己的學習方式。

2.尊重學生：尊重學生的人格、情感和意見，不隨便批評學生使學生感受到威脅。

3.瞭解學生：深入瞭解學生的內心反應，並設身處地站在學生的立場了解學生學習的過程。

三、搭起「溝通」的橋樑

溝通是師生之間意見觀念與情感的交流。師生間應相互尊重，老師應多多聽聽學生的感受與意見，解除雙方的疑慮。師生溝通的橋樑應是雙向的、互動的、多元的，雙方都負有溝通失敗的責任。所以師生溝通不良

時，不能互相推卸責任、指責對方，這樣只會使師生之間「積怨」更深。應該雙方都要有誠意，而老師更要有引導學生願意溝通的態度和技巧，這樣才能打破師生溝通的沉默（王淑俐，民 84 ）。關於各種師生溝通的語言技巧，我們將在下一章作詳細的介紹，另外在本章後的實例中，收錄有許多能夠增進班級氣氛的師生溝通活動，此部分就不在此重述。

四、培養幽默感

「幽默感」並不是人一出生就具有，它必需要經過後天的學習。教師在心理上就要先放下身段，扮起亦師亦友的角色，並多嘗試閱讀幽默風趣的小品來替自己逐漸喪失的幽默感作「營養補給」。在教學中可適時加入一些肢體動作或生活中的逸聞趣事，來拉進師生間的距離，相信會更受學生的歡迎。

五、瞭解學生的文化

為了不讓學生認為老師的想法、觀念「過時」，老師要盡可能去瞭解學生心中的想法，才能打入學生的內心。要通過學生內心重重關防的「最佳護照」無非就是讓學生感覺「老師和我們是同一國」的。這樣說並不是要老師穿的、用的都和學生一樣，甚至連想法也去模仿，而是多由各種媒體去瞭解學生的流行文化，知道他們為什麼如此崇拜偶像，高喊「只要我喜歡，有什麼不可以」口號等行為背後的真正原因後，或許老師會以看待另一種「文化」的心情來包容，學生也會願意敞開心胸和老師溝通。

六、輔導學生自我評價、自我肯定、自我超越

學生對自己的信心是從教學的各活動中一點一滴所累積而來的。所以

老師並非一味告知學生說：「你們一定要多多瞭解自己，才會對自己有信心」等話語；而是要提供機會讓學生從不同的角度去領悟一些問題，培養學生對問題的濃厚興趣，而信心自然從解決問題的過程中培養出來。最後，運用班級中群體的力量來互相關懷，使學生在肯定自己後也能有勇氣挑戰自己、超越自己。

　　班級氣氛的好壞，影響班級經營的成效很大；其中教師更是主導教室氣氛的主要人物，對教室情境中的「人、事、時、地、物」尋求有效的處置，妥善的安排，以維持良好的班級氣氛。教師應以「主導」的立場，培養學生正確的行為習慣，發揮團隊自治的精神，促使班級成員間情感交流，增進成員對班級的向心力，以提高班級士氣。相信「有怎樣的老師就有怎樣的班級」定律是不變的！

伍

實例

實例一

瞭解班級人際關係的問卷

出處： 蔡錦美著（民 81 年）：貴班人際關係如何。載於師友月刊，302 期，42 － 43 頁。

解說： 蔡老師編擬一份問卷來瞭解班上學生的人際關係。以下將介紹問卷的內容，說明老師如何由問卷的回答來分析學生在班級中

的人際關係。

問卷內容：同學關係你我他

親愛的小朋友：

你喜歡班上的同學嗎？你覺得班上同學喜歡你嗎？你想知道自己在班上受歡迎嗎？下面的問題，只要是你的感覺或想法，請在空格中打「∨」，謝謝你。

一　甲部分

☐ 1. 班上同學喜歡我

☐ 2. 同學願意和我坐在一起

☐ 3. 同學願意和我玩

☐ 4. 同學樂意教我功課

☐ 5. 我有困難同學會幫我

☐ 6. 班上同學看不起我

☐ 7. 同學不愛理我

☐ 8. 同學常取笑我

☐ 9. 同學常欺負我

☐ 10 同學常討厭我

二　乙部分

☐ 1. 我喜歡班上同學

☐ 2. 我願意和班上任何人坐在一起

☐ 3. 我願意和同學玩

☐ 4. 我樂意教別人功課

☐ 5. 同學有困難我願意幫助他

☐ 6. 我不愛跟成績差的人在一起

□ 7.同學大都令我很煩

□ 8.班上同學大都很差勁

□ 9.我容易和同學吵起來

□ 10 班上同學大都令我討厭

問卷分析：

　　該問卷分成兩部分，甲部分是班上同學給該生的感受，乙部分是該生對同學的感受和態度。透過甲乙兩部分勾選情形來瞭解該生感覺到與同學的人際互動情形。

　　1.在甲、乙兩部分的前五題，若甲部分勾選的次數低於乙部分，表示該兒童對同學的友誼仍有所期待。

　　2.某生在甲、乙兩部分的前五題，（共十題）勾選題數少於三題，表示該兒童自認與同學關係不好。有可能是班級中人際關係不佳的學生。教師宜多加觀察瞭解。

　　3.某生在甲、乙兩部分的後五題，勾選題數多於七題，表示該兒童對於人際關係有所困擾。有可能是班級中人際關係不佳的學生。教師宜多加觀察瞭解。

　　4.本問卷的結果並無法完全篩選出班級中人際關係有困擾的學生。若欲進一步診斷出班級中人際關係不良的學生，可以使用正式測驗──「天馬式社交測量」。

　　最後要特別注意的一點是：該問卷施測的目的是供教師瞭解班級同學關係及作為輔導學生的參考，故不宜以此問卷的結果武斷的下結論；更不宜公佈。

猜人測驗法與社會測驗法

解說：在班級經營上，瞭解每個學生在班級中的人際關係，以及整個
　　　班級的特色是很重要的。「猜人測驗法」以及「社會測驗法」
　　　是可用來瞭解學生與團體關係的方法。分別敘述如下：

 猜人測驗

　　在測驗時老師要事先想好一些具體問題，試將一些老師可以設定
的調查項目列舉如下：

　　1.常和你一起遊戲的人是誰？

　　2.最喜歡的人是誰？最不喜歡的人是誰？

　　3.最熱心服務的班級幹部、股長或值日生是誰？

　　4.最想結交的人是誰？

　　5.最好管閒事的人是誰？

　　當然，老師還可以將自己欲瞭解的項目化成問題。測驗結束後將
結果所列舉出的學生名字分門別類加以計算、統計。此一測驗的終極
目的，是希望能根據測驗結果所顯示出的人際關係構造圖去瞭解學生
交友情形。調查時必須使學生考慮到「大家希望生活在快樂的班級
裡，因此請用認真的態度照實寫下來。」也許有些學生會嘻嘻哈哈地
不當一回事，或是偷看別人的答案，這時應讓學生知道「調查的結果
只是給老師作為參考，不可故意扭曲別人或自己」。

二、社會調查

　　將班上學生的人際關係以繪圖的方式來表現。首先要用一些簡單的問題來調查班上每個學生，如「你最喜歡和誰在一起？」「你最喜歡的人是誰？最不喜歡的人是誰？」……等，再根據學生的答案，用圓圈（代表一個學生）把每個人和班上其他同學相處的情形表示出來，大約可得到以下六種簡化過的圖形：

1. 二人相互選擇的關係

2. 三－五人的選擇關係（呈三角形、四角形或圓形的關係）

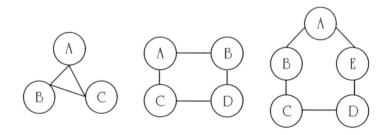

3. 連鎖狀的關係

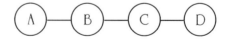

4.以中心人物呈星狀散佈的關係

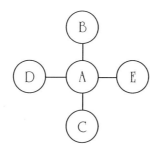

5.相互間呈網狀的關係

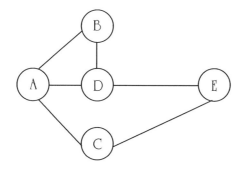

6.誰也不選擇誰

　　若班級中的人際關係可繪得網狀的形式，表示班級的人際關係較和諧，但若出現障礙，便要加以溝通指導，例如下圖是根據一個班級的人際關係所繪出的，其中的 N 和 P 即表示班級中有孤立於團體之外的學生，而 A 和 E 則表示班級中有以 A 和 E 為中心的小團體出現。

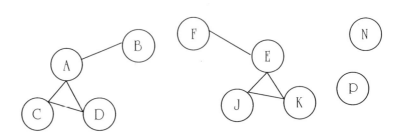

　　這些調查以學年度開始後的一個月最為恰當。同時最好與前一學年度的調查作一比較，瞭解級學生人際關係的變化情形。

實例三

說明：「小天使」這一項遊戲適用於新編的班級或在團體活動時進行，可以促進大家的相互認識及班級團結。將遊戲說明如下：

一、遊戲的時間短則可訂為一個月，最長以一個學期為最適當。

二、遊戲方法：

　　1.先發給全班每人一張小紙條，要求學生在紙上寫上姓名後交回給老師。

　　2.老師收齊後再讓學生輪流上台抽籤，抽到後在紙張背後寫上自己的姓名，並在名字上方加個「☆」，避免日後混淆。

　　3.老師馬上宣佈紙條上的同學姓名不可讓自己以外的其他人知道，抽到自己的人可以重抽。

　　4.若老師想與學生更快建立親近感，建議可以自己也加入遊戲，

但為了表示公平，老師不可利用職務之便，事先偷看自己的小天使。

5.老師將所有紙條收回保管，並向全班說明遊戲規則：你抽到的那個人就是你的「主人」，你是他的「小天使」。小天使要從現在起默默為主人服務，且不可讓主人發現是誰在照顧他。讓小主人發現的小天使就算是失敗了。為了不讓人發現，從今天起要對全班每一個人一樣好，且要利用小主人不在時給予「關懷」。你的「關懷」可以是一張小卡片、一瓶礦泉水，甚至可以在他的便當盒中偷偷加一顆滷蛋，不一定要送很貴的禮物。

6.遊戲結束後，找一個適當的時間召開「認親大會」，之前要通知學生：每位小天使為了讓小主人更容易找到你，所以要寫個紙條給小主人暗示，如我明天會夾個紅色髮夾，且會對你露出最迷人的笑。而小主人為了答謝小天使的照顧，所以要準備一份小禮物，或是自己繪製一張感謝卡也可以。

7.「認親大會」時全班每個人都要起來輪流猜自己的小天使，猜對後把禮物親手交給小天使，若猜錯了，則繼續猜至對為止。

這個遊戲不但可以訓練學生敏銳的觀察力、判斷力，並可促進班級氣氛更融洽和樂。

午餐的約會

解說：在接獲一個新班級時，事先可以翻閱學生的個人資料，如綜合資料、輔導記錄等，也可以發給學生一張資料卡，要求學生填寫一些基本資料，包括姓名、出生年月、星座、緊急聯絡人、

最要好的朋友、興趣嗜好、對老師的期望等教師欲瞭解的項目。除了正課時間、朝會、下課、午休時間與學生相處外，更可以把午餐時間闢為師生間的約會時間，和小組同學共進午餐。小組的人選可以由教師依學生資料卡中的好友名單來選，更方便的是當天指定一位學生，並要他找三到五個好友一起午餐。

透過午餐時間的閒話家常、邊吃邊聊，在輕鬆的氣氛下增進師生的感情，也由學生最好朋友的口中，更瞭解學生真實的一面。而學生也能感受到課堂之外的老師也有平易近人的一面，於是更拉近師生間的距離。

營造班級氣氛的點子

出處：陳貞舟著（民 84）：國中教室中的班級氣氛與師溝通。載於黃政傑、李隆盛主編之班級經營——理念與策略。台北：師大書苑，271 頁。

解說：對於如何促進班級氣氛，陳老師在文中提供一些具體的活動範例：

一、校園留影

　　1.在新生訓練或開學剛接新班級時，老師分別為每一位同學拍張個人照，並在照片後面記載身高、體重、座右銘或專長愛好。

2.同時可在佈告欄設計「我們這一班」，讓彼此間還很陌生的學生來認識新同學。照片在展示一段時間後，若同學都已彼此熟識則收回保存。

3.畢業時當作小禮物，把照片發還給學生。通常學生會感到意外的驚喜。

4.班上亦可將全班合照的照片製成班服，將這樣特殊的班服穿在身上，學生自然會覺得代表我們這一班，並可和別的班級作區別，這樣的班服有增進全班向心力及感情的效果。

 二　認人比賽

1.這項活動適用於國一剛開學或重新編班後的新班級，可以讓全班更快認識彼此，形成班級向心力。

2.先請一位同學擔任擂台主，然後這位擂台主必須全班走一遭，邊走邊拍桌子，叫出該桌同學的名字，被叫對名字的同學跟著走。

3.當這位擂台主走完全班後，計算叫對名字的人數然後記錄下來。

4.再請另外一位同學上來挑戰，當走完全班一圈時叫對的同學人數較前一位多，則封為新的擂台主。

5.老師可以邀請未被叫對名字的同學上台再自我介紹。

 三　朋友樹

1.此項活動可以幫助老師瞭解每個學生在班級中的人際關係，並適時幫助孤立在班級團體之外的學生。

2.要求每個學生利用圖畫紙畫出一張屬於自己的大樹，樹上有大樹葉、綠色樹葉和未塗顏色的樹葉。學生要把已認識的朋友名字寫在綠色樹葉上，而要好的朋友以大葉子來表示。將有些想交往朋友的名字寫在葉子上，但不必塗上顏色。

3.實例如下：

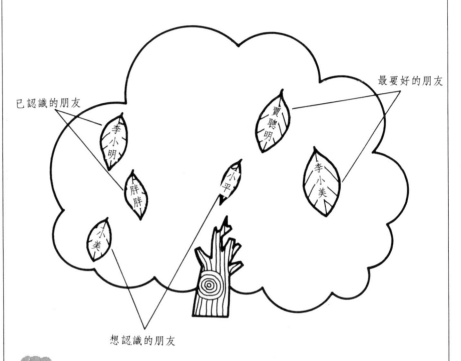

已認識的朋友

李小明

胖胖

小美

想認識的朋友

最要好的朋友

賈聰明

小平

李小美

四 小禮物

1.此活動的目的是藉由別人對自己的回饋來瞭解自己在別人心中是怎樣類型的人，有時別人對自己「過度的稱讚」會使自己在不知不覺間產生比馬龍效應，往更好的方向努力。同時這也是促進班級中人際交流的一項活動。

2.活動時，每位同學發給一張白紙，請學生將之裁為十張小紙條。

3.分別寫給同排的同學，表達內心的感謝和欣賞，可署名或不署名，切記只能寫獎勵的話，不可以藉機罵人或以文字攻擊別人。

4.多餘的紙可寫給其他排的同學。

五　兩人一組個別談話

*1.*此項活動可增進師生間的相互瞭解，打破大班級中兼顧不暇的限制。

*2.*老師可利用午餐時間或早自習時間約談一個同學，學生可另邀一名好友陪談。

*3.*兩人一組的談話功能有二：①減低同學的緊張，並可透過朋友更瞭解其狀況。日後該生出現問題時，老師可由其約談的好朋友來「旁敲側擊」。②老師發現陪談中重複出現次數較多者，表示在班上人緣佳，日後可請其擔任重要幹部。

六　小小讀書會

*1.*這項活動是透過小組分工合作完成自己負責的活動，再和全班分享成果。不僅讓學生學到團結合作的道理，亦可作為全班情感交流的活動。

*2.*先將全班分成七組；並自創隊名。

*3.*每次活動約兩小時，可連續進行五週。老師可以利用班會課或自習課的時間來進行。

*4.*七個小組每週輪流負責不同的活動，活動內容包括：

(1)請聽我說：學生可以發表擔任幹部或某項活動的心得感言。

(2)你不能不知道：學生可以多方收集流行新資訊：例如介紹新出版的電腦光碟遊戲、書展活動、演奏會或畫展的時間，甚至也可介紹偶像明星的生活動態。

(3)書香絮語：請同學介紹好書讓全班知道，包括作者、內容及讀後心得等項目。

(4)我有「畫」說：可將心中想表達的話語用漫畫、素描等繪畫的方式來表達，有時候也可以是作品的發表、優良漫畫的介紹。

(5)明日之星：可以介紹班上的好人好事，或發掘班上某些同學的特長，作一個深入的專訪報導，若場所適合時，還可以請這位明日之星做現場表演。

(6)絕妙好詞：可以是一篇文章或幾則笑話的分享，並配合發表讀後心得。

(7)與你共賞：此活動進行時可盡量多樣化，舉凡生活趣事、奇文共賞或是一首歌、一篇樂章等均可，還可配合演奏、小組演戲等「戲說」的方式。

實例六

促進班級氣氛的點子

出處： 黃永結著（民84）：國小教室管理實務。載於黃政傑、李隆盛主編之班級經營——理論與策略。台北：師大書苑，288頁。

解說： 在這實例中將提供黃老師對於增進班級氣氛方面的一些活動，並解釋說明：

一、班級自治活動

一般學生對於班會多存著「無聊、訓話、……」等刻板印象，而黃老師對於班會活動另有新解，除了討論班級中例行的事務外，另闢餘興活動的時間，在此時段中可由學生來準備活動表演，但必須事先向主持人登記備案。以下活動是可在餘興時間中實施的：

1.專題報告：可由學生依興趣來做專題的深入報告，如汽車品

牌、武器種類性能、偶像明星或流行音樂……等介紹。

2.讀書心得報告。

3.好人好事表揚或優點大轟炸：學生可推舉好人好事代表及表揚其行善事蹟。優點大轟炸則是同學輪流上台，由台下的同學針對台上同學的優點、值得學習的地方等項目來進行「轟炸」。

4.各種才藝表演：發掘學生的長才，提供表演的機會，同時也能藉此讓學生瞭解到「天生我材必有用」的道理。

二 養殖栽培動植物

這項活動不僅能培養學生愛心、耐心，更能培養團體合作等意識。

1.利用班費共同養龜、魚類或購買植物種子，開闢出一塊地方做為「班級花圃」。至於要養何種動植物，可由全班同學開會時決定。

2.若班級經費有限，亦可徵求家長自願提供或是認養校園內的樹木。

3.老師必須注意的是：若學生通過要飼養貓或狗等較「大型」的動物，要注意是否影響到上課秩序或安寧，若環境不允許飼養，老師要適時輔導學生將其愛心轉到較「迷你」的動物上。

三 心聲傳情

1.每個月舉辦一次，發給每位學生一張白報紙，不記名書寫（較低年級的學生可不計較錯字，可用注音來表達）。

2.內容可為：對老師或班級有那些你認為需要改進的？對學校的措施有那些你認為需要改進或加強的？……等都可以寫，經老師整理後當眾回答，並共同勉勵。

參考書目

Fielding, M. A. & Gall, M. D. (1982), Personality and situational correlates of toacher stress and burnout. Paper presented at the Annual Meeting of the American Educational Research Association, New Yark.

Lewin, K., Lippitt, R., & White, R. K.(1939). Patterns of aggressive behavior in experimentally Created social climate. Journal of social Psychology, 10, 318.

Withall, J.(1949). The development of a technigue for the measurement of socio-emotional climate in classrooms. gourmal of Experiment Education, 17, 347-361.

王淑俐（民83）：為師最樂——現代師生倫理與溝通技巧。台北：南宏圖書公司。

王淑俐（民84）：我可以教得更精彩。台北：南宏圖書公司。

李彥儀（民79）：台北市國民中學導師人格特質、領導行為對班級氣氛之影響研究。國立政治大學教育研究所碩士學位論文。

吳武典（民68）：國小班級氣氛的因素分析與追蹤研究。師大教育心理學報，12期，133頁。

林義渟（民82）：教師應如何營造良好班級氣氛。花蓮文教地，第7期，34－35頁。

林生傳（民82）：教育社會學。高雄：復文出版社。

洪素玉（民78）：如何塑造良好的班級氣氛。師友，第270期，34－35頁。

陳碧桃（民82）：班級氣氛之引導與塑造。南投文教，第5期，29－32頁。

陳如山（民84）：班級中的師生關係。載於黃政傑、李隆盛編（民84）：班級經營——理念與策略。台北：師大書苑，195頁。

盧美貴（民79）：班級氣氛與學習。載於吳清山、李錫津、劉緬懷、莊貞銀、盧美貴合著之班級經營，435-471頁。台北：心理出版社。

曾阿南（民81）：論教師期望對學生的影響。南投文教，第4期，68－73頁。

鍾紅柱（民72）：高中班級氣氛之研究。國立台灣師範大學教育研究所碩士論文。

7

促進良好的師生溝通

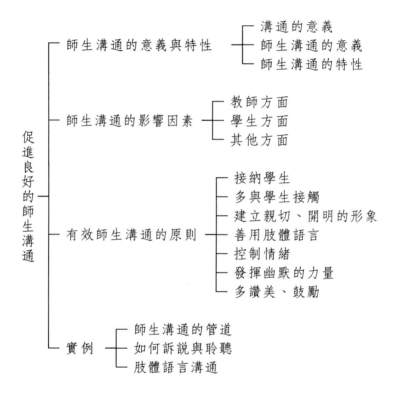

促進良好的師生溝通
├─ 師生溝通的意義與特性 ┬ 溝通的意義
│   ├ 師生溝通的意義
│   └ 師生溝通的特性
├─ 師生溝通的影響因素 ┬ 教師方面
│   ├ 學生方面
│   └ 其他方面
├─ 有效師生溝通的原則 ┬ 接納學生
│   ├ 多與學生接觸
│   ├ 建立親切、開明的形象
│   ├ 善用肢體語言
│   ├ 控制情緒
│   ├ 發揮幽默的力量
│   └ 多讚美、鼓勵
└─ 實例 ┬ 師生溝通的管道
        ├ 如何訴說與聆聽
        └ 肢體語言溝通

「這個學生似乎不信任老師，所以不論老師如何詢問都不肯開口，似乎不願打開心門與老師進一步的溝通。」「我是個男老師，最怕碰到女學生嘟著嘴嘔氣，整天悶不作聲的樣子」「有些學生覺得根本不需要跟老師溝通，也不喜歡跟老師在一起。所以當老師覺得有需要而找他們來溝通時，他們只是瞪著天花板，一言不發。如此僵局要如何化解？」（王淑俐，民 83）。上述的狀況，是許多老師在與學生相處或輔導學生時常遇到的情形，沒有耐心的教師往往將此類學生歸為「問題學生」，而很少真正去瞭解學生拒絕說出真心話的原因。如果教師從學生的立場去瞭解學生拒絕溝通的原因，那麼教師就不會將溝通不良的原因都歸諸於學生身上。王淑俐教授曾自編一份「學生為什麼拒絕溝通」的意見調查表（民 83），結果發現由學生自己「表達」出來他們真正拒絕溝通的主要原因有：學生覺得教師不瞭解他們，怕說了實話後老師會更生氣罵他們。或是學生他們不知道如何回答老師，表達自己的問題，反而成為好像老師在「訓話」的場面。當我們將這些原因歸納起來後，我們可以發現：其實師生的溝通不良，老師還是要負一部分責任，因為教師在溝通的態度中以讓學生感覺到「老師對我已有成見」、「老師不相信我說的話」等，當學生覺得「多說無益」時，自然會「不開口」了。

對於一個剛剛開始任教的老師，常會對以下的事情感到焦慮：他耽心自己是否有維持教室常規的能力？學生是否喜歡我？而對於一位較資深的老師，反而會對師生間相處的困難感到焦慮，因此師生間的溝通就成為重要的課題。本章將從師生溝通的意義與特性著手，先探討師生溝通的影響因素，再提供一些有效的溝通原則，最後以實例的方式來呈現一些經驗豐富的教師在師生溝通方面的作法，希望能夠互相啟發，讓為人師表的你發揮語言的魅力，成為一位學生心目中的好老師。

師生溝通的意義與特性

相信為人師者都知道，「溝通」是營造良好師生關係的管道，藉由相互間的溝通，師生得以意見交流、聯絡感情、化解誤會、團結班級中的力量，進而使孩子在愉快的氣氛中發揮潛能，達到最好的學習效果。在進一步瞭解師生溝通的特性前，我們先對「溝通」有一基本的認識：

一、溝通的意義

所謂人際溝通是指某一個人懷著產生某種效果的意圖，將訊息傳給另外一個人的過程。在這互動過程中，任何表現都傳遞著訊息，即使是沉默，或是一言不發轉身走開，都是一種溝通形式。人際溝通的過程含有四個成份：(1)訊息傳送人；(2)溝通管道；(3)訊息接收者；(4)訊息本身。將此溝通模式以圖表示如下：

在此溝通模式中，傳送者先懷有某種意圖，將此意圖轉換成他以為可以讓對方瞭解其意義的符碼，再透過特殊的溝通管道，傳送給訊息接收者。訊息接收者收到訊息之後，立刻將之解為有意義的形式。在這過程

中，會因某些因素的干擾而影響溝通的流暢。訊息接收者對接收的訊息作解釋後，會產生某些效果，可能是單純的認知效果（知道了原先不知的事物），也可能是情緒效果（如聽後勃然大怒）與動作效果（如出手揍人），這些反應也會再透過溝通管道送回給原訊息傳送者，如此形成人際溝通中一來一往的機動交換（李美枝，民83）。

不了解溝通的人常會產生下列的錯誤信念（王淑俐，民81）：

・溝通等於說服嗎？那麼只要「你聽我的」，一切就沒問題了。但是，如果另一方也要求「你聽我的」時，又要如何？單向溝通效果如何？溝通成功就是獲得「壓倒性勝利」？

・溝通有可能一次成功嗎？這次失敗就表示不可能有下次的成功嗎？

・有些人就是無法去溝通嗎？人與人會因為性格或環境的差異而永遠不能溝通嗎？

上述這些不合理的溝通信念常會澆熄我們對溝通的熱情，所以我們得重建溝通的觀念（王淑俐，民81）：所謂的「溝通」，我們換個比較容易的說法是：「雙方思想、觀念、意見、消息、情感等的傳遞及交流，目的在分享及建立共同的看法，因瞭解而後產生一致的行動」。所以，真正的溝通應該是：

1.溝通雙方的地位是平等的，即使是父母對子女、老師對學生，雙方的思想、意見、觀念、情感等的傳達應有公平的機會。

2.溝通是彼此的交流，沒有輸贏之分，建立共同看法後才能有合作的基礎。以下是一個更容易瞭解的溝通歷程：

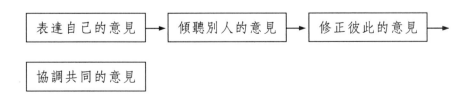

3.成功的溝通不是改造對方,而是在彼此尊重、瞭解及接納後,心靈上更接近,行動上更一致,而達成自我實現及團隊成功的目的。

二、師生溝通的意義

人際關係的互動自有人類就已經開始了,而師生之間也早就有溝通的事實存在,只不過近代「溝通」(Communication)一詞盛行後,將人際溝通的理論套用在師生溝通上。師生溝通中,傳遞者及接收者的角色可以是老師,也可以是學生。傳統的師生溝通偏向於「單向溝通」,由老師擔任傳遞者,片面、單向的傳播給學生,所謂的「傳道、授業」即著重於此;現在師生間的溝通著重「雙向」,雙方互相問答、請益解惑、教學相長等。在今日,社會變遷快速,校園中充滿著「我有話要說」、「只要我喜歡,有什麼不可以」、「向前走,啥米攏無驚」的新新人類,教師已不再是權威的化身,學生也不是沉默無言的受教者,當教師評鑑學生時,學生亦會評估老師。曾有對國中學生的抽樣調查「國中學生心目中歡迎與不歡迎的老師」(萬華國中輔導室,民 73),結果發現學生心目中的好老師是:

(一)課堂教學方面

(1)上課時聲音宏亮、有朝氣。學生不歡迎說話聲音太小、有氣無力或快得像連珠砲的老師,當然鄉音太重也列入不受歡迎教師。
(2)老師若善於言詞、長於表達,較受學生歡迎。
(3)課堂氣氛上,學生喜歡輕鬆愉快。

(二)待人處世方面

(1)學生喜歡老師明白、誠懇的告知他們的錯誤;最不喜歡老師譏諷他們或語中帶刺。

(2)學生臣服的老師，是能讓他們感受到「誠懇」的老師。

(三)一般修養方面

(1)有三分之一的學生強調「風趣」、「幽默」是好老師的特點。

(2)學生不喜歡自以為是，又不准學生發表意見的老師。

(3)學生敬佩知識「廣」的教師，但不歡迎所教非所學的教師。

在這項調查中我們可以很容易的發現：要成為學生心目中受歡迎的老師，語言表達的技巧是不可或缺的。不僅在傳遞訊息時需具備宏亮、富朝氣的好「音質」，在溝通的內容上還需具備「幽默」、「風趣」等吸引學生的「誘餌」，最重要的，教師在溝通時，還要讓學生感受到「誠懇」的態度，才能贏得學生真心的敬愛。

三、師生溝通的特性

師生溝通是屬於人際溝通的一環，在師生溝通的互動過程中，教師與學生均同時扮演著訊息的發送者與接收者，在這兩種角色相互牽引、運作下，教師要完成「傳道、授業、解惑」的職責，而學生也達到「學習、成長、成熟」的任務，因此師生溝通更具有獨特的意義存在。基於上述的觀念，我們可以歸納出師生溝通的幾個特點（潘正德，民 82 ）：

(一)師生溝通是連續的、動態的、流通的過程；只有開始，而沒有結束。

當師生之中只有一方「聆聽」、擔任接收訊息者時，不能算是互動的溝通，而必須是接收者在收到訊息時，同時扮演發送者的角色，主動的「回饋」，以驗證是否接收無誤，才能算是完整的師生互動。「聆聽」只能瞭解對方在說些什麼，「回饋」及「驗證」才能促進雙方真正的瞭解。

(二)教師學生的溝通必須藉助有效的媒介

師生溝通是雙向而不拘形式的，舉凡語言、文字、肢體動作，甚至一個眼神，只要能夠達成心靈的交流，都能使彼此的關係融洽而愉快。反之，負向的溝通——打他、罵他，即使是基於愛他，卻適得其反。

(三)師生溝通的內容很廣泛

教師與學生溝通的內容，其範圍比單純的課本教材為廣，除了認知層面以外，還包括情感、態度與行為層面的內容。除了傳統教師「傳道、授業、解惑」的職責外，現代教師還必須和學生維持「亦師亦友」的關係以真心對待學生，而非以教師為中心的「說教」。基於此種朋友般的角色，教師和學生就不僅只有書本上、課堂上的傳授知識，更包括生活上、心情上的分享、情感上的交流。有時，為了和學生打成一片，對於偶像明星、職棒、職籃的明星球員，老師更是不可不知，以免被學生列為「古董級」老師而不喜歡接近。

(四)師生溝通的結果通常可達到某種預期效果

師生間若彼此願意懷著先開放自己及改變自己的態度來溝通，會有許多意想不到的效果：在人際關係方面師生能促進彼此間的瞭解、體諒，老師不再是高高在上的「執法者」，學生也不再是老師眼中的「搗蛋鬼」；在班級氣氛上，溝通可以使學生瞭解老師的希望，建立共識，大家分工合作，凝聚班級的向心力；在自我成長方面，溝通能夠適度的表達情感，卸下偽裝、捐棄成見、偏見。師生透過溝通好好相處，學校生活不啻是一種快樂的泉源，學生不再視上學為畏途。

師生溝通的影響因素

　　要有「成功的溝通」並非一蹴可幾，因為溝通的路上障礙重重，其中有溝通者自己所築起的一道道「心牆」，如個性、觀念、態度等，也有在溝通環境中的干擾，另外溝通者的生長、家庭、教育背景所造成的思想、觀念及情感差距更是不容忽視。以下部分就將師生溝通的影響因素，也是師生溝通路上可能出現的障礙，一一加以探討：

一、教師方面

　　金納曾描述擅於應用「和諧溝通」的教師表現，和不適當的表達方式如下（蘇萍，民 82 ）：

不良溝通型的教師表現	和諧溝通型的教師表現
1. 尖酸苛薄，愛譏諷學生。	1. 傳達適切的訊息－針對情境而非學生的人格特質。
2. 攻擊學生的人格特質。	2. 適當表達憤怒。
3. 強求學生合作。	3. 請學生合作。
4. 標記學生，如懶惰、愚笨等。	4. 接納學生的感覺。
5. 否定學生的感覺。	5. 避免對學生標記作用。
6. 嘮嘮叨叨。	6. 以適當的引導來改變學生。
7. 不能控制情緒。	7. 避免讚美的危險。
8. 以讚美為控制學生的工具。	8. 矯正學生時乾淨俐落，簡單明瞭。
9. 不以身作則。	9. 以身作則。

我們都知道教師在溝通上應扮演積極主動的角色，避免師生間處於緊張不安的氣氛中而影響學習效果，所以建立「和諧而可靠的溝通」是必須的。我們從金納所描述的擅用和諧溝通的教師與不良溝通的教師行為表現出發，進一步來分析教師的那些行為會影響溝通：

(一)教師權威

教師具有某種程度的權威，這點應不容置疑。一般而言，教師的權威一部分來自傳統，由社會制度和教育制度所賦予；一部分來自知識的專業權威。但是在變遷快速的現代社會中，師道尊嚴已受到民主潮流的挑戰，學生獲得知識來源的管道增加，在課本以外的知識可能超越老師，這些都說明了現今教師不能以強迫權威來指揮、命令學生，要憑真本事來贏得學生真心的信任與服從。若教師仍習於以權威來壓迫學生服從，會減少與學生之間的親密感，雖不致造成師生溝通的停滯，但多少會使溝通趨向於單方面的、被動的。溝通雙方應該是平等的，沒有尊卑之分，若有一方為維護自己較高的地位，而以命令、指揮的口吻來強迫對方聽從以顯示自己的權威時，就無法進行雙向的溝通，而只是單向的服從（潘正德，民82）。

(二)教師的人格特質

人格特質是一個人長久而穩定的外在表現，其中有正面的良好特質，也有負面的不良特質。正面特質如樂觀、進取、情緒穩定、溫和、善良、尊重等，是有利於師生溝通的；負面特質如悲觀、暴躁、易怒、固執、刻薄、主觀、冷酷等，則有礙於師生溝通（潘正德，民82）。例如情緒不穩定的教師，常會因想像而擴大了刺激的力量，情緒會因此而比一般人激動，也易「感情用事」，而以情緒性的語言來宣洩，喜怒無常，所以在溝通時易與人產生情緒感受上的差距。過於主觀及自我中心也是溝通時的障礙，因為過於強調「我」的「與眾不同」後，就會由「自我防衛」而變得「剛愎自用」，由只為自己設想而變得自私自利。師生雙方的個性若是內

向、拘謹，溝通時通常只有被動的回應；若是遇到急躁的老師，往往會因為「一針見血」的陳述而使學生受到傷害。在師生溝通中，上述的人格負性特質皆會使溝通的效果大打折扣，老師應盡量去避免，或將其影響力減到最低。

(三)教師的專業能力

這裡所指的專業能力包括教師的學識基礎、品德修養、教學能力，以及專業職志等。身為教師，需具備自身任教科目的專業知能，這是無庸置疑的。但空有滿腹經綸而獨缺教學能力，恐亦無法將所欲教導的知識完整而有系統的傳達給學生，而這種教學能力，多半與老師口語溝通的技能相關。溝通，即是要讓學生聽懂老師所傳遞的訊息，因此要視學生的背景、學生所感興趣的主題等來選擇溝通的內容，如此才能建立師生間的互動溝通（潘正德，民 82 ）。

更進一步說，溝通時教師應具備的專業能力最起碼應包括「說的能力」、「聽的能力」和「覺察的能力」，敘述如下（王淑俐，民 81 ）：

1.說的能力

「簡明扼要」是教師說話的要訣，學生的組織、理解力有限，所以不要把話說得很糊塗、冗長，這樣學生不容易抓到重點，有時候還會嫌老師太囉嗦，且批評、責備的話語常不易拿捏，在「愛之深，責之切」的情況之下，「忠言」常常「逆耳」，發揮不了效果。

2.聽的能力

由於學生表達能力有限，聰明的老師就要學會在聽完一大段話之後抓出重點，找出問題的癥結，聽出學生內心真正的意思或弦外之音，才能繼續溝通。此外，還要避免另一種假相的溝通，意即光說不聽，若老師只習慣於說自己的，不讓學生有機會發言，這種沒有心聲交流的溝通，永遠都

只是單向的傳播，不能彼此瞭解及分享。所以教師聽的能力也是很重要的。

3.察覺的能力

溝通不單靠嘴及耳，還要依賴另一項相當重要的媒介——眼睛，它可以表達個人的情意，也可以用來覺察對方的反應及感受。教師在對學生說話時，眼睛可以表露關懷之色，同時也可以覺察學生言語的真偽以及學生是否真把老師的話聽進去了。

㈣教學經驗

教師的教學能力、溝通表達能力和經驗不一定呈正相關，但有一點是無庸置疑的，那就是教師實際的教學經驗往往不是從教育心理學等教科書上所能獲得的。經驗的累積，可以使教師熟悉學生的各種狀況，也較能由歸納分析中得知同一年齡層的學生究竟腦袋瓜中想些什麼，由此可以避免摩擦、對立，而使溝通朝向更正向、積極（潘正德，民 82 ）。例如輔導學生時，若知此生較「好面子」，老師在溝通時則應多捨棄批評、斥責，多鼓勵或是與該生協商訂立契約，信任該生下次能避免再犯同樣的錯。學生會因得到老師的信任而努力去改進，達成自己立下的承諾。這樣的方法，既保住學生的「面子」，也不失「裡子」。

㈤教師期望

許多相關的實驗研究證實：教師對學生的期望，往往會造成「自我應驗預言」（Self-fullfilling prophesy），或稱「比馬龍效應」，也就是說，老師對學生的「期待」，會影響學生日後的表現。當老師對學生寄予「高期望」時，不知不覺間可能給予較多的讚賞與鼓勵；而被老師視之為「朽木不可雕」之類的學生，可能就會表現出冷漠、疏遠與挑惕的態度。學生的表現會跟著老師或父母期望的方向走，當學生感受到老師的「高度期待」時，則表現的成就水準較高；反之，則會自暴自棄，提早放棄自己。

所以我們可以知道，並不是教師的期望會直接影響師生溝通，而是教師的期望會透過可察覺出的言行舉止態度來對學生產生影響，使低成就的學生長期感受到教師所給予的挫折與冷漠，而漸漸對老師「望之卻步」，產生「反正怎麼說都沒用，老師又不瞭解我」的想法，自然師生的溝通就會被層層築起的障礙所阻隔。所以教師應避免先入為主的成見來影響師生溝通的態度，而專業的訓練能幫助教師給予學生公平合理的期望。

二、學生方面

我們都知道人際間的相互瞭解、情感的交流及信任感的建立等，都可以使溝通的效果增加，而師生溝通亦然。在傳統的觀念中，為人師者擁有絕對權威的地位，隨著時代的演進，在今日，教師絕對的權威只會造成師生間的冷漠、對立、甚至衝突的現象；相反的，要推動師生間良好的溝通過程，教師必須「放下身段」去瞭解學生，扮演主動積極的溝通主導者。所以在這之前，對於影響學生溝通意願或反應的種種因素要加以瞭解，以下就來探討這些因素：

(一)學生的舊經驗

在前面的文章中，我們已經提到過：「學生的組織力、理解力有限，所以溝通時老師應盡量避免用學生無法『解讀』的文句。」在學生接收到訊息時，他會用感官及知覺系統去觀察，解釋訊息的意義，在同時，也會嘗試由舊有的經驗中去提取相關部分來和新的訊息產生聯結。教師發出的訊息如果超出學生所能察覺的程度，則學生無法瞭解學生真正的意思；要是教師的訊息被解釋成不愉快、不友善，或與以往痛苦的經驗相聯結，則學生往往選擇逃避、抗拒、排斥等消極的反應方式（潘正德，民 82 ）。所以有經驗的老師會在溝通之前對學生家庭背景、學生經驗中的特殊事件及學生性格等先作認識，溝通時就能針對個別學生的語言背景去用適當的

字眼，也能避免挑起學生經驗裡不愉快的經驗而使溝通中斷。例如自尊心強或性格強烈的學生，最討厭當眾受到斥責，如果老師在眾人面前不顧全他的面子，毫不客氣地指出他的錯誤，那麼學生會為了護衛自己的尊嚴而不惜奮力一搏，拼命辯駁。如此一來便會使溝通中止。有時候老師斥責學生時所用的不當譬喻會觸及學生的痛苦經驗或家庭，使當事人聽起來有如萬箭穿心，其痛苦無可名狀。例如說學生「阿達」、「瘦竹竿」、「矮冬瓜」、「胖小豬」、「啞巴」、「髒鬼」、「十三點」等，不但有損學生人格，有時候也擴及了學生的家人，使學生感到難堪（王淑俐，民81）。

(二)學生的期望

　　教師對學生期望會產生「自我應驗效應」，這是在前段文章中已述及的。現在，我們來談談學生對老師的期望：學生也會需要老師的關心、注意、讚賞和關愛等，這是學生的期望。當學生這些希望落空時，大多數的反應是挫折、失望、難過的情緒，甚至報復、自暴自棄的行為。例如全班努力於整潔工作、維持良好的秩序，結果獲得比賽的前三名，心中當然會雀躍不已，期待老師的讚賞。但是老師若不聞不問，或只是說「喔！你們終於有點進步了！」等話語，則學生的士氣會遭受打擊，下一次或許不這麼努力了。又例如老師只對班上幾位「才子」「才女」型的同學讚賞有加，對成績突然有進步的學生卻不聞不問，會使其他學生感到心灰意冷、自暴自棄的想：「我再怎麼努力也沒有王小明棒」。當學生期待的關心或讚賞被老師不經意忽略時，無形間已築起一道阻礙師生溝通的牆了。

(三)學生的偏見

　　人與人交往中，常常會受到刻板化印象或第一印象的影響，在還沒有足夠瞭解或認識對方之前，即驟下定論。師生間的接觸往往亦是如此；老師常會犯下因對某生第一印象不佳或對某類學生有成見，而對他們表現出主觀的否定或排拒。而學生在面對老師時，也會發生類似的障礙（王以

仁，民 79 ）；例如學生常會有「訓導處的人員就只會找學生的麻煩」、「我就是討厭教數學的老師」等預設的偏見，有時可能只是因為以前曾被訓導處人員糾正服裝不整或是數學學業成績總是不佳而產生的。對於這類的學生，老師在溝通之前要先瞭解，並嘗試以學生的立場來替學生考慮，才能有希望打破僵局，讓學生拋棄成見，學習重新接納老師。

三、其他方面

在師生溝通時，整個大環境中也會有一些干擾的因素，例如環境中的噪音會造成師生溝通的嚴重干擾。教師在溝通過程中，會全力傳遞知識或情感等訊息，此時學校播音系統的廣播、教室外施工的吵雜聲、球場中傳來的嘻鬧聲，都是一種干擾的訊息，有礙溝通的進行。此外，教室中座位的安排及溝通中所使用的非語言等，皆會影響師生溝通的進行，進一步詳細說明如下：

(一)座位安排

教室內座位的安排，往往也會影響師生的互動。例如：在傳統式座位編排法中，前半段或偏中間的學生往往較能接收到老師「關懷的眼神」，與教師較多溝通與互動的機會；至於位在教室偏遠角落的學生，由於缺乏與教師的溝通互動，上課時常做自己的「春秋大夢」，「釣魚夢周公」去也；在馬蹄形座位編排法中，學生參與活動的機會相等，但是教師如果習慣性的將注意力集中在正前方，則仍無法兼顧左右兩側及較外圈馬蹄形的學生；而在小組式座位編排法中，學生與學生之間有較多互動的機會，但老師與學生的溝通卻較困難，為了增加互動的機會，教師必須在小組間經常走動。由上述可知座位安排的確會影響師生互動與溝通的成效（潘正德，民 82 ），老師要衡量各種座位安排法的利弊，去選取最適合自己和學生的座位安排。

(二)非語言訊息

師生溝通的首要媒介即是語言，除語言外，當然還要輔以文字、佈告、書信、教具、手勢、肢體動作等工具。其中教師以文字、小紙條、給學生的信等來傳遞訊息的方法，我們將在實例部分提供一些有經驗老師的作法，以供參考。在這一部分，我們將著重溝通時肢體語言（body language）所表現出的訊息。

Mehrabein(1972)分析溝通中的三種管道：面部表情、音調和語言內涵三者對產生整體好感喜歡的相對貢獻比例，得出下列的式子：整體喜歡＝55% 面部＋ 38% 音調＋ 7% 語言內涵。這個式子說明了，在傳達情感的訊息溝通中，非語言的成分比語言的內容更重要。當訊息傳送者的語言與非語言表達不一致時，我們通常會選擇相信非語言表達的部分。所以當一個人撒謊作假時，常可以從他的身體語言中察覺出來（李美枝，民 83）。當教師能夠抓住學生溝通時臉部表情或肢體動作所表露出來的非語言訊號時，將能更成功的掌握學生內在的真實情緒和情感，同時教師本身將更清楚知道如何透過溝通時臉部表情或肢體動作的運用（如微笑、拍肩等動作），讓學生感受到老師真正的關懷之心。所以，如何避免非語言的反面阻力，而發揮其正面助力，以啟發師生間良好的溝通，值得教師們注意。

有效的師生溝通原則

當一位老師自己問自己或是向別人問到這個問題：「為了改善師生間的關係，增進溝通能力，我該做些什麼？」，這時你可能會有以下的答

案：該謙虛一點、該輕鬆一點、該主動一點、該多笑笑、該主動和學生點頭微笑打招呼、該真心去瞭解學生想些什麼、該放下老師高高在上的「身段」……等。這些是每個老師都可以答的出來的「正確」答案，雖然許多有關溝通的書都提到如何增進師生溝通的原則，但其實每位老師早就瞭解並熟知這些原則了，因為你我都曾經走過學生時代，都期盼過老師對自己多關懷一點，所以只要回想過去自己對老師的期盼後，就不難知道要如何才能改善師生關係，增進良好的溝通效果。在這部分仍將「不厭其煩」的提供一些教師們已知或未知的有效師生溝通原則來分享，希望能有所啟發（王淑俐，民 81、84；李美枝，民 83；張炳煌，民 82；張德聰，民 82；潘正德，民 82）。

一、接納學生

　　接納是溝通的第一步，接納包括願意傾聽、願意瞭解、願意與學生同行。正值青少年期的學生是情緒與行為較易衝動的時期，老師應以接納的心情予以輔導，但基本上我們是接納學生這個「人」而非其不當行為。在師生溝通過程中，教師有時必須擔任聆聽者的角色，而所謂「積極的聆聽」表示教師願意花時間去聆聽學生的真實感受，衷心接納學生的意見與感受，並進一步樂於幫學生找出問題的癥結、解決問題，不要反客為主，急於表達自己的看法。若是學生不願說（可能還未與老師建立信賴關係）或心理上還未準備好，教師必須容忍，再安排選擇一適當時機來吐露心事。

　　接納也代表教師必須接納並反應學生的情感，令學生感受到關懷與支持，得到情緒上的疏解，就算不能實際幫助解決問題，學生心裡也會好過得多。以下是一個積極接納聆聽的實例（許麗玉譯，民 81）：

　　這個故事是一位三年級老師說的：

「在中午的值日時間，每當小孩哭著跑來找我，我都不去探究原因，只是安慰他，他的眼淚就會收住，臉上表情也有所改變，彷彿在說：『您瞭解我，謝謝！』」

「有一回我在午餐室時，八歲的雷蒙禁不住地哭著進來。當時，很難看出他哭的原因。然而，我恍然大悟，詢問原因其實並不重要。他來找我，只是為了『安慰』，不是為了『診療』。於是我撫摸他的頭說：『我知道，雷蒙，我知道。』當我說出各種不同的同情話時，他慢慢地鎮定下來。他沒發覺有必要向我解釋哭的原因，就稍帶微笑地走回座位。」

二、多與學生接觸

老師與學生溝通之前，需多花點時間去瞭解學生，包括(1)學生的行為（含口語、非口語行為）；(2)情緒反應及表達情緒的方式；(3)學生的綜合表現（學業、求學態度、興趣、性向）；(4)交友狀況（班級人際關係、重要他人的影響）；(5)觀念想法（人生觀、父母的期望）；(6)家庭背景等狀況。瞭解學生的方法有很多，教師可多利用各種正式或非正式的機會與學生閒聊，詢問是否有學習或生活上的困難，我相信教師真心樂意去幫助學生，必會讓學生感到溫馨、親切，自然會想多親近老師。

老師除了利用各種機會和管道去瞭解學生外，更可以「製造機會」，如平日週記上可訂定一些計畫的主題如——(1)我的特色；(2)我最有成就的一件事；(3)我最討厭的人；(4)我的家；(5)如果我有困難我會找誰商量；(6)我的志願；(7)我對自己的十個形容詞；(8)我最喜歡的老師；(9)我們這一班……等，藉由學生字裡行間所表達的訊息，老師可以瞭解學生本人，也可以由學生對其他人的敘述來約略瞭解班上其他學生的動態，當然這是輔助的工具之一，並不能全然信之，若有機會時，還是要輔以和學生面對面的溝通，才能對學生有一較完整的認識。

三、建立親切、開明的形象

通常學生與教師間會因畏懼而產生疏離感，而新新人類更是認為「教師是屬於老一輩的人類，他們才不懂我們的想法」，因而更排斥老師。若要使學生敢於、樂於和老師溝通，老師在平日就要努力去建立起親切、開明的形象。在平時、老師就要常面帶微笑、笑口常開，慈祥與愉快的笑容是學生一致公認最喜愛老師的特質之一。在徵詢意見時，多採納學生的建議，這也是尊重學生的表現。老師要多瞭解學生，同時也要開放自己讓學生清楚老師的心境與期望，進而才能互相接納。老師可以試試設計某些表格來表達和學生溝通的誠意，願意接受學生的批評與建議，願意為學生改變自己，建立起一個民主、開明的老師形象。以下是王淑俐教授（民84）所設計的一張「老師的成績單」，誘使學生說出對老師的看法（最好採無記名的方式，以增加安全感；也可採選擇題的方式）。問題可包括：

老師的成績單

一、你最喜歡老師的那些地方及表現？

二、你最希望老師改進的缺點是什麼？

三、這學期這門課對你來說有什麼幫助及收穫？

四、對於這門課的上課方式，你有什麼建議？

五、給老師這學期的表現一個分數，並說明為什麼？

四、善用肢體語言

肢體動作是無聲的語言，常會洩露心中的秘密，展現更豐富的意義。例如：雙眼不斷眨動、不敢看對方，可能表示心虛、沒有自信；微笑本身傳遞著：「我喜歡你」、「見到你，我感到愉快」的非語言訊息，給人親切溫暖的感覺；不常點頭、笑得不多、姿勢僵硬、視線接觸較少時，可能表示撒謊。適當的肢體語言，可促進正向互動，使溝通持續下去。

教師在與學生溝通時，是直接面對學生。點頭和微笑可用來表示對學生的關切，用眼光來表達對話題的專注和興趣。這些看似簡單，做來卻不易，有時老師在下課時間內與學生溝通，因時間短，又有別的事忙，所以常邊看文件邊與學生聊，會造成學生感覺老師無法和他對談，有些內向拘謹的學生甚至覺得佔用老師的時間會愧疚，下次就不會再找老師談。如此無心的小動作，也會影響溝通的持續。教師在與學生溝通時，目光應柔和地平行注視學生，保持微笑及柔和的表情，微傾向學生，切勿有雙手交叉胸前表示一種防衛性的姿勢，令人難以親近。

五、控制情緒

溝通時情緒失控，不僅事後會自覺失態，說出話有覆水難收之憾，且不愉快的感覺已經形成，有時會對學生造成傷害，不易平復。有些教師在生氣動怒時，說出的話比較粗魯、尖銳，甚至連尖酸刻薄的字眼都出現了，比如：「你怎麼那麼笨？你是天生遲鈍嗎？你是我們班上的害群之馬，讓我們丟盡臉了！」，不幸的是，老師生氣時，學生總是戰戰兢兢的注意聽，所以這些「毀滅性」的話語，有可能就此影響到學生的一生以及產生排斥老師的心態。所以老師應減少情緒化的表達，確實做到「生氣時不說話，說話時不生氣」，並不斷自我暗示：「冷靜點，聽聽看他在說什

麼。」，即使在狂怒下，也慎勿說出誹謗的話，盡量就事論事，不論及品格個性。

　　老師並非不能生氣，而是如何表達怒氣。我們不妨再從另一觀點來看，老師生氣時，反而是老師表現良好語言能力的機會，老師可以用豐富的詞藻以發洩一切惱人的怒氣，像「這令我覺得不舒服」、「老師對這件事感到洩氣」……等類的話語，取代「你是害蟲」「看你幹了什麼好事？」「你真笨」等涉及對學生品格批評的話語。當生氣時，好老師會清晰而肯定的提出要求，但避免用侮辱和貶抑學生的句子，而且越簡單越好。老師生氣時，學生所有的注意力都集中在老師身上，聰明的老師反而可以藉此機會增進學生表達情緒的字彙能力，因為學生可經由模仿而學習。教師可同時表達情緒又示範表達技巧（金樹人譯，民 82 ）。

　　以下提供幾個例子，由甲老師和乙老師的反應，我們可以看到甲老師就事論事，傳達關心與愛護；乙老師評價學生的品格個性，引發的是焦慮和憤怒。由此我們就很容易瞭解有效溝通和無效溝通之間的差別，也可體會到老師如何在生氣時也能不含侮辱的表達怒意，表現出最高「生氣的藝術」（許麗玉譯，民 81 ）：

　　　　有個小孩忘記把書還給圖書館。甲老師專注於這個情況，他說：「你應該還書給圖書館，快過期了！」，乙老師卻針對那個小孩的品格說：「你這樣不負責任！總是拖延遺忘的！為什麼不把書還給圖書館呢？」

　　　　有個小孩打翻油漆。甲老師針對這個情況說：「喔！我看見油漆打翻了，快拿水和抹布來，好嗎？」，乙老師卻針對那個小孩的品格說：「你就是這麼笨手笨腳，這麼粗心！」

　　　　有個青少年蓬頭垢面、衣冠不整地到學校。甲老師就事論事說：「你的衣著儀容的確需要改進。」，乙老師就他的品格說：「你渾身上下沒有一處是乾淨的，衣服不整潔，頭髮又骯

髒。你呀，連腦袋瓜都不是正常的。除非你改進，否則我要把你趕出教室。」

有個小孩的西班牙文不及格。甲老師針對這個情況說：「我關心你的西班牙文成績，你要加油呀！我能幫忙嗎？」，乙老師卻針對那個小孩的品格說：「你既聰明又伶俐，怎麼會不及格呢？你最好發奮用功才是。」

六、發揮幽默的力量

遇到溝通困境時，多數人會覺得尷尬，臉色一陣紅、一陣白，但幽默者常會以此取笑自己來自娛娛人，轉化尷尬及暴戾的氣氛，製造輕鬆及歡笑，自己也會豁然開朗，減輕心中許多的負擔。在教師的人格特質中，樂觀及幽默感十分重要。遇到樂觀及幽默的老師，學生可以在無壓力的氣氛下快樂的學習，就算犯了錯被老師指正（這類老師的指正方式也較幽默、無壓力），也能欣然改過。反之，若老師古板，禁不起學生開玩笑，一本正經，使學生上課感到枯躁乏味，有事情也不敢找老師商量，會使師生間溝通不良（王淑俐，民 84 、民 81 ）。

相信有許多教師遇到學生對其長相、外表開玩笑時，即使不勃然大怒，找出那位「不知好歹」的學生來臭罵一頓，也會略感生氣，但以下的實例中，教師的表現是成熟的，不會為一個學生戲謔的玩笑而「展開攻擊」，也不嘮叨地說教，取代的是對學生創造力的鼓勵；而另一位老師則是以智慧之語來化解一場尷尬，並打動學生。我們來看看他們用了那些幽默式的語言來化解掉這場危機（許麗玉譯，民 81 ）：

藝術老師看著黑板上塗著一張他的臉孔漫畫，那樣子既刻薄明晰，又很滑稽。此時全班正等著瞧他的反應。他感到興趣

地加以觀察，然後說：「畫的太棒了，我捨不得立刻擦掉它。先請那位畫家描一份在紙上給我吧！我向那麼一位才氣橫溢的藝術大師致敬！」。

　　有位老師就要到某所學校開始給少年犯上課。他心中不安，因為這第一堂課是未來成敗之所繫。當他快步走向講台時，不小心摔了一跤跌在地上，全班哄堂大笑起來。這位老師慢條斯理站了起來，直起身子說：「這就是我給你們上的第一課：一個人可以仆倒，而仍然可以再站起來。」，鴉雀無聲之後接著是一片鼓掌聲。老師這句話被接受了。

七、多讚美、鼓勵

　　讚美與鼓勵是一種「打氣」的方式，可以幫助人建立自信、激發勇氣。鼓勵也是一種發掘對方優點的方式，因為中國人的文化強調謙虛、自抑，人往往不易看到自己的優點，反倒容易建立負面的自我概念，因此誠懇的嘉許別人的優點，常能引發對方強烈的好感。目前在學校中，教師似乎批評、指責學生過失的時候多，因為教師每日工作繁忙，只在學生做錯事或命令他時才會把學生找來，對學生說：「這樣做不好、那樣做不該」，卻很少在學生做得很好時把學生找來，對他說：「你做得好極了，這樣做我很喜歡」，所以久而久之，學生視與老師交往為畏途，以為老師找他就是要「審問」他。在平日，當學生有進步時，教師就要予以適時的鼓勵、誇獎，不一定是文字或語言，一個點頭、一個微笑、拍拍肩膀，雖然只是一個小小動作，往往能夠建立學生的自尊與自信，發揮意想不到的鼓勵作用。

　　值得注意的是，讚美的話語具有建設性，也具摧毀性，也就是說評價式的讚美有摧毀性；讚賞式的讚美有建設性。或許有人會問：要如何知道

讚美是評價式，亦或讚賞式呢？我們進一步來看讚美的過程即可瞭解：「讚美包含兩部分：我們對學生說的話以及學生反過來對自己說的話。」教師對學生讚美時，應該表示賞識學生的努力，工作的成果，或只陳述喜歡之處，然後學生根據老師的話來給自己下評論，我們可以說：學生對自己下的結論才是積極且有建設性的。例如（許麗玉譯，民 81 ）：

十二歲的瑪西亞幫老師重新整理班上圖書館的書籍。老師避免對個人的讚美（例：「你做得好！你工作努力！你是個好圖書管理員！」），而只描述瑪西亞的成就：「這些書如今已井然有序，同學們可以容易地找到想要的書。這件工作很難，但你做到了。謝謝你！」老師的賞識讓瑪西亞自作推論：「老師喜歡我的工作表現，我是個良好的工作者。」

在學校生活中，老師「愛的鼓勵」是不可少的部分，教師要在平日就練習說鼓勵的話，每天可找一位學生為對象，至少讓自己練習說一句鼓勵的話，可以試試以下的例子（王淑俐，民 81 ）：

◎這件事你做得很好，很多細節都注意到了。
◎你考慮得很週到，做事能舉一反三，很有辦事能力。
◎今天特別不一樣哦！能主動幫助別人，老師為你感到高興！
◎你的點子很有創意，值得嘗試。
◎你的學習能力很強，又很細心。
◎你的成果令老師感到很有成就。
◎你的看法很有突破性，相信對事情的解決會有相當的幫助。
◎有勇氣，就已成功了一半，再放鬆些，相信對事情的解決會有相當的幫助。
◎你很努力，用心可嘉。

◎你越做越好（越唱越好，越……）。

◎我對你很有信心。

◎這麼難的事你都做好了，真不簡單。

「教學是一種藝術，此種藝術需揉合愛心與技術」，這是許多教師都熟知的基本概念。可惜的是：許多教師不知如何來實現這個理想，有些老師則是心中有無比的愛，但卻無法技巧性地設法讓學生瞭解自己的善意與真誠，所以無法引起學生的共鳴。師生關係的增進是需要良好的溝通才能達成；適當的溝通是以愛為基礎，但還需要藉助溝通的技巧。所以，若能把握溝通的原則，善用溝通的技巧，教室便會成為一處快樂的學習場所，當然您也會成為學生心目中受歡迎的好老師。

實例

實例一

師生溝通的管道

出處：張炳煌著（民 82）：如何透過溝通建立師生關係。學生輔導
　　　　通訊，25 期，35 頁。

解說：溝通的方式很多，運用之妙存乎一心，只要能夠把握住溝通原

則。在此一實例中，張老師提出一些省時的溝通方法以供參考，列舉其活動如下：

一、充分利用聯絡簿

聯絡簿之功能除了功課之備忘、親師聯絡外，更可以為親師每日談心的園地，利用自我反省欄讓學生每天以「小日記」的方式，除了自我反省，亦可向老師說出悄悄話，重要的是老師每日必須親閱，以免其他同學看到失去公信力，並可及時給予回饋。隨時將孩子當日之優良表現記錄於學校記事欄，尤其以口語的方式書寫最為親切有效，如：「小華：你今天幫助同學……老師知道你是個熱心的好孩子，願分享你助人的喜悅與光榮。」雖然看似平凡，學生的自信與成就感卻油然而生，不失為溝通良方。

二、善用慶生會

每月初舉行慶生會是溝通的好機會，尤其對於內向又缺乏自信的學生，更別忘了把握優點轟炸的時間，當同學們一一陳述壽星的優點後，老師可別忘了也給予壽星讚美，無形間幫助他建立在班級中的地位，更讓壽星知道在老師心目中自己有這麼多優點，師生間的距離又縮短許多。若用生日卡表達壽星優點及對他的期許，讓其感受到老師的關心與愛心，也有異曲同工之妙。慶生會中「許願」和「快樂分享」（壽星說出自己的感覺）是壽星表達自己的時間，彼此的互動也更加深了慶生會的意義。

出處：陳貞舟著（民83）：國中教室中的班級氣氛與師生溝通。載
　　　於黃政傑、李隆盛主編之班級經營——理念與策略。台北：師
　　　大書苑，271－276頁。

解說：我們都知道師生溝通中，光有愛是不夠的，最重要的是如何
　　　「技巧性」地讓學生知道老師的關心。老師不但要會「說」出
　　　心中的「關懷之意」，也要能夠積極的去「聽」學生內心的感
　　　受。能夠雙向的交流才是真正的溝通。以下就介紹陳老師所提
　　　示的一些「聽」與「說」的技巧，簡單易行，值得試試：

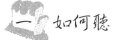

　　消極聆聽．(1)口頭上「嗯」、「好」……等。

　　　　　　　(2)眼神或姿態表現專注或沉默。

　　　　　　　(3)根據聽者的經驗採取「建議」或「教導」的方式。

　　積極聆聽：(1)掌握潛伏於學生溝通中的情緒（回饋情緒）。

　　　　　　　(2)把這情緒正確地反應出來（簡短問話）。

　　例如：本學期只能得到「丙」等成績，雖然本學期一直拼命用
　　　　　功，本來預期成績會更好，但……

　　學生的心情：灰心

　　老師的應對：老師聽起來你已經盡了力，但不能達到預期
　　　　　的結果，所以使你失望了嗎？

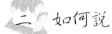 如何說

1.多用「你訊息」，少用「我訊息」。「我訊息」的特徵就是對事不對學生的行為做好或壞的評價，而只是表達老師自己怎麼想，把老師的心情照實表達出來。

2.表達方式如下：

(1)說出具體事實。

(2)說出具體影響。

(3)說出心中感受。

例如：學生甲每次不認真打掃

老師甲：你很懶，你每次掃地時都亂跑，如果你再這樣……

老師乙：(1)老師看到你打掃的地方不是很乾淨。

(2)我要再請同學到校園裡找你回來掃。

(3)我覺得很累，也很難過。

實例三

肢體語言溝通

出處：董媛卿著（民82）：輔導者常用的肢體動作。教師天地，63期，74 － 76頁。

解說：肢體語言在師生進行面對面的溝通時，往往傳達比語言還要多的訊息。教師經常會有機會和學生個別的晤談或小組晤談，此時要特別注意身體的姿勢和臉部的表情，不要做出和口語表達

不一致的動作，讓學生收到一種「前後矛盾或裡外衝突」的訊息，而產生對老師的不信任感，減低下次師生溝通的可能性。以下就介紹師生溝通時教師常見的肢體動作所表達的訊息：

一　眼神接觸

　　眼神可以當作一把利劍來逼視來談者，也可以當作一池清水來化解其怒火。當老師想強化口氣時，眼光可以凝聚，變得有威嚴，讓學生不得不低頭或避開眼光。當老師想軟化來談者的怒火時，可以收斂其餘光，變得柔和親切，讓學生的怒氣被澆熄一半。

二　臉部表情

　　老師心裡想的與嘴巴說的一致時，整張臉的線條是曲線一致的，讓學生覺得沒有矛盾的跡象而信任老師的話。當老師有所保留或壓抑時，臉的線條會有不同的曲度，讓學生覺得不協調或不對勁，而遲疑不敢信任老師的話。

三　頸的角度

　　當老師向上抬頭超過三十度時，學生會覺得老師好像在思考或批判他，而不是先傾聽其心聲和問題。當老師向下低頭超過三十度時，學生也會有話講不下去的感覺，因為他覺得老師好像已經對他下了斷語，而不想再聽他的解釋和理由。

四　手勢

　　當老師想說出對學生的感覺時，雙手可以由胸前轉向外，讓學生感受到老師想把心思掏出來，而信任老師的話。當老師希望學生特別注意某一句話時，右手可以突然揮出或指向來談者，讓學生眼前突然

出現手勢而不得不集中注意。當老師認為學生必須採取行動時,手可以拍在膝上或桌上,讓學生感覺到老師堅決之意而變得堅強起來。

五 站姿

當老師兩腳並立時,一副全神貫注的樣子,讓學生覺得被人尊重或關心的感覺,而變得謹慎自愛。當老師一條腿直立、一條腿斜放時,老師好像輕鬆自如,讓學生覺得老師頗有自信的感覺,而變得較為自然、不做作。

六 坐姿

當老師坐滿整張椅子時,好像有一種「四平八穩」的模樣,讓學生覺得老師是有備而來。當老師只坐椅子的前半面時,好像有點往前傾的模樣,讓學生覺得老師專心在聽其傾訴。當老師斜坐在椅子上時,好像有一種「懷疑不信」的樣子,讓學生無法談真心話。

七 唇形

當老師的口角拉平時,好像正處於學生剛說的內容。當老師的嘴角下垂時,顯示聽到令其生氣或不高興的說話內容。當老師的嘴一方上翹時,顯示聽到很有趣的談話內容。當老師的嘴嘟起來,有一種不同意的念頭出現。當老師的嘴兩方都拉起時,似乎表示已開始接納學生的話了。

參考書目

王以仁（民79）：強化師生溝通能力。學生輔導通訊，11期，26－30頁。

王淑俐（民81）：有話好說——邁向圓融的人際溝通。台北：南宏圖書公司。

王淑俐（民83）：為師最樂——現代師生倫理與溝通技巧。台北：南宏圖書公司。

王淑俐（民84）：我可以教得更精彩。台北：南宏圖書公司。

李美枝（民83）：社會心理學。台北：大洋出版社。

金樹人譯（民82）：教室裡的春天。台北：張老師出版社。

許麗玉譯（民81）：老師怎樣跟學生說話。台北：大地出版社。

張炳煌（民82）：如何透過溝通建立師生關係。學生輔導通訊，25期，32－35頁。

張德聰（民82）：如何透過溝通建立師生關係——青少年篇。學生輔導通訊，25期，36－41頁。

曾阿南（民81）：論教師期望對學生的影響。學生輔導通訊，4期，68－72頁。

潘正德（民82）：如何建立良好師生互動關係。學生輔導通訊，25期，24－31頁。

蘇萍（民82）：師生溝通的時代意義。學生輔導通訊，25期，15－18頁。

8

有效處理學生不當的行為

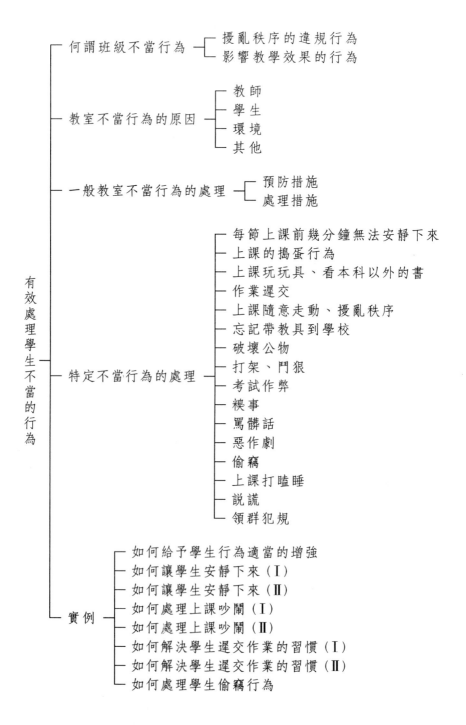

何謂班級不當行為 ┬ 擾亂秩序的違規行為
                └ 影響教學效果的行為

教室不當行為的原因 ┬ 教師
                  ├ 學生
                  ├ 環境
                  └ 其他

一般教室不當行為的處理 ┬ 預防措施
                      └ 處理措施

特定不當行為的處理 ┬ 每節上課前幾分鐘無法安靜下來
                  ├ 上課的搗蛋行為
                  ├ 上課玩玩具、看本科以外的書
                  ├ 作業遲交
                  ├ 上課隨意走動、擾亂秩序
                  ├ 忘記帶教具到學校
                  ├ 破壞公物
                  ├ 打架、鬥狠
                  ├ 考試作弊
                  ├ 糗事
                  ├ 罵髒話
                  ├ 惡作劇
                  ├ 偷竊
                  ├ 上課打瞌睡
                  ├ 說謊
                  └ 領群犯規

實例 ┬ 如何給予學生行為適當的增強
    ├ 如何讓學生安靜下來（Ⅰ）
    ├ 如何讓學生安靜下來（Ⅱ）
    ├ 如何處理上課吵鬧（Ⅰ）
    ├ 如何處理上課吵鬧（Ⅱ）
    ├ 如何解決學生遲交作業的習慣（Ⅰ）
    ├ 如何解決學生遲交作業的習慣（Ⅱ）
    └ 如何處理學生偷竊行為

有效處理學生不當的行為

　　「安靜！安靜！不要吵了！」吳老師拉高了嗓子叫嚷著，卻仍然無法平息下眼前班上的動亂。他灰心地問著自己：「難道我真要用教鞭來應付這些孩子嗎？」

　　「林×莉，為什麼作業又遲交了？」林老師無奈地詢問眼前的學生。「我忘了帶！」又是這千篇一律的「標準答案」，她心裡不禁想著：「到底我該怎麼做？才能讓學生都不再遲交作業呢？」

　　「報告！」一個宏亮的聲音讓李老師停頓了正在講解的數學習題！第一節課已經過去一大半了，王×明這才揉著惺忪的雙眼，大搖大擺地走進了教室。看看記錄簿，這也已經是他開學後第N次的遲到。而說實在的，李老師打也打過，罵也罵過，恩威並濟的方法也都用過，就是改不了王×明他愛遲到的壞習慣，甚至從其他學生的眼神中，他當老師的尊嚴眼看就要不保了！

　　當我們環視校園，常會驚訝地發現到，處理班級裡層出不窮的問題竟然就佔據了老師們教學裡絕大部分的時間，甚至這些我們以往認為最基本的「班級常規管理」，不知在何時成了老師們最困擾的夢魘！難道真是這些二十世紀的產物—新新人類的招式「魔高一丈」，而令老師們都無法招架了？抑或是我們老師們並沒有對症下藥？這時候就有各種不同理念的老師提出了他們的看法，有人堅持主張：「愛的教育讓阿爾卑斯山上的冰雪也融化，更甭提對糾正孩子行為的妙用了！」；有人則頗不以為然的認為：「愛的教育已走上末路，走進了死胡同，切切不可行！我們所能相信的只有『鐵的紀律』及『血的教訓』！」；更有老師基於明哲保身的道理，乾脆通通放手不管，好好地堅守「以不變應萬變」的最高原則……！但不管個人的主張如何，身為教師，教育下一代本就是我們應盡的職責，而教育的工作之所以那麼為人尊重，也就是因為它肩負了培育下一代的神聖使命，它必須以無私的愛為出發點，做到「幼吾幼，以及人之幼」。

　　當然，不可否認地，隨著社會多元的發展，教育問題已變得更為複雜難解，孩子們的新花招更是多到令人眼花撩亂的地步。傳統的「以師為

尊」的態度早已不復存在，若真是對學生問題視而不見，又似乎有違師道，良心上過意不去，畢竟：「一日為師，終生為父」啊！因此，在這一章節裡，我們將仔細探討其中最令老師們頭痛的學生常規問題，並希望藉由我們的討論，能讓那些正苦於其中的老師找到一條明路。

何謂班級不當行為

要對班級不當行為有所認識，首先就需對何謂班級不當行為的定義有所瞭解。在這裡所謂的「班級不當行為」就是「班級違規行為」，是指學生在班級情境中的不良適應之外顯性行為，其行為干擾到課程的正常運作，導致教學及其他學生學習受阻。不同學者對這些不當行為有不同的分類方式。如黃宜敏（民 80）將其分為下列六種類型：

㈠喧鬧行為；

㈡不服從行為；

㈢小丑行為；

㈣任性發怒；

㈤騷擾別人；

㈥離位。

朱文雄（民 84）將國中教室違規行為，歸納為下列十三種：

㈠上課講話吵鬧，或逗弄前後左右同學；

㈡看本科以外的書或寫別科作業－如上英文，看理化或課外讀物；

㈢上課打瞌睡；

㈣上課吃東西；

㈤考試作弊；

㈥在教室賭博；

㈦在教室吸煙；

㈧閱讀色情書報、圖片、小說等；

㈨在教室打架或吵架；

㈩破壞公物；

(十一)上課戲弄女老師；

(十二)上課遲到；

(十三)輪到值日生，偷懶不掃地服勤等等。

張春興、林清山（民70）教授認為學生違反班級常規的行為，大致可分為兩類，一類是「不期望發生的行為出現太多」，另一類是「期望發生的行為出現太少」。前者多半是造成教室秩序混亂的違規行為，必須靠教師予以制止或消弱；後者也會妨礙教學的進行，必須靠教師予以誘發或增強。

一、擾亂秩序的違規行爲

對教室有妨礙的行為，都是教師不期望發生的，可分五類：

㈠侵犯他人：例如以打罵、推撞、碰摸、追逐、訕笑等來侵犯別人。

㈡親暱動作：例如與同學交頭接耳、低聲私語、或擅自換位、離座走動、傳遞紙條等來表示親暱動作。

㈢惹人注意：例如以高聲談笑、口出怪音、敲打作響、滑稽表情、怪異動作等故意引人注意。

㈣反抗權威：例如故意不守規定、不服指使、為難班長、反抗老師以表示他向權威挑戰。

㈤衝突紛爭：例如惡意批評、互相攻訐、彼此爭吵，甚至打架鬥毆，同學間正面衝突。

二、影響教學效果的行為

有些行為表面上看並未干擾教室秩序，實際上則影響教學的順利進行。又可分為五類：

(一)不能集中注意：例如上課時凝神發呆、胡思亂想、作白日夢、心不在焉等。

(二)工作態度不當：例如作業胡亂塗寫，草率完成或不能完成等。

(三)人際關係欠佳：例如不與同學交往、害羞退卻、逃避被動、不會管理自己。

(四)不能遵守時間：例如遲交或缺交作業，甚至遲到或逃學等。

(五)缺乏獨立行動：例如過分依賴、尋求注意、希望人家給予讚許、靠人鼓勵、期待支持與協助。

教室不當行為的原因

雖然孩子在教室中會有不當行為的產生，其中大部分的原因來自孩子自己本身，但任何行為的發生，都有其原因，且並不限於一端。因此為了要能真正掌握住孩子不當行為的產生，有必要將造成不當行為的原因加以了解，朱文雄（民80）曾試圖分析如下：

一、教師

㈠人格特質：是否具有受學童喜愛的人格特質，如真誠、自信、友善、情緒穩定、心理健康，並且反省自己是否太過權威、武斷、專制、過度否定、喜小題大作、反應過度等。

㈡領導方式及管理風格是否適當？

㈢教學活動準備充分？教學流程順暢？教學經驗豐富？

㈣教師期望適當否？教師不自覺的偏見多或少？

㈤平日言行、生活習慣等言教、身教是否適當。

㈥教師壓力、焦慮適當否？

㈥教師健康狀況、儀表、儀態及穿著適當嗎？

二、學生

㈠生理特質：精力過剩或身體虛弱、睡眠不足、視聽力不良。

㈡無聊、無助：許多學生之所以違規，單純的只是覺得功課無聊，而想不出有什麼事可做。

㈢想獲得注意、認可或地位：爭取關懷、肯定、重視、賞識、讚美。

㈣為解除挫折或緊張。

㈤學業成就欠佳。

㈥缺乏目標，無事可做。

㈦個性脾氣及人際關係。

㈧平日生活習慣不良。

㈨人格特質：心理健康否？情緒穩定否？安全自信否？過度活動否？

三、環境

(一)教室物理環境：如教室空間大小、設備、佈置、清潔衛生、座位安排、班級圖書、溫度、濕度、通風……。

(二)教室心理環境：師生關係、班級氣氛……。

四、其他

(一)家庭教養：家庭健全否？單親家庭或破碎家庭？家庭管教方式？

(二)校規及班規。

(三)班級目標及教室管理計畫。

(四)班級的大小。

(五)特殊的不當行為另有特殊原因，如戲弄女老師、女同學，看色情書刊……等。

(六)教材深淺適度，適合學生程度：太深聽不懂，太淺不耐煩，則心生旁騖。

對於教室不當行為的管理，首先應瞭解行為發生的原因，然後尋求對策預先防範，這是解決問題的上策。以上所列舉，僅為一般性原因，若能早些瞭解和預防，則可減少部分不當行為的產生。至於特殊的不當行為，則應依個案來處理。

一般教室不當行為的處理

　　學生不當行為出現的成因有很多，可能是由於學生本身的因素，如認為課業枯躁無聊，意欲逃避，成長所造成的反抗心理等，也可能是因為校外因素（家庭、或社區）所造成的心理及情緒困擾……等（張俊紳，民80）。不管是什麼因素所造成的違規行為，當它們出現在班級教學中時，就常會直接影響了教學。因此，以下將歸納多位專家學者針對一般教室不當行為，所提出的預防性策略、處理原則、技巧……等，以供教育同仁們參考。

一、預防措施

　　基於「預防重於治療」的原則，老師若能在學生不當行為出現之前，就有一套良好的管理技巧，則不僅能減少師生間衝突的產生，更能達到學生最大的學習效果，故以下即提供若干預防學生不當行為上應掌握的原則及具體的方法，供作參考：（朱文雄，民80；朱品瑛，民84；梁丁財，民82）

(一)預防的原則

1.隨時掌握情況

　　教師應對學生所有活動，都能瞭若指掌，並且要讓學生相信他具有下

列二種「耳聰目明」的本事。

(1)腦後長眼睛：老師應讓學生知道，他們的一舉一動，一言一行都難逃他的「法眼」，即使老師背對著學生，也能叫出惡作劇學生的名字，彷若在他「後腦」長了眼睛！但也應注意避免找錯對象，也不可遲遲沒有行動，如此必可將一場可能的「風暴」消弭於無形。

(2)一心兩用：老師應訓練自己，即使在同一時間內有兩樁事要應付，也能面面俱到，兩者兼顧，而不要有顧此失彼的窘態。例如，老師不僅可一面聽學生唸課文，也可一面糾正某位學生的行動。

若能做到以上二種本事，就常能使問題在未發生之前，甚至在行為之初，即予以遏止。

2.使活動進行順暢而自然

老師應使整個活動富有變化，且在一活動進入另一活動時，也要自然而順暢，使學習有趣味，而減少違規行為。而為使整個換課的過程平順，老師們應盡量避免下列的情形發生：

(1)心不在焉：這種類型的老師本身沒有自主的力量，也缺乏一定的目標，他的注意力隨時會被週遭的事物所吸引，而擱置了原本的活動。例如：老師可能叫同學發言，在發言中突然又跑到窗前說：「哇！操場上好多人在運動，好像有慶典活動一樣。」然後，過了幾秒鐘，又轉向另一位學生說：「××，你以前是不是受過運動傷害？」說罷，又抬頭看看四周，然後恍若大夢初醒一般。而其實這些言談，隨時都可為之，何必選在學生發言中，令人掃興。

(2)中途打岔：老師應盡量避免在上課進行中，突然提出不相關的活動，或宣佈不相關的消息，而打斷了課程。例如：當孩子在認真作習題時，老師突然高聲說：「對啦！下禮拜不是蔣公誕辰嗎？你們應該可以補假一天！」一聲宣佈，打斷學生的思路，豈不罪過！

(3)一波三折：這種情況是指老師們原本對某項活動起了頭，又突然改

變念頭，做別的事，而後待做完了臨時想到的事後，才又重頭回到原來的活動。例如：當老師介紹〇〇作者生平，而學生顯得興趣盎然時，突然又想到考卷未發，待考卷發完，才又繼續介紹生平，但此時學生的興趣，好像被潑了一盆冷水，冷卻了許多，再也提不起興致了。

⑷有頭無尾：此行為，與上述「一波三折」的錯誤大致相同。惟一不同的是，在此錯誤中，老師從未回到半途而廢的活動上。就好比老師可能在講課時來句：「這一句的意思，嗯……哦！你們知道就是這樣」到底嗯……哦是什麼含意，只好由學生逕自去猜測了！

⑸顛三倒四：亦即老師若在換課過程中，讓學生明白一項教學活動已結束，且已經開始進行另一項教學活動時，又突然一個觔斗翻回原來的活動，很容易造成「顛三倒四」的錯誤，徒使學生們手忙腳亂，張皇失措。

3.掌握適當的進度

老師若能把教學活動掌握到不急不徐，恰到好處，則學生們學習的興趣必然濃厚，而減少不當行為的發生。以下即將介紹兩大類阻滯教學活動進行的因素，期望對老師們在掌握進度上有所助益。

⑴小題大作：當老師把一件芝麻綠豆大的事當作「重大案件」來處理時，便犯了這項錯誤。而小題大作又可分為下列四種：

・婆婆媽媽：老師對孩子的行為太過吹毛求疵，學生一件小過錯，就會換來一連串的嘮叨。例如，有某兩位學生講話，老師糾正了他們後，就跟著一一批判班上其他所有同學的行為，「話匣子一開，嘴巴停不了」，眼看一節課就此報銷。

・因小失大：在教學過程中，老師只顧小節，而把主要的教學目的給忽略了。例如：老師叫某位學生起來朗讀課文，沒過多久，老師即開始打岔，一會兒糾正站姿，一會糾正音調，一會糾正音量……，弄得學生幾乎忘記他是在唸課文，也使得其他學生心煩意亂，坐立不安。

・本末倒置：若老師過分重視活動的工具如書本、筆記，反而輕忽了

活動本身的話，便犯了此毛病。例如，老師要吩咐學生記重點，便一一檢
查，一會兒責備筆記本的尺寸，一會挑剔筆記的格式，浪費了許多時間
後，才草草說明重點。

‧多此一舉：有時老師對學生講解課程，學生聽懂了之後，老師還是
一百個不放心，一遍又一遍，對學生造成疲勞轟炸。例如：說到英文第三
人稱單數簡單式要加「Ｓ」的問題，老師解釋一番後，除了提供例子讓學
生練習，還要他們把課本上第一課到最後一課出現的所有例子一一挑出
來，真是多此一舉。

(2)支離破碎：另一類妨礙教學進度的行為是，老師故意把一個整體一
一分解，而搞得支離破碎，費時又費力。例如以下的兩種情況：

‧團體肢解：本來同學們可以一起行動的，老師硬拆開他們「一個一
個慢慢來」，而使教學進度突然停頓。例如，老師把全班分成若干小組作
習題，在檢討時，要求每一組同學一個接著一個出來寫答案，等到全班輪
完為止。但其實老師可吩咐各組派代表一起出來報告其結果，省時省力。

‧一板一眼：老師將原本可一氣呵成的活動四分五裂，一板一眼，先
後緩急由不得你，而使學生成為受人操縱的機器人。例如，老師要學生先
拿出鉛筆，才可再拿出筆記本，而後才能將課本放置筆記本旁邊……。本
來這一連串的動作，同學不知做過多少次了，而且也無分割的必要，何必
把大家搞得頭昏腦脹。

4.注意全體的學生

師生之間的關係，是一對多的關係，因此，要如何使全體學生提高警
覺，集中精神，就是教室管理上的重要技巧了。以下幾種方法，即可供老
師們解決此種難題：

(1)製造懸宕：老師在指名學生回答前，可先製造一些緊張氣氛，使每
個學生聚精會神。例如：老師在指名前，老師眼光掃視眾人，同時說道：
「讓我看看那個同學可以回答這個問題」，然後再指名。如此，每個同學

都不敢掉以輕心而做白日夢。因此，老師這種隨意點名的方式，必將使每個學生全神貫注，不敢胡思亂想。

(2)互相指正：在學生回答老師的問題之際，其他同學最容易分心。為了糾正這種情況，老師可以在要求某位同學回答後，要求另一位同學回答「同意」或「不同意」，及表達他的感想。這樣一來，不但使大多數學生有參與討論的機會，且也能使他們約束自己，注意聽別人的回答。

(3)大家一起來：在一問一答的教學中，一般的現象是老師與某特定學生之間唱「雙簧」，其他同學有被拒於門外的隔離感，故老師可以在某位學生回答之後，轉向全班道：「認為×××答對的舉手。」，或是在個別練習後，再要求全班一起來。如此整個班級氣氛就會顯得熱鬧有趣。

(二)具體的預防方法

1.訂定班規

開學時，導師可以利用班會，針對學生的常規問題，來指導學生訂定班規，建立不適當行為的矯正計畫，並配合獎懲的措施。並且此班規一經班會討論通過，即應照章執行。

2.教師期望

除了班規以外，任課教師在第一次上課時，也應向學生明確表達出他的期望。因為依據比馬龍效應的原理，學生通常會隨老師的期望而表現，不過須注意的是，這些期望必須能針對學生的能力、興趣及班級特性，且是學生做得到的。同時，老師對學生最好不要有所謂的標籤作用，當學生一旦達成教師的期望時，教師就應予強化，並逐次提高期望層次。

3.審慎安排教學活動

教學前老師應該有充分的準備，要事先想一想怎樣安排進行，教學活

動才會生動活潑、有變化，並能引起學生的學習動機。

4. 以身作則

學生都有模仿老師的傾向，因此，我們常在潛移默化中就影響了學生。故老師在要求學生要守秩序、有禮貌……等時，也應以身作則，建立楷模。

5. 多與家長聯繫

平常就應利用各種管道與家長聯繫，把你的努力、目標、方法與對學生的期望，告訴家長們，並要求他們的配合與協助。

6. 指導學生選擇良好的行為

良好的選擇引導成功，不良的選擇鑄成失敗。因此，在學生還未能完全成熟自主前，教師最好能協助學生判斷，並選擇良好的行為指導之。

7. 給予成功的經驗

成功的經驗可建立學生的自信心，並減少問題行為的發生。因此，老師在教學活動中，教師最好能針對學生的能力、興趣，給予適當的滿足，激發他們更強的學習意願；並能尊重學生的需求，時時對學生所從事的活動表示興趣、支持。

8. 培養學生自我控制的能力

教師應養成學生的責任感與自尊心，並讓學生能對自己的行為負責，不要處處依賴老師和家長。此時，老師也可利用強化班級幹部選舉與訓練，並運用同儕力量，來培養學生自治的能力。

9.瞭解學生的背景與問題

如果學生有習慣性的毛病，必定有其社會上或情緒上的不良適應，有時是環境因素，有些是機能上的因素，教師有必要瞭解學生的家庭背景，以期能對症下藥。

10.瞭解青少年身心的發展

青少年身心未趨成熟，他們的態度與想法都會影響行為的發展。例如現在對男女兩性的教育，教師就應深入瞭解他們身心上的發展，以輔導他們有正當的社交方式，免於誤入歧途。

11.要求學生通力合作，培養團隊精神

教師應顯示出對訓導問題的關切與重視，以贏得學生的合作。

12.建立師生關係

教師要發揮愛心，協助學生解決困難的問題；並應主動接觸孩子，親近孩子，盡可能製造更多師生互動的機會。

13.加強導師責任制與輔導活動的實施

對於學生的問題，要予以開導，表現良好的學生，也要給予適當的評語，以激發學生見賢思齊、積極向善的心態。

14.善用會說話的眼睛

眼睛可以精彩地傳達許多不同的情感，達到溝通的目的：如詢問的眼神、讚美的眼神、懷疑的眼神、同意的眼神、否定的眼神、瞭解的眼神等。

15.盡快熟記學生姓名

老師在上課前應該要先記得每一位學生的名字，如此，不但能增加師生間的親切感及互動關係，也能讓學生有警惕心而不敢為所欲為，故老師最好能透過學生的基本資料來記清楚學生的名字。

16.安排適當的環境

老師應提供學生一個舒適的學習環境，讓學生能夠在這個學習環境中愉快的學習。因為孩子在校上課一天大約就有八、九個小時的時間，若是在這麼長的一段時間中面對的是一個吵雜、髒亂、採光差……等令人不舒服的環境，連我們都受不了，更何況是孩子。因此，在座位的安排、教室環境的佈置上，老師就應多費點心，以免學生因長期處在不當的環境中顯得心浮氣躁，更加促使了不良行為的產生。

17.利用教室管理的潤滑劑

老師應有幽默感，並利用笑話、遊戲……等，來使班級氣氛活潑和諧，而不會讓學生產生無聊煩悶的感覺；同時也可以在上課時多多發問。

二、處理措施

當孩子出現不當行為時，老師當然應立即糾正學生的錯誤，但此時宜以智取而非力拼。你可以當頭棒喝、可以調虎離山、可以暗示、可以設「陷阱」，各種絕妙招供你使用，那麼不管孫悟空（孩子）再有通天的本領，也難逃出如來佛（成人）的手掌心了。但其中有幾點原則是老師在因應學生違規行為時應遵循的原則：（王淑俐，民 83；張德銳／陳賜福節譯，民 80）：

(一)保留孩子的自尊和顏面

　　老師在糾正孩子的違規行為時，不要用羞辱的方式，如告訴學生「我看你是腿太短了，才會遲到的吧！」；也不要用貶損學生的自我價值的方式，如告訴學生：「我看你什麼都做不好，只會搗蛋！」……等，來攻擊孩子的尊嚴，因為糾正的目的是讓學生改過，而非供老師洩恨之用。故老師應技巧的指出孩子的過錯，使其能自尊自重，否則不僅會導致師生關係的緊張，甚至可能會導致學生的報復行動。

(二)盡量採用私下糾正的方式

　　所謂：「規過私室，揚善公堂。」若要孩子在眾目睽睽之下認錯，可能會讓孩子覺得顏面盡失、無地自容，也很難使孩子真心懺悔，同時，老師也無法瞭解犯錯的真正原因。故在處理學生違規行為時，可盡量利用私下訓誡的方式，例如：在教室外單獨與學生約談，如此，不僅能促進良好的師生溝通，也可達到使學生規過的效果。

(三)瞭解孩子為什麼犯過

　　為了糾正學生的不當行為，老師應對導致學生不當行為的原因，詳加瞭解並設法祛除。有時學生的不當行為，係來自老師本身的問題和學校不良的環境。因此，老師也有必要藉著分析學生不當行為原因的機會，做自我反省的功夫。例如：我的課程規劃是否恰當？教室環境是否不良？如果老師發現答案是肯定的話，則老師就應做自我改進的功夫。

　　此外，老師也須瞭解：有些孩子常藉一些違規行為來引起老師的注意。對這種孩子而言，他的行為只是手段，尋求老師的支持或幫助，才是他們的目的。故老師們對這種違規情況應及早作防範，以避免這些學生表現出更嚴重的違規行為。

(四)釐清孩子不當行為的輕重

有時孩子之所以會有這些不當行為，是由於他個人人格的不成熟，而不是有意向老師的權威挑戰。故老師應詳加辨別學生所表現的不當行為到底是輕微的行為過失呢？或者是對老師有意的挑戰？並應避免小題大作，導致學生心生怨尤。如針對學生的遲到行為，老師應詳加瞭解其原因才處理，而不是劈頭就罵：「你就是要跟我過不去是不是？你就是和我對上了？」，因為如果學生是因此而心生怨尤，則難免會表現出更嚴重的違規行為。

(五)交由孩子自己作決定

老師幫助學生學習為自己的行為負責任，因為改過須由內心做起，才算真正向善，所以只能誘導不能強求。「屈打成招」的時代已經過去，應激發其良心，使之由於良心不安而改過。協助孩子由「怕打而不敢犯過」的階段進入「我不願做錯事」的自律階段；即使當學生因違規行為必須接受適度的懲罰時，老師也應讓學生瞭解：學生不當行為的不良後果，是因為學生個人的選擇而造成，而不是由於老師的獨裁或有意找碴。

(六)對每個孩子都應平等相待

老師對所有學生在班上所出現的不當行為，都應有所回應，不能有「漏網之魚」，否則，老師就是在暗示學生：有些不當的行為，不一定就是錯誤。結果，原本是微小的問題行為，最後可能演變為嚴重的問題行為。

若對孩子的不當行為能做到公平一致的地步，則可達到兩個好處：一是老師可以傳達給學生一個訊息──我不是在開玩笑的，我是真的下定決心要禁止你們任何不當行為的出現！二是我對你們是一視同仁，沒有任何偏見，處理事情時更是對事不對人。

(七)不因一人犯錯而懲罰全班

很多老師慣用「連坐法」方式來處理學生不當行為，但這種處罰不僅容易讓受罰的同學覺得有失公平，而且足以引起普遍的憎恨。即使是對其他未波及的學生，也會引起忿忿不平的感覺，面對那犯錯的學生，卻往往反而降低了懲罰的效果。

(八)不因處理孩子行為而影響教學

有時孩子的行為，的確需要我們暫時擱置正在進行的教學活動來處理。但是，老師應避免因此而耽誤了本節的進度。因為，每個孩子都有「知」的權利，若為了一、兩位學生，而剝奪了其他學生的權利，則對其他學生未免有失公平。可採取的方式是先行制止，課後再處理。

在瞭解了一些應遵循的重要原則之後，接下來，就是因應不當行為的處理技巧了！以下即是歸納多位學者所提出的處理的基本方法（王淑俐，民 83；張春興、林清山，民 70；陳和政，民 79；梁丁財，民 82；張新仁，民 84；葉聰明，民 80）。當然，這些「招數」並沒有那一個是所向無敵的萬靈丹，而是完全端賴於老師能否「因事制宜」、「因人制宜」地來靈活運用，以達到使學生改過遷善的目的。

(一)對擾亂秩序行為的處理

1.採取消弱、不理睬方式

這裡所謂的不理睬並不是說老師對孩子的不當行為可以置之不理，甚至姑息它，而是指刻意安排一些技巧來消弱他的行為。因有些孩子會表現出不當行為，就是為了要吸引他人的注意，若此時老師去責罵、威脅、嘲笑或甚至體罰這些學生，則無疑是對了學生的胃口，而增強了他的壞行為。故此時老師不妨忽視這些行為異常的學生，而去注意那些表現良好的

學生，甚至也訓練其他學生表現「處變不驚」的態度，不去理會這些同學的行為，則久而久之，學生則可能感到「無趣」，而消弱了這種行為的發生。故綜合以上所述，當出現下列的情境時，則可運用這種消弱的方式：(1)當不當的行為既不干擾他人，也不至於干擾教學，而且可能持續不久的話；(2)當教師的反應反而會增強學生被注意的心理時。

2.交互抑制

這是指教師應設置一種情境，使學生的不當行為不能與教師認可的行為並存；例如規定上課發言時，須先舉手，有學生不經舉手而欲發言，則老師可叫他重新舉手，再指定他起立發言，並且讚美這種舉手行為。若他下次記得先舉手，就一定叫他發言，並且給予鼓勵，以增強出現的好行為。

3.排除刺激

這裡是指把會引起不當行為的刺激，加以排除。如有兩位學生坐在一起，喜歡講話，教師就可以把這兩位學生的座位加以隔離調開；或有學生上課偷看課外書籍，則老師可以沒收這些書籍，直到他們行為改變後才通知他們領回。如此，當這些刺激物、誘惑品除去後，壞行為也就無由發生了。

4.使用肢體語言

發現不當行為形成之初，教師就應予以制止，以防止惡化。故教師可使用語言、音調、姿勢、面部表情等向學生暗示我們已經注意到不當行為。當然反應的方式，應視問題的性質和進行的教學而定，對於輕微的不當行為，一般最好以不干擾到正常上課的方式來處理，來警告學生：老師已經在注意你了！在後果不堪設想之前，請儘快「懸崖勒馬」。

為了讓老師們能對這些暗示的技巧有效運用，以下就簡略介紹一些可

資使用的方法：

　　(1)改變聲調：教師可突然停下來不說話或是稍微放大音量提高聲調，來暗示、提醒學生。

　　(2)視線直接的接觸：盯住某位有不當行為的學生，眼神注視孩子的眼睛一段時間。

　　(3)手的訊號：如揮揮手或打個手勢給孩子。

　　(4)噓聲。

　　(5)微笑：點點頭或搖搖頭。

　　(6)拍拍肩、摸摸頭或敲敲桌子。

　　(7)身體靠近孩子，走到他座位的旁邊。

　　(8)皺皺眉頭、眨眨眼睛、清清喉嚨。

　　(9)移開分心物或障礙物：如玩具、球類、照片、課外書籍、動物、食物……等。

　　當然，如果以上的處理仍不能制止不當行為，則教師必須直接且公開的制止，若有懲罰，則移至課後。

5.幽默感

　　孩子調皮搗蛋是司空見慣的事，而老師若能以幽默的態度因應的話，常常不僅能處理困窘或臉紅的事件，更可以把暴戾化為和樂，把學生無聊的舉止化為具有教育意義的活動。例如台北縣鶯歌國中林耀聰老師提供了他幽默的一例：當孩子上課吃東西，糾正時還理直氣壯的說：「這是我姐姐家事課做的。」這時他向全班宣佈：「各位同學，老師再宣佈一次，以後不得在上課吃東西，不管東西是家裡帶來的，合作社買的，姐姐家事課做的，或是路上撿的，都不准在上課吃。」於是全班哄堂大笑後，一場風暴也煙消雲散了！所以由上例看出，教育學生並不一定要利用惡言相向或一副兇神惡煞樣，以幽默的口吻，一樣可以指出孩子犯錯所在！

6. 調虎離山

在上課中，老師發現某些問題是某位學生主使引起的，則須當機立斷，派些「差事」給他做，例如請他幫忙寫黑板、擦黑板、發習題本或收作業等；或是要他暫時離開教室，當風波平息之後，再要他繼續上課。但老師們在使用這個技巧時，最好熟悉學生的個性，否則一旦調虎離山之後，就再也收不回孩子的心，反而就得到反效果了！

7. 適度懲罰

若以上幾種方法均告失敗，以致教學無法正常運作時，老師就只好訴諸懲罰了！而一般在班級上可用懲罰的方式有：

(1)口頭警告，並說明再犯的後果。

(2)口頭責備，指出錯誤之處。

(3)扣分：包括操行分數或各科分數。

(4)權利剝奪：如取消自由活動時間、剝奪喜歡的活動，不准打球等。

(5)彌補：清除製造的髒亂、修補弄破的東西。

(6)隔離：罰站牆角。

(7)沒收上課時偷看的其他書籍，或偷吃的便當與零食。

(8)通知家長。

(9)團體制衡：利用團體的榮譽對個人造成壓力。

(10)配合學校措施：記警告、記過。

當然，施以懲罰的目的只是為減少不當行為的發生，但若處理不當的話，可能流於教師情緒上的發洩，而造成師生間的對立，學生不但不知錯，也不知如何改，故若想要使懲罰的結果有效，確實使學生「知錯能改」，高雄師大張新仁教授認為應遵守下列幾項原則：

(1)明確指出學生所犯的錯誤，而非籠統的情緒反應，如：「我對你非常生氣。」，最好改為：「我對你……行為很生氣」。這樣才能讓學生明

白老師不贊同他某些行為。

　　(2)教導學生可接納的方式,學生才不至徬徨無主:例如若有學生喜歡搶著回答,老師不該只是一聲喝令:「××,不要搶答!」而嚇得學生六神無主,自覺沒趣,也許就此作起白日夢,或拉其他同學的辮子。故老師或許能在喝止之時,指示學生一條明路,如:「××,不要搶答,要先舉手,等老師指名後再回答」,或許,下次學生會表現出老師所期待的行為。

　　(3)以讚賞來結束懲罰:也就是在懲罰之後,必須再鼓勵學生一番。主要的目的是在提高他知錯能改的意願,並讓當事人轉而反省自己的行為,而非對老師產生敵意。例如:老師發現平時用功乖巧的學生打算作弊,經由手勢暗示,使其打消作弊的念頭,事後除了問明原因,告誡他作弊是不對的行為外,更要肯定他平日努力用功的情形,鼓勵他持續下去,以便讓學生有台階可下,可消除對老師的敵意。

　　(4)懲罰過後避免舊事重提:讓學生有重新做起的機會,不要預先給學生冠上一個慣犯的帽子,讓他在同學面前毫無自尊,失去改過的自信心與勇氣,要適時給予肯定與讚美,相信他能重頭開始。

(二)對表現不足行為的處理

　　在教學情境中,有些學生的行為常因其表現無法達到教師所預期的標準而造成困擾。學者即對此提出以下建議(朱文雄,民 84;邱連煌,民74):

1.誘發引導

　　例如,提簡易問題,指名退縮的學生作答;安排有趣的學業活動使得一些學業成就不高的學生也有參與的機會。

2.提供楷模

例如，同一活動讓學生輪流擔任，能力強者先行表演；或讓學生觀察描述好行為的電影、電視節目等。

3.適時增強

當學生表示興趣或願意參與時，立刻跟他說話以表示注意，並誠意的接受其看法，同意其計畫使他這行為得到增強。而學者對於增強原理在學生管教上的應用，也提出了他們的建議，並認為若能依照以下的步驟，一步一步地按部就班來做，應能獲得效果。

(1)確定行為：老師應清楚的確定學生的那一種行為是應該加以建立的，那一種行為是應該加以去除的。而確定行為的標準有二：一、行為要可以觀察；二、行為要可以測量。例如：老師應用「我要你們坐在自己的位子上」而非「我要你們養成良好的學習態度」來當作要求學生的標準。因為「坐在位子上」的行為，不但可以看得見，同時還可以加以測量（如計時），若要改善它，自然容易下手。

(2)測定基線：老師一旦確定了什麼行為需要加以培養或消除後，接下來就是仔細觀察該行為在某單位時間內所發生的次數或持續時間之長短。例如：老師想改善某位學生保持在自己座位上的習慣，則可以每天特定在某些時間、時段加以記錄，並將每天的記錄當作學生離座（或就座）行為的基線。這時老師努力的目標便明顯化了，且在一番努力與心血之後，此基線也可成為檢討考核的標準。

(3)選擇增強物：每個兒童所喜好的東西都有所不同，有些喜歡物質上的獎賞，如鉛筆、貼紙、書籍等；有些喜歡老師的讚賞，如微笑點頭、口頭稱讚等；有些喜歡象徵成就性的東西，如獎狀、獎杯等。而這些東西都可拿來鼓勵孩子，當作好行為的增強物！不過，在一般情況下，最經濟、實惠、簡單、方便且迅速的增強物，莫過於老師的稱讚了。

　　而在個別情況下，老師也可以直接詢問學生，藉以獲悉他的喜惡；也可以觀察他在課外時自由時間所喜愛從事的種種活動，間接發現他的愛好。根據學生的喜惡，來選定增強物，不僅效果可提高，時間也可節省。

　　⑷安排後果：當老師確定所要改善的行為，並已選好增強物後，接下來就是將這兩樣在時間空間上聯結起來。使好行為獲得好結果，壞行為不再繼續獲得好結果。在培養新行為的初期，要每次都給予增強物（好結果），不可中斷或延誤；接著當行為稍具規模之後，才逐漸改變增強的方式，有時給予增強物，有時故意不給，而給與不給，沒有一定規則可循。如此，由最初的「他律」，逐漸進到最後的「自律」，而達到管教上的終極目標。

　　⑸評估效果：在改善學生的行為時，老師的一番心血是否真有收穫！須賴評估後才能予以肯定。而評估的方法，要與基線作比較，不可只憑主觀的感覺。且老師們在運用增強原理時，必須有相當的耐心，起碼在繼續兩三週以後，才可予以論斷。（有關增強原理的應用請看實例一）

如何給予學生行為適當的增強

出處：邱連煌（民74）：心理與教育。台北：文景出版社，31－32頁。

解說：接下來的例子是邱連煌先生在美任教時，整理學生（他的學生大都是現任的中小學老師）的報告而成。提供的是如何利用增強的方法來改善學生上課愛講話的壞習慣；同時，為有助於老師們的瞭解，筆者在人名及內容上作了些許的修改，盼能提供各位老師們改善學生行為的參考。

一 確定行為

阿東是九歲半的四年級學生，聰明活潑，但長了一個「大嘴巴」。上課時，他喜歡高聲說話，尤其常常不等老師指名，便搶著報出答案。不幸的是，他的答案又往往正確，致使其他同學簡直沒有插嘴的餘地，破壞了問答應遵循的方式。老師嘗試過的種種辦法如喝止、告誡、威嚇等等，都未能奏效，即使有效也不過是曇花一現的幾分鐘。在這兒，老師所要改善的行為很明顯就是：「減少阿東擅自發言（未獲允許）的次數。」這合乎上述確定行為的標準，因為「未獲允許而發言」的行為，既可予以觀察，也能加以測量。

二 測定基線

老師於每天一堂課五十分鐘內，不動聲色的觀察阿東的行為，如此繼續了八天。結果發現：他於短短的五十分鐘內，擅自說話的行為，少則七次，多則二十二次，平均每天高達十三次之多。

三 選擇增強物

決定基線後，老師即把阿東叫來，面對面地談一談，阿東自己也承認這個惡習很嚴重，應當加以改善，值得雙方的努力。決定用有笑臉圖案的貼紙作為「不擅自發言」（包括未發言及舉手被點後才發言）的增強物。每十二個貼紙，又可拿來交換一項獎品，如小塑膠水槍、小滾球戲等零星的小東西。

四 安排後果

老師和阿東講好，於每天上課的五十分鐘內，每十分鐘內若未擅自發言，可獲貼紙一個。這種安排可以說是繼續增強。假使他自始至

終遵守規則，每天可得五張貼紙。如此持續了七天後，增強方式稍微改變，當天的貼紙是否能用來交換獎品，事先由老師作決定（當然這個決定事後才讓阿東知道），老師的決定並沒有一定規則可循，因此阿東無法投機取巧，這可以說是變相的間歇增強。就這樣，一連維持了九天。最後老師決定不再使用增強，考驗一下阿東的習慣是否真的已經改善。在有增強物的情況下，老師觀察並記錄了六天。

五　評估效果

增強的結果，成效顯著。使用繼續增強的七天中，阿東擅自說話的次數，平均每天僅有一點六次，在後來九天的間歇增強下，平均每天僅有一點七次，在最後六天的無增強情況中，平均每天未到兩次的違規記錄。可見，他的說話習慣，的確大有進步。在未實施增強前的八天內（每天五十分鐘），阿東總共擅自發言一百零五次，在實施增強後的二十二天裏，他只有三十八次的記錄。由平均每天十三次，降至每天兩次，增強的效果，無人能夠否認。

4.行為塑造

是指依次一步一步的形成所期望的行為。例如：學生猶豫的說出他的意見時，立刻接受他的看法，並在下一句話裡引用他的看法。當適當的行為出現比以前增多時，可要求學生表現多些。然後又立刻增強。如此，直到行為塑造成功。

5.行為契約

例如，與學生商討訂立一種契約，使他同意每天自己自願做一個好的行為。如果達到合約標準，馬上以學生所想要的事物加以酬賞。例如，讓

他看故事書等。這也是「祖母」原則的一種應用，要學生做完應做的事後，才能做自己想做的事。

上面所討論的即是一些處理不良行為的基本方法，而這些方法是否運用得當，則端看老師們的處理技巧了。

除了以上所介紹的處理學生違規行為的基本方法、技巧及原則外，亦有研究者提出下面秩序管理的思考歷程圖，以供老師在上課或處理常規時，能「有效」的思考。（柯華葳，民84）

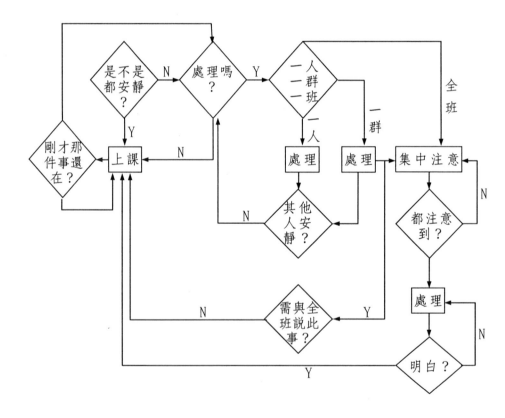

上面的思考歷程表示當一老師在上課時，他會先看學生是否安靜了，或是當他要對全班說話時，他會看全班注意力是否都集中了；而在處理一

個人或一組人時，這位老師不會忽略班上其他學生的狀況，他仍注意到他們的秩序，他們的學習以及是否要向這些同學說明剛才發生了什麼事。在一常規事件處理後不久，這位老師不會忘記再回頭檢查這事件是否繼續或已完全排除，若還存在，則再次決定是否要處理。

特定不當行為的處理

介紹了一般的教室不當行為之後，以下針對一些常見的特定不當行為，提出一些有效的處理策略（王淑俐，民 83；朱文雄，民 84；黃宜敏，民 80；黃永結，民 84；裘學賢，民 80 ）。

一、每節上課前幾分鐘無法安靜下來

*1.*叫學生起立，閉眼默數到四十再坐下睜開眼。

*2.*入座位起立，整理服裝、學具、班長在一分鐘過後，讀秒到三十，催促大家快、靜、坐下。

*3.*要學生閉眼、坐下；或閉眼，雙手放在頭上。

*4.*要學生閉眼，深呼吸，吸→呼（可參考實例二、三）。

如何讓學生安靜下來（Ⅰ）

出處： 鄭玉疊著（民 83）：班級常規管理的技巧。載於鄭玉疊、郭慶著班級經營——做個稱職的教師。台北：心理出版社，52 － 59 頁。

解說： 鄭老師在這個例子中，分享了他自己本身及另一老師在維持班級秩序上的成功經驗。除了利用廣告用語來拉進和學生的距離，並改善學生說話的習慣外；且提供了「耳語」使用的技巧，可以為各位老師們作參考。

 ## 利用廣告的流行語

五年十八班向來以話多出了名、又經常分不清說話的時機，形成教學干擾。鄭老師正在苦無對策之時，突然聽到學生談起「快安靜無聲！要不然老師又要生氣了」觸動我想到「國際牌冷氣機」的廣告「安靜無聲」。這是最高品質保證！也是個目標，每個學生如果都是新的冷氣機，則應該是安靜無聲的！因此我跟學生說明了新冷氣機及舊冷氣機的差別！除了價錢之外，就是噪音，希望每位同學都是台新冷氣機，價錢高又無聲，只要能品質保證，老師一定好好照顧，因此，我們彼此先協議，除了個人，還以「排」為準，如果吹新冷氣的時間越長，獲得獎勵機會越多。起先，我以「節」為準，做排競爭，個人亦以獎勵榮譽卡做增強，至於易發出噪音的「舊冷氣機」，有時則以行為改變的「飽足原理」加以更正，讓該部冷氣機不斷發出聲音，並提醒學生，機器一直使用發出聲。一旦學生稍有進步，即給予

榮譽卡，並且宣佈該部冷氣機已修好成新的。

二、利用「耳語」的技巧

洪老師上課時陳振榜又在座位上做自己的事，根本沒聽講，雖然洪老師口沫橫飛的解說著課文，多數學生也聽得入神，但是陳振榜似乎沈醉在自己的世界裡，見此情形，洪老師也未生氣，走到陳振榜旁，低頭與他耳語一番：「我講得這麼精彩可是你都不聽，我覺得好難過，是不是老師講得不夠好呢！而且我擔心你沒聽課，不了解課文的意思！我好希望你專心聽」。洪老師說完也不責罵陳振榜就繼續講課。

之後，洪老師偷偷注意，在陳振榜專心聽課一段時間，又行進到他身旁，低聲說：「謝謝你很認真聽我講課，如果像這樣，我相信你一定會進步許多！」

雖然全班同學都瞪直著眼看老師及陳振榜，但課仍照常進行著，而所有的紛爭與責罵都化解了，另外，學生的疑問則是下次增強與獎勵的催化劑為何，如同：「請待下回分解」一般，誰又是老師下次耳語的對象呢？

實例三

如何讓學生安靜下來（Ⅱ）

出處： 蔡美雪著（民 83）：上課前先清場，載於王淑俐著教育高招 1000。台北：南宏圖書公司，83 頁。

解說： 以下將介紹蔡老師利用上課前先「清場」的方式，讓學生能盡

快靜下來的經驗，供老師們參考。

後段班有學習意願的，一班頂多十來個，因此上課必須隨時動腦筋控制秩序。上課前，先站在教室門口面對他們微笑，等待他們自動安靜。進教室後，先別忙著上課，得要求學生整理一下地面和課桌椅。我對他們說：「我是清道夫的隊長，現在我們一起來工作。」然後才開始進入正常情況。寧可浪費十分鐘來「清場」，也不要強捱嘈雜混亂的五十分鐘。

二、上課的搗蛋行為

(一)裝鬼臉、扮小丑

1.角色交換：叫搗蛋的同學上去教，老師坐在他的位子上，學他的動作也對他表演一次。試著讓他瞭解老師上課時，下面有人搞鬼不用功，老師的心理感受。

2.多給他機會替同學服務，以替代他裝鬼臉，扮小丑的機會。

3.私下向他解釋，有許多其他適合扮小丑的場合，但目前時機不對。

4.讓這位同學有表現其能力的機會。

5.若以上措施皆無效，其違規行為仍持續，則可暫時把他孤立，叫到一旁罰站。

(二)上課吵鬧（可參考實例四、五）

(1)停止講課，靜默不作聲。

(2)老師走出教室，並聲明給一分鐘把要講的話解決。

⑶要學生起立、坐下、起立、坐下，直到安靜為止。

⑷大家閉上眼睛。

⑸找出一、兩位學生，讓其說明什麼事？道明原委。

⑹把班上分成若干小組，而獎賞最少亂說話的組。

⑺策略大半都使出，仍然無法完全制止學生的不當行為，則可停止上課，帶到室外廣場，宣佈解散，並要求每人分別各找一個區域，自我小步走動反省或思考，但不能跟別人相碰遇，不多談。（約七、八分鐘的溫柔處罰）

⑻都拿不出辦法時，不作聲、不生氣、不上課，自然走出教室外頭，不在室內與學生面對面。

如何處理上課吵鬧（Ⅰ）

出處：林耀聰著（民 83）：一起做個收心操。載於王淑俐著：教育高招1000。台北：南宏圖書公司，83 頁。

解說：林老師針對上課前的吵鬧，提供了一套「收心操」的成功經驗，來供老師們參考。

對於像菜市場一樣的教室，我的做法是，「全班起立，眼睛閉上。」讓他們靜一、兩分鐘，此時並以和藹的口吻重複說：「老師不是處罰你們，是你們太吵了，老師希望你們把心靜下來。」這樣做不致令學生覺得老師又在處罰他們，而且，很快的每個人的心都回到了教室。

如何處理上課吵鬧（Ⅱ）

出處： 吳淑芳著（民 83 ）：要學生閉嘴，先叫他張嘴。載於王淑俐
著教育高招 1000 。台北：南宏圖書公司，85 － 86 頁。

解說： 吳老師在這裡提供的是對一個愛說話的班級，如何利用「張
嘴」的方式來讓學生安靜下來的經驗。經由這個方法，不僅減
少了老師喉嚨受損的機會，也能有效地維持好班級的秩序。

　　三年二班的劉老師教書十幾年了，這一班他也連續帶了三年。由
於學生聰明、好動、活潑，而且師生感情融洽，因此劉老師往往無法
控制班上秩序，常聲嘶力竭的和學生比大聲，結果是喉嚨長繭，醫師
說必須開刀。我擔任該班的音樂課，發現這班學生真的好愛說話，而
且一發不可收拾，完全無視老師的存在。我不用劉老師的口頭禪「閉
上嘴巴，不要說話」，相反的，我輕聲的對他們說：「請你們把嘴巴
張開！」小朋友心想張開嘴巴做什麼？但說時遲那時快，全班小朋友
一個個張開大嘴，面面相覷，而且鴉雀無聲。

(三)東西放置不整齊、雜亂無章

　　(1)告訴學生：「看到這麼亂七八糟，我好驚訝！你能立刻清掃一下
嗎？」然後，給予學生充分時間整理桌子及其工作區。

　　(2)給予整潔工作一些誘因。

(3)用腦力激盪的方法，鼓勵他們想出打掃及維持整潔的新點子。

(4)也給予他們有雜亂的時候，而有時在重點要求之。

(5)把亂丟的東西沒收，而在週末再還。

(6)時常翻新，時常用有創意的方法要求學生自動自發。

㈣愛閒聊

先瞭解學生為什麼愛講話？才依據原因對症下藥！

(1)如果是忍不住

①走過去，靠近其座位，或請他站起來，重複老師剛才上課講的那句話。千萬不要有生氣辱罵或丟擲粉筆頭的失態行為出現。

②可以安排靠近老師的位子或不愛講話、守規矩的同學旁邊，同時要求該學生凡是要講話要先舉手得到允許才能開口。

③告訴愛說話的同學，把想說的事情用筆寫下來，因為老師沒時間聽，且他也不會漏了事情沒說，用筆寫的方式足使愛講話者卻步。

④若班上有數位「長舌婦」，則可命令他們在某段時間對全班說故事，屆時他們會發現自己所想說的都太過瑣碎。

⑤利用角色扮演，使學生瞭解多嘴的行為是遭人嫌惡的。

(2)聽不懂的無聊：可利用補救教學來幫助學生趕上進度，同時通知家長協助學生。

(3)已全懂的無聊：

①允許他做其他學生的「小老師」，或做些公差（發本子、擦黑板等）。

②安排較難的作業，或要求的品質提高，而不是只求答案「對」而已。

(4)想引起老師及其他同學的注意：老師可在單獨與學生在一起時，利用一個動作、眼神及一、二句話讓他明白老師是喜歡他的。一旦師生關係建立之後，再要求他守規矩、多交朋友；若他純粹是想引起同學注意，則

不妨安排一些團體遊戲或活動,讓他有機會與同學正式接觸。

(5)推擠、衝撞、不守秩序、製造噪音:老師可定時替換班長,時時由新面孔領導;亦可以隨時重新編排座位,每次解散一排,而再選座位時,行為最好的有優先權。

三、上課玩玩具,看本科以外的書

*1.*老師暫時收下保管,待下課或放學時發還,切不可沒收。

*2.*數日屢犯,則簽寫「家庭聯絡簿」告知家長督導。

*3.*若上述方法無效,則電話告知家長,並請家長來校取回。

四、作業遲交(可參考實例六、七)

*1.*要求同學將作業記載於聯絡本上。且由全班同學共訂罰則,按遲交日期多少,罰跑操場、倒垃圾或抬便當等。

*2.*利用畫有全班姓名的勤惰記錄表,作業缺交者就記上缺交日期,次日補交就畫去。而由選出的各科小老師負責登記的工作,學期末了作為加扣分的參考。

*3.*平時作業表現良好或作業有特殊優良表現,就在班會時給予獎勵,並且打電話給家長。未帶作業者,則限定日期繳交,且以電話追蹤,並通知家長協助督促。

*4.*要求沒有完成作業的學生利用下課時間把它補完。不會寫的習作,則請小老師指導。

*5.*上述硬賴皮不寫者,當節上課可以不必聽講,利用當節慢慢寫。

*6.*再無效者,利用下課及下節上課,告知並鼓勵學生,指導他以「分部法」方式,下課時間,只寫半行或一小部分就停止;上課時,再寫下半行或下一小部分。

7.又無效時，則面談，了解原因，對症下藥。

8.關心你專線：列出時常缺交作業學生的名單，由班級的幹部、和他較常接觸或住在鄰近的同學組成「關心你專線」，以電話聯絡的方式，提醒並督促他們完成老師吩咐的作業。

如何解決學生遲交作業的習慣（Ⅰ）

出處：邱連煌（民74）：心理與教育。台北：文景出版社，32－34頁。

解說：以下所提供的是邱連煌先生在美任教時，整理學生的報告而成。針對學生遲交作業的壞習慣，他利用增強的方式來加以糾正。在這裡，筆者在人名及內容上也作了些許的修改，盼能提供各位老師們改善學生行為的參考。

一、確定行為

阿芬是個國中二年級的學生，她有一個很不好的習慣——遲交作業，老師不知講她多少次，結果都沒有用，她的作業，還是照拖不誤。每天早上約有五十分鐘做作業的時間，按照班規，沒有按時繳卷的學生，不准下課。因為阿芬很少把作業按時做完，所以她也罕有下課時間，人家正在興高采烈的玩笑嬉戲，她則皺眉苦臉的埋頭掙扎，補做作業，繼續奮鬥。老師觀察的結果顯示，阿芬的不良習慣，癥結在拖延，每次作業發下來後，她總是慢吞吞的不肯開始。因此，老師可確定的是：「縮短拖延時間，增強按時完成作業的次數。」即是他應努力的目標。

二、測定基線

在未實施增強前，老師觀察阿芬的行為五天，每天四十分鐘。結果發現，在這五天中，自作業發下來至她正式動工之間，平均歷時十五分鐘，長的時候達二十分鐘，甚至過了一半的時間還遲遲不肯動手，難怪她做不完。

 ## 三、選擇增強物

最初老師使用貼紙為增強物，五天後發覺其效果減低，乃改用口頭稱讚，如「好極了，阿芬！」、「阿芬，你真讓我感到驚訝！」、「阿芬，保持這個優良記錄吧！」等等。

 ## 四、安排後果

「開始時，使用繼續增強，每次阿芬按時完成作業，老師便給她一張貼紙。實驗結果，第一天她只拖延兩分鐘，第二天五分鐘，第三天六分鐘，第四天八分鐘，第五天遲至十分鐘後才開始。可見這時貼紙對阿芬已失去魔力，她又故態復萌了。因此，老師改用口頭稱讚為增強物，每次阿芬按時繳卷，老師當面給她褒獎一番，結果她的作業習慣大有改進，第一天她拖延九分鐘，第二天七分鐘，第三、四天都為四分鐘。老師覺得時機似乎成熟，乃把繼續增強改為間歇增強，有時給她稱讚，有時不給。施行結果，不如理想，阿芬的惡習逐漸復甦，第一天她僅拖延五分鐘，第二天六分鐘，第三天十分鐘，第四天十五分鐘。可見，老師操之過急，增強方式改變得太快了一點。這時，老師只好恢復先前的繼續增強方式，再來一次，經過六天的實施，終又把她的拖延時間降至平均每次四分鐘半的成績。老師認為時機確已成熟，乃再度嘗試間歇增強，一連維持十九天之久。在這十九天中，阿芬的拖延時間，平均每次只有兩分鐘半，也是一般學生的準

備時間。

五　評估效果

　　阿芬的作業習慣，的確改善了許多。不但每天及時繳交（有時提早），而且作業做得更乾淨整齊。在未實施增強前，她每次要拖十五分鐘才開始工作，實施增強後，她僅需兩分鐘半的準備就夠了，這確實是一個強烈的對比。

如何解決學生遲交作業的習慣（Ⅱ）

出處：楊錦遠著（民 83 ）：按時寫作業，交作業。載於台灣省政府
　　　　教育廳編印之班級經營──理論與實際， 155 － 157 頁。
解說：在一個大班級的教學中，學生的程度常有很大的落差。為了解
　　　　決學生因素質的良莠不齊，而不寫、不交或不按格式寫作業的
　　　　問題，楊老師提供了老師在督促學生在交、寫作業上應作的準
　　　　備工作、契約訂立及獎懲方式，和他班上的記錄實例，來作為
　　　　我們在處理學生遲交作業上的參考。

一　準備工作

　　㈠按照開學時復習考及月考成績，呈常態分配方式分組，以示公平。

　　㈡設計登錄表（表一），每週統一表（表二），影印裝訂成冊備用。

㈢教師事先明確表示寫作業、交作業、登錄記錄的方式，因病、因事請假的同學不列入記錄。

㈣和學生訂立契約，約定獎懲方式。

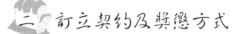

二　訂立契約及獎懲方式

㈠按時繳交作業，從第三週開始分組，並由組長查看是否按時交作業。

㈡制約方式：以一週不按規定繳交作業超過三次，下課自由活動時間取消，組長、組員輪流監督。

㈢方式：用團體力量帶動自動自發及合作風氣。每週每組皆按時交出作業，無一人丙等以下或不及格。每組每生分給「好兒童卡一張」（附圖一）

月考後總檢討最佳一組則分給每生「拾元獎勵券」一張（附圖二）拾元券累積後可到合作社換書，漸養成他們愛書的習慣。

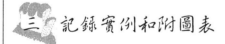

三　記錄實例和附圖表

表一　作業登錄表㈠組長

第三週（3月1日～3月6日）　　　（林苡玫）

成績＼科目＼座號	國語習作		數學習作甲	數學習作乙	數學課本	心得報告	生字簿	生字簿
	㈠課	㈡課	第㈠單元	第㈡單元	練習㈠	第㈠篇	第㈠課	第㈡課
7	○甲上	○甲上						
13	○甲上	○甲上						
24	○甲	○甲						

30	△ 乙	△ 乙							
39	○ 乙下	補 交 △ 丙下							
47	補× 交 丙	補× 交 丙下							
49	○ 甲上	○ 甲上							

評量 標準	①每天按時在上午 9 點 30 分前交出畫「○」，遲交畫「△」，沒交者畫「×」。 ②每天批閱過的，按等第或百分數填入上表內。
注意 事項	①組長由每組每週換人輪流擔任。 ②每週六作業指導時間做一週統計表。 ③月考後按常態分組重新調整。

表二　作業每週統計表

週次 獎懲人次 組別	三 獎勵人次	獎勵人次	四 獎勵人次	獎勵人次	五 獎勵人次	獎勵人次	六 獎勵人次	獎勵人次	獎勵人次	獎勵人次	獎勵名單	進步名單	懲處名單
一	136	25	126	32	139	29	148	19			苡玫、 鍵煮 郁君	鴻文	㊼
二	147	31	139	27	151	31	157	21			曉倫、 瑩潔 佩美	雪玉、 閔翔	⑤⑨
三	163	21	151	31	163	26	166	13			唯杰、 庚穎 國振	珮甄	⑯⑲

									獎勵名單		懲處名單
四	157	20	156	32	158	38	191	29	奇濛、冠龍	逸羚、葳如	㉑
五	139	38	138	43	148	25	198	19	博勛、家晨	信宏	
六	128	29	139	32	127	31	153	21	國典、佳晨	凱榮、彥中	㉜㉛
七	160	31	173	30	180	19	188	11	婉婷、婉貞	仕霖	㉚
八	192	13	201	9	199	20	201	3	秋蘭、文如、婷婷	文宏	㊼

評量標準	①教師批改過等第甲以上，百分數90分以上列入獎勵人次。 ②等第在丙以下，百分數不及格60分以下，或缺交者列入懲處名單。
注意事項	①獎勵名單按各組表現最佳姓名填入。 ②進步名單和上週比較從懲處名單剔除，或入獎勵名單。 ③懲處名單按各組表現最差同學以座號填入避免傷及自尊心。

好兒童卡

附圖一

獎勵
拾元券

附圖二

五、上課隨意走動，擾亂秩序

1. 讓該名學生幫忙分發作業或實驗器材。

2. 當老師的助手，如幫忙拿著教具給同學觀看。

3. 請到前面，幫老師看著同學，一起上課。

4. 以班級為單位，直到大家都做了適當的行為，老師的鐘才繼續走，否則永遠停在那兒不動。而每堂課必須在鐘走了一定的時間後才能下課。

5. 積極治本方法——找時間面談，並曉以大義，且利用其專長或興趣，如讓其認養植物，或發揮其特長，肯定他、讚美他、讓他建立信心、肯定自我。

六、忘記帶學具到學校

1. 事先已說明，不讓家長成為孩子的「快遞信差」，並指導學生在當晚睡覺前，先檢視自己隔日上課的學具裝備。

2. 到校發現時，到同年級或高年級班級，向朋友先借用。

3. 若遇無法借用的學具，如習作，指導借用同學的習作簿，到合作社影印。

4. 當節發現時，書本則與鄰座同學一起看，用具則由願意借用者，與其同時使用，或使用其他可用學具。

七、破壞公物

1. 查明嬉戲或惡作劇。

2. 物歸原位，弄乾淨。

3. 書明便條請學生帶回給家長。

*4.*要求賠償，並請家長陪同孩子確認。

八、打架、鬥狠

*1.*正在進行時，老師須及時制止，抓住一方，使無法出手。

*2.*到室外，先自行溝通講和（自行和解）。再進教室告訴老師是否和解。

*3.*嚴重者，不多講，令其拿筆，由犯規生自行自白自訴，並簽具年月日與姓名，有據可考。

*4.*視情況的嚴重度，決定是否告知家長。

*5.*在老師監督下，使學生有合法的打鬥機會，如拳擊課、柔道課等，予以發洩精力。

九、考試作弊

*1.*換座位，使那些互相幫助而欺騙老師的學生分開坐。

*2.*沒收其考卷，找時間再給他考一次。

*3.*給予開卷式的考試，或申論式的考試。

*4.*使用複本試題，隔壁排的學生，其試卷不同。

*5.*但若校規有規定，則需依校規處理，並應予以個別諮商輔導，並可允諾今後只要能改過來，則為其銷過，使其重振努力向學的信念和興趣。

十、糗事

如身體不適而吐或尿失禁……等。

全班輔導，曉以大義，說明狀況，並讓學生使用同理心，若當事者是你自己，你感受如何？所以，大家都要體諒與幫忙。

十一、罵髒話

1.說明罵髒話會少了很多朋友，因為人人不喜歡被辱罵；罵人會失去自己的品格。

2.再反問他；問他願不願被辱罵。

3.屢犯者，讓全班同學一起幫忙「監控」，改變其行為。

十二、惡作劇

罵綽號或開玩笑過分。

1.不生氣，生氣則上其當。

2.若找不出適當辦法，則以靜制動。

3.說故事舉例曾亂開玩笑的後果（如被殺或被辱者自殺）。

4.反制法或幽默法。例如：學生將果皮放置在老師桌上，老師可一面將果皮丟到垃圾桶，一面說：老師喜歡的是剝了皮的橘子，而不是沒有橘子的果皮。

十三、偷竊（可參考實例八）

1.不逼供，不打罵；個別密詢，曉以大義，留給學生台階下，告知彼此心裡有數。

2.運用各種方法，迂迴探察。

3.有結果，財物歸還，視情況保密，給機會改過。

4.屢犯者，聯絡家長。

5.學生紙筆自白後，並簽具姓名、日期存查。

如何處理學生偷竊行為

出處：梁秀英著（民 83），舉頭三尺有神明，載於王淑俐著<u>教育高招 1000</u>。台北：南宏圖書公司，203－204 頁。

解說：梁老師針對國小學生盛傳的偷竊行為在此訴諸「神明」及「良心」的方法，雖然最後並沒有去找出誰是真正的元凶，但卻仍然讓學生發揮了良心的力量而物歸原主。

五年五班的偷竊之風很盛，時常有學生來報告東西不見了，怎麼問，怎麼找，都沒有結果，就這樣過了好一段時間。

有一天，上自然課，我從教具室借了幾個放大鏡及指南針發給學生用，下課時收回放在前面的講桌上。沒想到第二節上課要用時，發現少了一個指南針，當場搜遍教室各個角落，就是不見蹤跡；繼續查詢，發現楊生涉嫌較重，但苦無證據，任我好說歹說，就是沒人承認，情急之下，我突生一計。

我要全班學生閉上眼睛，然後告訴他們：「上一節課用的指南針，下課後突然不見，我知道是班上某位同學拿走了，雖然當時沒人看見，但在我們頭上的「神」看見了，祂也記下你這次不好的行為，如果不還回來，你一輩子良心不安，你願意為了一個小小的指南針而痛苦一輩子嗎？過去班上時常掉東西，誰偷的？公平正義的「神」都知道，如果你要過平安、喜樂的日子，就得把過去所偷的還回去。你怕別人知道，可以趁無人時，偷偷放回去，這樣，「神」會原諒你，你的良心才會平安。」

奇怪的事發生了，第二天，那個指南針不聲不響的回到講桌上

（沒有人看到是誰放回去的），又有很多學生來報告，以前掉的東西都回來了。

十四、上課打瞌睡

    *1.*老師走近或請鄰座同學負責提醒或搖醒。

    *2.*老師請學生到洗手台洗臉或自動到教室後面動動筋骨後回座。

    *3.*老師可請學生走一趟，幫忙倒杯開水。

    *4.*老師可請學生上台當教師助手，幫忙展示教具或擦拭黑板。

    *5.*若是有多位學生打瞌睡時：

        ⑴老師令大家起立後，動動筋骨三十秒坐下。

        ⑵老師口令「起立、坐下」幾次的提神操練。

        ⑶老師隨機帶個短短的「帶動唱」活動。

        ⑷老師隨機講個笑話。

    *6.*隨時注意教室內空氣的流通、窗戶的開關。

    *7.*當覺察學生是因身體不舒服、生病了或其他生理因素造成，老師就應當允許學生暫時休息或回家看病休養，或到保健中心處理。

    *8.*當發現是固定那一、兩個學生時，老師應予以個別談話，作深入瞭解。若是由家庭因素或生理疾病所造成，教師要與家長聯絡溝通適當辦法，或作家庭訪視，與家長研討解決對策。

十五、說謊

    *1.*已知其說謊，無需與學生再糾纏盤問爭辯。

    *2.*曉以大義，說明可能的後果。

*3.*告知不必多說，彼此心裡有數。

十六、領群犯規

乙、丙、丁等學生聽令於甲生，共同犯科情事。

*1.*查明來龍去脈後，四位學生均按照規約處罰。

*2.*說明乙、丙、丁等不聽老師言，不守校規，而卻只聽令於甲生；因此，乙、丙、丁等生再受罰，唯甲生可免。

*3.*嚴肅告訴甲生免罰，是因其他三人均聽令於你，今後這三人歸你帶領，遵守校規，他們表現好，就是你帶領得好；他們有錯，責任歸你負責，因為你是領導的「頭」，當好領導人，大家看得起，並告誡其他三人，要聽他的話。

*4.*四人紙筆自白留據存查。

參考書目

王淑俐（民83）：<u>教育高招1000</u>。台北：南宏圖書公司。

朱文雄（民80）：教室不當行為管理方式──從鉅觀到微觀。<u>國教天地</u>，<u>90期</u>，10頁。

朱文雄（民84）：<u>班級經營</u>。高雄：復文出版社。

朱品瑛（民84）：國小班級的常規管理。載於黃政傑、李隆盛主編之<u>班級經營──理念與策略</u>，台北：師大書苑，246－247頁。

邱連煌（民74）：心理與教育。台北：文景出版社。

柯華葳（民84）：班級常規管理的思考與歷程。載於黃政傑、李隆盛主編之<u>班級經營──理念與策略</u>。台北：師大書苑，213－238頁。

張春興、林清山（民 70 ）：教育心理學。東華書局。

陳和政（民 79 ）：教室如何管理，師友。27 期，36 － 37 頁。

張俊紳（民 80 ）：教學的首道難題。國教之聲，25 卷 2 期，23 － 27 頁。

張德銳／陳賜福節譯（民 80 ）：有效能的教室管理和教室紀律。國教世紀，26
　　卷 6 期，14 － 23 頁。

梁丁財（民 82 ）：教室管理之探討。南投文教，5 期，34 － 36 頁。

張新仁（民 84 ）：教室管理的理念與實務。載於黃政傑、李隆盛主編之班級經營
　　──理念與策略。台北：師大書苑，251 － 270 頁。

黃宜敏（民 80 ）：班級違規行為之預防與處理策略。載於高雄市政府教育局編印
　　之教室經營，228 － 238 頁。

葉聰明（民 80 ）：班級裡的春天──班級問題的處理方法和原則。教與愛，35
　　期，37 頁。

黃永結（民 84 ）：國小教室管理實務。載於黃政傑、李隆盛主編之班級經營──
　　理念與策略。台北：師大書苑，277 － 297 頁。

裘學賢（民 80 ）：小學生常見的違規行為及老師因應之策略。國教之友，43 卷
　　1 期，11 － 16 頁。

9

增進親師合作

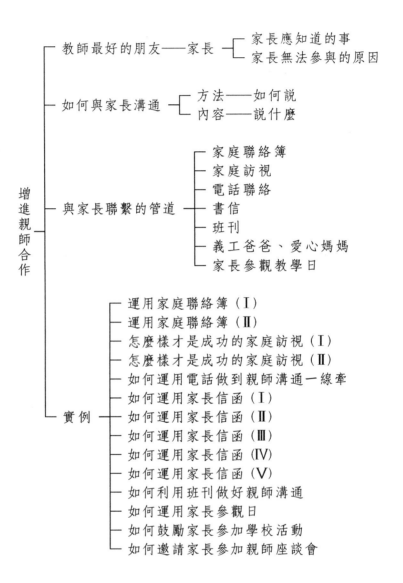

增進親師合作
├─ 教師最好的朋友──家長 ┬ 家長應知道的事
│   └ 家長無法參與的原因
├─ 如何與家長溝通 ┬ 方法──如何說
│   └ 內容──說什麼
├─ 與家長聯繫的管道 ┬ 家庭聯絡簿
│   ├ 家庭訪視
│   ├ 電話聯絡
│   ├ 書信
│   ├ 班刊
│   ├ 義工爸爸、愛心媽媽
│   └ 家長參觀教學日
└─ 實例 ┬ 運用家庭聯絡簿（Ⅰ）
        ├ 運用家庭聯絡簿（Ⅱ）
        ├ 怎麼樣才是成功的家庭訪視（Ⅰ）
        ├ 怎麼樣才是成功的家庭訪視（Ⅱ）
        ├ 如何運用電話做到親師溝通一線牽
        ├ 如何運用家長信函（Ⅰ）
        ├ 如何運用家長信函（Ⅱ）
        ├ 如何運用家長信函（Ⅲ）
        ├ 如何運用家長信函（Ⅳ）
        ├ 如何運用家長信函（Ⅴ）
        ├ 如何利用班刊做好親師溝通
        ├ 如何運用家長參觀日
        ├ 如何鼓勵家長參加學校活動
        └ 如何邀請家長參加親師座談會

「其實他們一點都不懂我的心！」、「為什麼那些家長老是要干涉我的教學！」、「家長老是喜歡跟我們唱反調、扯我們後腿！」、「都是家長不合作，孩子今天才會變成這個樣子！」相信許多教育工作者都曾有過這樣的感嘆！在面對全班四、五十名學生時，每個學生都有他不同的家庭背景、身心狀況、價值觀念……等，若還須將學生各種大大小小生活上的問題處置得宜，就常會顯得分身乏術。而一旦孩子發生了問題，家長卻又將矛頭指向學校，似乎學生所有的過錯，老師都必須負責。

其實，就如同許多教育學家常提到的：「青少年問題種因在家庭，顯現在學校，惡化在社會。」可見，教育的成敗實取決於學校、家庭和社會三者之間互動的關係（王麗君，民 81）。近年來，也有許多專家提出了合作教育的觀念，認為教師、學生、家長之間是一種密不可分的鐵三角關係，若家長和教師能在彼此互賴的基礎上合作，必可造就學生更完全的發展；反之，就可能牽制了學生全人格的教育。但是，反觀台灣目前的教育，老師和家長之間常存在許多解不開的矛盾情結，老師感嘆家長的不體諒、不合作，家長對老師又有一種「既期待，又怕孩子受傷害」的心理。

本章將一一討論教師與家長聯繫的各種管道，並提供各項實例，希望能提供各位教師參考，讓家長和教師能夠站在同一陣線上，一起為孩子的教育來努力。

教師最好的朋友——家長

「天下無不是的父母！」所有的家長都希望自己的子女在學校中有良好表現及學習，所有家長也都是關心自己的子女，希望自己的子女將來能

成龍、成鳳，故家長對教師就不可避免的有許多的期望，如希望教師能關心自己的子女，並能教導及管教孩子，使他們不僅能學得基本的知識，也能在行為上有所成長，也希望教師們個個都能認真、樂意、盡力教學，使他們知道孩子的學習狀況及困難之處。然而就教師的觀點而言，有些家長的「期望」反而讓教師頭痛不已，因為他們可能不是不支持教師，就是已經干擾了教學的進行。因此，為了讓教師和家長共同合作，而又不至干擾教學，應對以下各點瞭解清楚（金樹人譯，民78）

一、家長應知道的事

對於學校的教育與常規訓練，有四件事是必須讓家長知道的：

(一)教師對學生的期望

每個老師對學生都有不同的期望、標準及處理方式，而這些期望大多是針對學生的個別差異和學校校規而訂定的，故教師應使用簡短、易懂的方式，經由信函、母姐會或家長參觀日時，傳達這些期望讓家長瞭解。

(二)期望達成的方式

教師既然對學生有所期望，必有使這些期望達成的執行方式，這些方式應由教師來決定，但要讓家長知道，這樣，學生在接受這些處理方式時，家長就不會太驚訝，也不會有所謂不公的情況發生。

(三)子女在學校的表現

家長有權知道自己的子女在學校的表現，故學校應定期通知家長其子女在學校的各種行為表現。如學校可使用短函、電話或正式的信函來告知，學生有好的表現時，家長知道了，可以對學生有更進一步的增強；若學生出了問題，告知家長，也才能掌握學生，共同協助學生。

(四)他們所能提供的協助

　　學校教師可以主動地要求家長，讓他們提供一不受干擾的環境來讓學生做功課，或協助子女的功課、進行簡單的教學，教師也可以告知家長他們所能提供的時間、服務、運輸，甚至精神上的協助，如各校成立的愛心媽媽即是。

　　家長所能提供的協助方式有很多種，教師可明確地告知家長，當他們相信這些要求的確能幫助孩子成長時，他們也會很樂意地去支持老師。

二、家長無法參與的原因

　　家長很重視孩子的教育，但大部分參與程度不高，造成老師和家長不易攜手的千千心結，其原因在於：

(一)不願去干預

　　大部分家長認為教育是學校的事，不應該干預，只能支持學校所決定的事。有些家長甚至和老師十分明顯的「分層負責」，認為學校的歸學校，家庭歸家庭，兩處的教育實施不相關聯。

(二)不知做什麼及如何做

　　孩子一進入到學校，就彷彿進入到一黑箱子內，家長即使有心幫忙，也不知該如何幫起，為恐「愈幫愈忙」，就乾脆放手不管；或因國情的關係，若非老師要求，要他們向教師提出建議，他們會覺得很不自在、困窘，所以他們不是三緘其口，就是「睜隻眼閉隻眼」地將所有問題擱置著。

(三)他們沒有充裕的時間

即使有些家長有心去關心孩子，卻因常須為家計奔波，而難得有充裕的時間，等到學校熱心地和家長接觸時，通常孩子已經「出事」了。

以上，只是一些阻擋在教師與家長之間的心結，教師可以經由原因的探討，主動利用一些機會，如短函班刊……等方式，讓家長知道要如何地提供協助，才能使孩子有更大的進步，這樣一來，親師關係即可以熱絡起來，讓家長和教師通力合作，共同改善教育效果。

如何與家長溝通

家長的支持與協助對教師的幫忙很大，但往往因為家長的冷漠、忽略、膽怯……等心態而有所阻礙。去除阻礙的主要關鍵就在於溝通，應由老師這一方面採取主動的立場，但是教師又該如何說？說些什麼呢？以下就讓我們看一看一些專家學者給我們的建議（王淑俐，民78；王麗君，民81；金樹人譯，民78；廖健安，民68）

一、方法——如何說

家長都是希望老師是真誠地關心孩子、愛孩子，且具有專業、有豐富的學識，所以在和家長溝通之時，教師應考慮到自己的專業，保持一種有自信的態度，用一種簡明易懂的方式來表達自己的意思，否則，只是支支吾吾地含糊其詞，又怎麼能讓家長接受你，進而提供協助？同時，在溝通

過程中，也應保持泰然自若和積極傾聽的態度，因為一個彷若「獨裁領導者」的老師，只會在教師和家長之間築起了更高的一座「心牆」。

其次，教師要能解除家長的警戒心。一般的家長對孩子的各種消息都極為敏感，甚至有：「沒消息就是好消息」的心態，認為孩子一定出事了，老師才會通知他們。因此，老師應以一種友善、坦誠的態度去化解家長的警戒心，讓家長知道不論何時、何地，我們都是和他們站在同樣的立場、同樣的心情去關心孩子，而不是等到學生出事時才告訴學生：「請你的家長到學校來一趟。」

教師對家長也應該坦白，毋須隱瞞事實，也不要支支吾吾，但要用正向的態度及對孩子長遠成長的考慮去和家長溝通。若學生表現良好，則老師可提供家長瞭解，並讓他們知道學生未來發展的潛能；如果學生表現不好，也應該用正向的方法來說明改進之道。而教師這種坦白與支持的態度也會使家長產生同樣的態度。

在溝通的過程中，教師亦應盡量以簡單、明白、有條理的方式去做說明，不需要太繁瑣，也盡量不要使用專業術語。

綜合以上，在從事親師溝通時應注意到下列各點：

(一)教師應該敞開自己的心胸，接受批評

由於學生家長都非常注意子女所受教育的品質，故一有機會，就可能會向老師反應出他們的意見。這時不管是讚美或批評，老師都應力持平和的心境，傾聽和接納這些批評，然後再就事論事，檢討並改善自己的做法。

(二)主動並定期地與家長聯繫

「主動」是建立情誼的關鍵，老師應在開學之初就主動與學生家長聯絡，不論是書面、當面或電話等方式，讓家長知道自己是個關心學生且負責任的好老師；而且要有規律的接觸，讓家長時時都和老師溝通，也能戒

除家長對老師的排斥感。

(三)多以預防行動代替治療行動

「預防勝於治療」不僅在維護健康上有效，在防止問題行為及增進身體健康上亦然，教師應有敏銳的觀察力，一旦覺察到問題的徵兆，立即商請家長共同解決問題。

(四)告訴家長明確可行的教育方式

學生一旦有問題徵兆出現時，老師應直接為家長指出一些明確可行的教育方式，而這些方式最好能滿足家長的需要，因為，這樣可增進家長對老師的支持與信賴；而如果家長能依照老師的指點，對孩子的教育有所幫助時，就應對家長予以讚許與鼓勵，使家長知道付出及努力是值得的。

(五)力持關心和尊重的態度

「關心」及「尊重」是任何人與人之間溝通成功的關鍵，只要老師是真心關心學生及其家長，並且不因家長的學歷、地位而有差別待遇的話，家長多半願意與老師合作。否則家長會在孩子面前恣意批評教師，使學生失去對老師應有的敬意。

二、內容——說什麼

教師與家長溝通的內容，應盡可能地限於教育的範圍內。這些內容又可歸為五類：

(一)學習

在以「學習」做為溝通的內容時，可專注於以下的部分：如教學目標、教學活動、家庭作業、學生學習成就的表現、學生學習困擾上的意見

交換等（鄭玉疊、郭慶發，民 83 ），在教學目標中，教師最好能讓家長瞭解較大的教學目標，如：「精熟九九乘法表」；「學會英文疑問句的寫法」；「能認識作者的身世背景」等等。

　　教學活動在此指的是學生達成教學目標的方法，而教師在描述到這個部分時，最好能簡潔扼要，例如：「每節課都會有十分鐘的測驗時間，二十～三十分鐘的講解時間，及剩下五～十分鐘的練習時間」；「每個禮拜學生都至少交二篇作文」等。

　　而家庭作業的說明也要盡量明確、清楚。例如：「今天的作業是將英文課本第十二課的單字背熟」；「要將國文習作第五課的練習題全部寫完」。此外，也應告訴家長他們可以對子女提供怎麼樣的協助。例如：「可和子女談論近日來的時事」；「每天都可安排一安靜、不受干擾的地方供子女做功課」等。

　　當老師將「學習」的內容告知家長時，家長不僅能對孩子的學習有所瞭解，也能隨時配合老師督促孩子的學習，最終達到教學相長的地步──老師、家長及學生，三方面共同成長。

(二)常規訓練

　　常規訓練是教師用來掌握學生的方法，如教室裡的規定、獎懲的辦法，及需要家長的支持等。在與家長談論到這方面的問題時，教師的語氣應是肯定且有自信的，並能讓家長明白到常規訓練對學習的影響。

　　此外，教師也應主動提醒家長，對子女生活上容易忽略的小節，如子女奇裝異服可能是行為異常的開端、觀察子女上放學的神色、、留意子女金錢的進出等，如此共同來關心學生，防患學生問題行為於未然。

(三)自我概念

　　自我概念是學生在學習的過程中，經由與人的互動而產生，為了讓學生有正向的自我概念，則須提供學生獲得成功及被肯定的機會。除了老師

及同學之外，教師的稱讚及獎賞對學生建立自我肯定也有很大的助益。教師應幫助家長藉由成績單、聯絡簿等，瞭解到子女的行為表現，並對於正向行為予以適度的獎賞，來幫助學生形成一個真正具有自信，能自我肯定的正向自我概念。

㈣家長如何提供協助

關於家長如何提供協助，是教師與家長溝通時一項不可缺少的話題。當家長覺得有參與感，對學生的學習及行為有直接的貢獻時，他們對教師的支持也就愈強。家長可提供的協助，包括前面提到的時間、金錢、服務及指導等，但家長並不會主動知道這些，也不會主動要求提供這些協助，因此，教師就應該以真心誠意的態度，清楚明白地告訴家長他們能夠如何地提供協助，只要這些教育計畫能幫助學生成長，相信每位家長都願意伸出援手。

㈤班上的消息

對家長傳達班上的消息有很大的效用，也可以使家長瞭解學校在上些什麼課，進行些什麼活動。故教師可經由書信或發行班刊的方式，來傳達一些班上的消息讓家長知道。如：學生優良作品的報導；班上舉辦的慶生會等活動；統計學生在學業上的進步情況等。需要特別注意的是，每位學生的動態都要兼顧到。

通常家長都會對這些訊息感到興趣，他們會與孩子進一步討論到學校的事情。而這些訊息也顯示了學校充實的教學活動，也讓家長注意到孩子在學校的生活，也表示教師不但關心學生，也關心到家長。

與家長聯繫的管道

　　為了能讓親師合作的工作更加落實，教師應利用各種不同的管道來和家長接觸、聯繫，以下將介紹增進親師溝通的各項管道。

一、家庭聯絡簿

　　家長無法長時間的留守在學校，而老師有時因課務繁忙，也沒有辦法和家長一一對學生情況作有效的溝通，於是這種老師和家長之間的「聯絡簿外交」也就因應而生了。

　　傳統上，有許多老師只是把聯絡簿當作學生的作業紀錄本、備忘錄，裡面除了記錄學生的家庭作業及每天應帶的物品外，就是一些格式化、公式化的批閱及章印！其實，記錄事項只是聯絡簿的作用之一，除此之外，它還可以是學生的心情記錄本、老師與家長的溝通橋樑……等，老師也可因為自己的創意而發掘出它許多活潑而又多元化的妙用（可參考實例一、二）。其運用的策略如下（許慶恭，民 83）

運用家庭聯絡簿（Ⅰ）

出處：吳佳芬（民 84）：家庭聯絡簿運用舉例。教師之友，36 卷 1
期，15 － 19 頁。

解說：吳佳芬老師認為家庭聯絡簿不僅是一本備忘錄，它同時能有日
記、信、記事、座右銘……等功用。故她將各班老師的精心設
計及其具備的優點，以 321 頁～ 323 頁的具體實例綜合簡述如
下：

一、指導學生利用顏色表達當天心情（參考圖示①）

讓學生選出幾種具代表性的顏色，代表當天的心情，例如：紅
色，表示心情好極了；黑色，表示心情糟透了；藍色，表示哀傷；紫
色，表示害怕；綠色，表示平安、愉快……等等。

小朋友可在聯絡事項，家庭那一格，畫個紅圈圈，或綠色的心
型，或黑色的正方形……等，告訴老師當天的心情，老師若看到出現
黑色，就要趕快和小朋友談談，找出問題癥結，共同解決。如果看見
一顆紅通通的心，則可和小朋友一起分享喜悅。其他以此類推，透過
顏色的傳達，老師不必再逐字細看學生的留言，則可馬上判斷該生是
否需接受輔導，而且，這一招對於內向的孩子更是有益，即使他羞於
啟齒，也可用顏色和老師溝通，此外，低年級小朋友識字不多，也可
利用這個法子。

二、畫臉譜表示當日心情（參考圖示②）

此法和第一種方法有異曲同工之妙，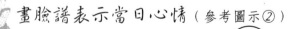表示高興；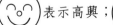

表示難過；（ ）表示生氣；（ ）表示傷心；（ ）表示害怕。

　　簡明易懂，高年級小朋友還可以在臉譜下寫些字，敘述一下為什麼高興？為什麼傷心？感想為何？（參考 321 頁圖示③）

三　利用印章告訴家長孩子的表現

　　小朋友在校的表現，大約可由作業完成情形、平時考成績、學習態度、整潔工作……等項目來觀察。老師們若事先刻好一些印章，可節省許多時間，第一個是老師姓名的印章，圖示④代表簽名；第二個是平時考各科的名稱及分數的章（參考圖示⑤）；第三個是行為表現印章（參考圖示⑥）；第四個是卡通印章，最好是老師自己設計，坊間買不到的，當小朋友表現良好，如：聽寫考滿分，就蓋個卡通印章，鼓勵鼓勵。（參考圖示⑦）

四　指導學生每日寫句成語，增進語文能力（圖示⑧）

　　鼓勵中年級以上的小朋友，每天找一句成語、諺語、名人語錄……，記在聯絡簿上，充實自己的語文能力。而且，每天翻閱聯絡簿都會看見這些句子，久而久之，就能背誦，作文、演說時都能運用，真是好處多多。

五　指導兒童書寫中心德目記錄在家協助家事情形

　　協助父母做事也是生活教育之一，藉著聯絡簿的記載，可以讓老師明白孩子們在家的情況，表現好的也可以給予鼓勵。（參考圖示⑨）

　　另外，中高年級的小朋友，還可增加一項中心德目，如此一來，開朝會時更要聚精會神的聆聽校長、主任或總導護老師的報告。（參考圖示⑩）

六、讓學生家長和老師紙上對話

例如圖示⑪，家長向老師致謝，老師也回答：「哪裡，不客氣！」就是親師溝通的最佳範例。

七、利用簡易通告，讓家長瞭解需要配合事項及學校行事

圖示⑫是一年級老師給家長的通知書，告訴家長如何協助剛入學的小朋友完成作業，復習功課，並提示該年級小朋友重要的學科重點……等等。

圖示⑬是早自習時間的行事曆，家長一目了然，學生更不會天天無所適從，不知早自修該如何打發才好。

八、指導學生電話禮貌及與老師通話時間

圖示⑭是一個簡單的會話形式，尤其是小朋友，從一年級開始就得教導這種有禮貌的談話方式，而且，要提醒他們注意時間，千萬不要在別人進餐或就寢時間打電話去打擾。

九、通知家長復習考進度及分數

參考圖示⑮通知家長月考將至，班上將有一連串的復習考。每個小朋友可依自己的標準和自己比較，看看自己是否有進步，家長也可參考復習考的分數，給孩子一些建議。

★能指導學生利用顏色表達當天心情

★能指導學生利用聯絡簿寫出月考後的反省及記錄在家協助家事情形

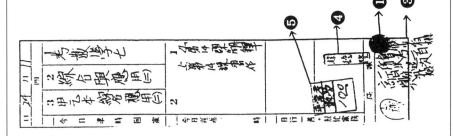

★能指導兒童每日寫句成語增進國語文能力

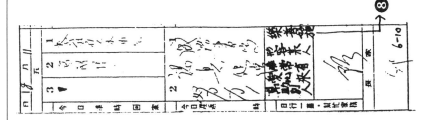

★能指導兒童書寫中心德目，記錄在家協助家事情形及書顏語表示當日心情

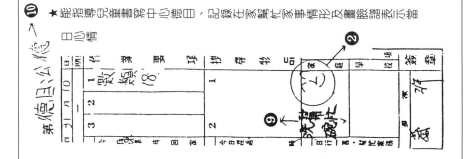

★能利用名牌表現章讓家長了解兒童在校情形

★能利用圖表讓兒童及家長了解學校行事

★能指導學生電話禮貌及與老師通話時間

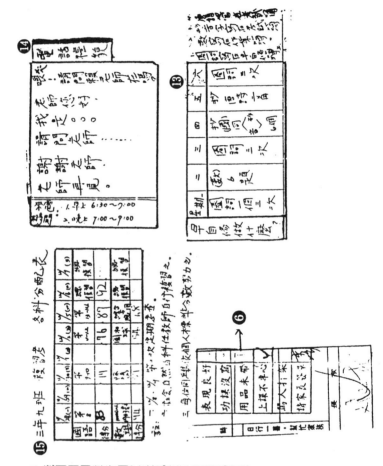

★能利用印章告知家長兒童作業完成情形

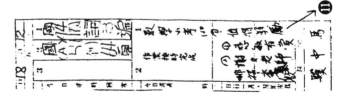

★能利用簡易通告讓家長了解需要配合口事項通知

<h2>通　知</h2>

一、請在書揹上寫用品上寫班與姓名。

二、將家用家庭聯絡簿，此請每日查閱所簽名。

三、請陪孩子一起做功課，並注意握子寫字的姿勢。

四、請事先準備明天上課所需物品。

五、第十週（十月六日至十二日）開始上國語第一冊。

六、學十週一考國語文測驗，請家長多多陪伴孩子複習詞語。

因此請孩子注意子的注音符號與拼音練習因為是很重要的。

一年三班老師林麗花敬上十月十六。

★能利用印章清楚告訴家長兒童作業完成情形及在校平時成績

	十六語第三課	作業不完整			家
	3	2	數學88分	林 高章	長
月 日					

★能利用蓋章讓家長了解兒童平時考成績

	1 習字簿	1 檢討考卷			家
	2 國語乙本	2 寫考卷要注意			長
	3 國習二十九				
月 日					

日月開	作　業　要　項	攜　帶　物　品	科目	學 校	簽章
	1	1			家
	3	2			長

運用家庭聯絡簿（Ⅱ）

出處：陳愛華（民83）：家庭聯絡簿運用策略。載於台灣省教育廳
編印之班級經營——理論與實際，548－551頁。

解說：陳老師將家長聯絡簿的方式與實際內容歸納略述於下，並希望
教師可依各班不同的班級情況，選擇適當方式使用它。（而文
中所舉的事例，皆為真人真事，但為顧及學生隱私權，故另取
他名以取代之）

 一　報告學生在校優良表現

1.敬之最近表現良好，上課專心，也常舉手發言，請給予鼓勵。

2.小雲今天是值日生，認真又負責，把教室整理得很乾淨，值得
嘉許。

3.志輝今天上臺表演唱作俱佳，家長可和小孩談談對此事的看法。

 二　報告學生在校異常行為或特殊意外事件

1.永明上星期六向我借一支咖啡色蠟筆，卻把它折成兩段並丟
掉，為了讓他知道借東西一定要還的道理，並讓他養成負責的態度，
所以請他從自己的那盒裡面拿來賠償。

2.光耀下課玩耍，不小心撞到頭，至健康中心敷藥，回家請留
意。（頭部左後方有一小傷口）。

 三　反應學生學用品未帶或未寫

1.雪芳的回家作業常沒做完，月考已近，請予加強督促！

2.志剛今天總共忘了帶：作業簿、名牌、剪刀，希望家長能和小孩談談改善之道。

四 告知家長學生在校學習情況，並請協助輔導

1.嘉偉今日①數學計算時不用心②國字寫得不夠端正，請家長多加督促。

2.素玲因為前三節去參加美勞比賽，所以數學課沒聽到，麻煩家長指導課本十八～二十二頁及習作二〇頁。

五 請家長配合交代之相關事項

1.請交戶口名簿影本、接種記錄表及緊急聯絡單。

2.請勿讓貴子弟去電動店打電動，務請協助勸導。

六 與家長溝通觀念

1.日昇向本班同學借十五元，請明天還給他，並請您輔導孩子，不要養成借錢的習慣。

2.貴家長：淑芬的聯絡簿已有多次沒簽的記錄，盼您在繁忙之餘，藉由聯絡簿和孩子溝通，這應該是最好用又簡單的親子溝通。

3.學校上學時間是七點三十分～七點五十分，為了學生安全問題，請配合學校規定的時間上學，並能排路隊。

七 告知學校親職活動，或回應家長問題

1.本週五媽媽教室活動，邀請臺北縣教育局長到校演講，並有燒畫研習，請您撥空參加，謝謝！

2.劉太太：學校男生校服是有領的藍色西裝（附校徽），自由購買，如果已有就不用再買了。

八、關心學生健康情形

1. 珍珍最近常說身體不舒服，是否有看醫生？
2. 該生視力左一.○，右○.七，右眼不良，請帶往眼科複診。

九、對學生的期望告誡

1. 錫祥：課業上也該做自我檢討。
2. 老師希望你凡事不要太急。

十、每日寫一句成語、一句格言、一首詩或做檢討

1. 每日寫一句成語並加以解釋。
2. 寫一句勵志格言，記下自己的心得感想，惕勵自己於日常生活中實踐。
3. 寫一首喜愛的古詩或現代詩佳句，以怡情悅性。
4. 讓學生對生活、課業做自我檢討，或請家長寫一句鼓勵孩子、期望孩子的話，使親子與師生之間有更多的互動機會。

土、做了那些事？

讓學生寫出在家裡做了那些家事，以培養學生對家的責任感，體恤父母的辛勞。

古、給學生鼓勵增強

學生當日各項行為表現良好，如：熱心助人、上課認真、小考一百分……等，導師在聯絡簿上蓋獎、優、笑臉、好棒、卡通圖案等章，或貼上蘭馨獎貼紙，以鼓勵小朋友。

刻印章（依學生當日表現，蓋上適當的詞章）

1. 進步了，再加油。
2. 晨檢不合格。
3. 作業錯誤未訂正。
4. ××小考××分。
5. 未準備用具器材。
6. 上課不專心。

 以問卷請家長評量

每週六以問卷浮貼於聯絡簿頁上，由家長就本週來子女在家之生活表現做一評量，每週一老師收回，作為生活教育評量之參考及改進依據。

(一)家長聯絡簿查閱的時機

1. 繳交：可在早自修時由老師指派每排一位學生收回，並按次序排列放在教師桌上，並且列出每排學生缺繳的名單。
2. 查閱：最好能利用早自習或早上下課或無課的時間盡早查閱。如此，家長如果有填寫一些重要事項，才能爭取時效，立即處理。
3. 發還：在放學前最後一堂課的時間，發還給學生填寫當天的回家作業及聯絡事項，查驗無誤後，在聯絡簿上簽章，由學生攜回。

(二)家長聯絡簿填寫的項目及內容

1. 學生的家庭作業。

2.學生當日的心情記錄。

3.學生的平時考查成績。

4.學生隔天應帶的用品。

5.學生在校的表現。

6.教師與家長聯絡的事項。

7.家長與教師聯絡的事項。

8.回答家長的問題。

9.其他。

(三)學生不拿聯絡簿回家給家長簽名的處理方式

1.打電話給家長。

2.事先和學生作好明確的約定。

(1)聯絡簿遺失時，必須重新再買一本，以避免學生因藉口遺失而不交給家長查看。

(2)處罰方式：如可以叫學生擔任值日生工作、抄寫功課等，可以由老師和學生共同決定。

(3)一旦和學生作好明確的約定，就應確實的執行。

(四)家長不關心，不願在聯絡簿簽章的處理方式

1.打電話與家長溝通觀念。

2.教導學生，使學生有良好表現來引起家長的重視，進而改變態度；或透過其他家長來改變其看法，瞭解聯絡簿的功用。

家長聯絡簿不僅能達到師生間良好的溝通，更能為家長和教師之間搭起聯繫的橋樑；它能跨越時間與空間的限制，建立起家長、學生、教師之間更深的情誼。

二、家庭訪視

　　除了上述家長聯絡簿外，一般而言親師溝通中最直接有效的方式就是家庭訪視了。因為家庭是學生所有行為發展的源頭，因此定期及不定期的家庭訪視，不僅可驗證學生在校的行為，更可從家庭其他成員的會談中增進老師對學生，及家庭與教師間相互的瞭解；再者，從家庭所處周遭的環境中，老師也可瞭解學生的生活經驗，進而針對學生個別差異來進行教學。但是雖然家庭訪視對教師從事教育工作有很大的幫助，若實施不當，卻也反倒升高了家庭、老師及學生間衝突的機會，而成為教師在教育工作上的絆腳石（梅媛媛，民 82）。以下分別說明教師在進行家庭訪視時可資運用的技術及注意事項（金樹人，民 78；林碧霞，民 79；梅媛媛，民 82；鄭玉疊、郭慶發，民 83）

(一)訪視的時機

　　除了學校行事曆所規定的時間外，教師最好能在剛開學的一個月內進行家庭訪視，如此，可以立刻對學生有所認識與瞭解，也能讓家長知道你對學生所投注的關心，而給予更大的支持。除此之外，老師也可視各學生的需要而進行不定期的家訪（可參考實例三、四）。

實例三

怎樣才是成功的家庭訪視（Ⅰ）

出處：羅芙蓉著（民 83）：讓家長知道老師是關心孩子的。載於王
　　　　淑俐著教育高招 1000。台北：南宏圖書公司，314-315 頁。

解說：有時候認真的老師也難免會有疏失的時候，只要「亡羊補牢」，
　　　應是「為時不晚」。以下就讓我們來看看羅老師是如何讓家長
　　　知道他對孩子的關心，而重新獲得家長對他的信賴。

　　　上課的時候林明達靜靜的坐在座位上，既不說話也不寫字。我以
為他在鬧情緒，所以不理他。半節課過去了，只見他仍是左手握住右
手的手肘，皺著眉頭，不聲不響，我坐到他的座位旁問他：「怎麼
了！」，他也不回答，接著放學了。第二天早上，生活輔導組長告訴
我，林明達昨天下課時，玩遊戲器材跌下來使右手骨折，家長抱怨說
級任老師不關心他的孩子。這天放學後，我立刻提了一籃水果到林明
達家中拜訪家長，並說明當天的經過，還向林明達問候等等。他的父
母見我登門問候這般誠懇，「見面三分情」，態度也客氣起來。之
後，我還去林明達家看他好幾次，他的父母被我的真誠感動了，還到
處誇獎我呢！

實例四

怎樣才是成功的家庭訪視（Ⅱ）

出處：陳貞舟（民 84）：國中教室中的班級氣氛與師生溝通。載於
　　　黃政傑、李隆盛主編之班級經營——理念與策略。台北：師大
　　　書苑，271 － 276 頁。

解說：陳老師在本書中，將國中三年裡每一學期的家庭訪視工作重點
　　　及內容，詳細地作了規劃；可供老師們在對家庭訪視作整體規

劃上的參考。

 第一學年

(一)上學期

1.以學校為中心點，分成四區 $\frac{1}{2}|\frac{3}{4}$ ，分週舉行，並事先通知家長訪視的時程表，讓學生、家長及家庭其他成員有所準備。

2.住在同一區的同學於週六放學後一起出發。

3.先訪視離學校較近者，每家約停留十分鐘。

(二)下學期

1.甄選「模範家庭」3～4家。

2.將同學分組，並請他們邀請自己的父母於週六晚上聚會，並自備一份餐點。

3.實地參觀學習較優同學的讀書環境，並分享成功祕訣。

(三)目的

幫助老師、同學，與家長更真實地瞭解彼此。

 第二學年

(一)上學期

分三個月各舉辦一次「父母成長系列座談會」，內容包括：

1.孩子你到底在想什麼？

2.我這樣愛你，錯了嗎？

3.如何與孩子談心？

(二)下學期

可聘請專家舉辦較密集式的「父母成長班」，內容包括：

1. 相見歡。
2. 我這樣愛你，錯了嗎？
3. 讓孩子做他自己。
4. 營造溫馨的家庭關係。
5. 我到底用什麼方法在與孩子溝通？
6. 爸媽其實不懂我的心——怎麼聽，孩子才願意多說？
7. 孩子，我有話要說——怎麼說，孩子才願意配合？
8. 何必兩敗俱傷？

(三)目的

請家長們學習與孩子們同步成長。

 三 第三學年

1. 舉辦不定期過夜旅遊。
2. 請專人辦理交通、住宿、膳食等問題。

目的

現代家庭子女少，盡早建立朋友間的支援網路。

(二)家訪對象的優先順序

在安排家訪的優先順序時，可考慮以下幾個方面：

1. 孩子的行為是否已經有很明顯且重大的偏差？

2.成績是不是較特殊者？如最優秀的學生或最低成就的學生？

3.父母是否對學校的措施或教師管理教學常持不合理的反對態度？

4.父母對孩子的管教方式及價值觀是不是不適當？

5.父母對孩子的要求是否不當？即是否太過與不足？

若有以上的情況發生時，就可事先安排家訪。不過，需要注意的是，這些順序是按情況需要而安排，並不是對學生不公平的差別待遇！基本上，每個家庭都應該是我們訪問的對象，老師對每個家長和學生也應該有同樣的重視，才不至於產生「老師從來不到我們家」的副作用。

(三)訪視前的準備

1.對要進行家訪的學生的家庭背景應有所認識

對學生的家庭背景有了初步的認識之後，才能和家長有話題來增進彼此間的認識與情感，同時，也能盡量避免觸及家長的忌諱及隱私，讓整個家訪過程更為愉快而順利。

2.做好家訪的通知

在進行家訪之前，應事先用電話約談或由家訪通知單（並附有同意晤面時間的回條）中瞭解家長的意願，這樣子不僅可以避免因找不到家長而白跑一趟的情況，也能讓家長及其他家庭成員有充足的心理準備。

3.安排好家訪的路線

訪視的日期排定好之後，可依據路途遠近及家長的意願，來安排家訪的路線，並與學生約定好到訪的時間，以減少家長等待的不耐，同時，也可以請對環境較熟悉的學生帶路，減少危險及找路的時間。

4.準備好談話的內容及問題

為了使訪視的內容更為具體，擁有最佳的效果，而非天馬行空的漫談，老師應先確定好談話的內容及問題，而其訪問的內容大致說來有以下各點：

(1)學生在校的生活習慣、態度；

(2)家人的休閒生活、親子關係；

(3)學校家庭中的人際互動與交友情況；

(4)社區生活的觀察與感受；

(5)家長的職業、價值觀、生活觀、教育觀；

(6)孩子在校的生活觀；

(7)孩子的行為與能力的優缺點；

(8)孩子的學業表現與作業問題；

(9)孩子的興趣嗜好；

(10)親師聯絡的方式；

(11)孩子的特殊行為與困擾的意見交換；

(12)其他親師教育問題的意見交換；

(四)訪視時

1.時間不宜太長，以二十分鐘為宜。

2.老師的服裝儀容宜大方、整潔且端莊：老師的衣著不宜太過隨便或暴露，以免破壞了家長對你的第一印象；同時適當的裝扮也可以增進自己的信心，讓家長更容易接受並信任你的教學。

3.不要在家長面前批評、斥責學生：老師平時就應該多注意學生的優良表現，在訪談進行之初先稱讚學生的優點及好表現，來取得家長的信任；若學生有不良的行為，也應該盡量以委婉的方式說明，請家長配合糾正學生行為。如：「文達很活潑大方有很強的語言天分，不過他有時候會

比較調皮……。」

4.應隨時以家長的立場來思考學生的問題：在談論到學生行為時，最好能對事不對人，不要讓家長認為老師是在「告狀」，而要讓家長感覺老師是和他們站在同樣的立場來關心孩子，希望孩子有更好的教育。尤其在臺灣的國情裡，家長常容易對教師說一些客套話，如：「我家小強很愛搗蛋，在學校一定很皮吧……」等，老師千萬不可信以為真而回答家長，因為這些可能都不是家長的本意，故老師應以安慰的口吻去回答家長，甚至列舉孩子的優點，讓家長知道你對他的孩子是充滿愛心和關心的。

5.以友善、輕鬆的態度對待家長：言語對答之間不要擺出高高在上，一付神聖不可侵犯的樣子，而應該以一種真心誠意、接納的方式對家長溝通。最好能配合學生家長的教育程度來使溝通順暢，同時，為了能更瞭解學生，我們也可鼓勵家長說話，並仔細地傾聽，不要只是一味地反駁及批評，而降低了家訪的功效。

6.不要在家長的面前任意批評別人的不是：不要在家長面前批評學校或某位老師的不當，同時對於家長的批評及建議，也應該坦然地予以接受，並表示謝意，回學校後能自我檢討而予以改進或代為轉達父母之意給學校知道。

7.不要用「審問」的方式進行家訪：老師和家長在進行交談的過程中，不宜當場作記錄，也不要逐條要家長作答，因為這樣做讓家長有被審問的感覺，而升高了警戒心，不敢暢所欲言。最好能自己準備一本筆記本，離開學生家後，才將要點記下來，回到學校再將記錄作整理。

8.應以能變通、具彈性的態度進行家訪：進行家訪的時候，應該時時觀察家長的反應，再根據家長的反應來改變話題或用旁敲側擊的方式進行訪談，而不要主觀的固執己見，或太過直接的發問，引發尷尬的場面，影響了家訪的進行。

9.訪視的重點，應先報告孩子這段時間在校的表現情況或問題的重點、處理的過程；再技巧性地向家長詢問孩子在家的生活情況及學習上的

得失；進而瞭解家長對學童管教的態度及期望，瞭解學生的生活經驗及家長對老師的希望或對學校某些措施的意見。

(五)訪視後

1.該作記錄的部分或代為轉達給學校的建議，最好在回到學校後就立即進行。

2.家訪後需要追蹤回覆的問題，應依處理程序以電話或書面告知。

3.適時與學生進行個別或全班性的溝通輔導。

三、電話聯絡

在這個工商社會裡，大家都很忙，有時要教師和家長撥個時間出來約談，實在有困難。這時，電話就成了最省時便捷的溝通工具！但是，在一般家長的印象中，若是接到老師或學校的電話，不是孩子在學校惹了大麻煩，就是有了不好的行為，而這些其實都是老師沒有善加運用「電訪」而產生的不正確的刻板印象！（可參考實例五）故為了導正這種刻板印象，老師最好平時就能和家長有密切的聯絡，如事先瞭解家長方便的時間，做好平時的聯絡就是一個很重要的功夫了，那麼要如何進行電話訪談呢？（王淑俐，民 83；金樹人，民 78；黃永結，民 84）：

實例五

如何運用電話做到親師溝通一線牽

出處：沈坤賢著（民 83）：親師溝通一線牽。載於王淑俐著<u>教育高招 1000</u>。台北：南宏圖書公司，318－319 頁。

解說：電話溝通在親師合作中是一項令人又愛又怕的工具，因為若使
　　　用得當，它可以是一項頗有用的媒介；若使用不得當，就可能
　　　反而影響了師生關係。在此，沈老師提出了幾種溝通不當所造
　　　成的情況，並針對電話溝通，提出了幾項原則。

　　在老師與家長的溝通中，電話是一項頗有用的工具。

　　但若溝通不當造成下述情況時，則可能影響師生關係，如：

　　1.「我們老師真是『報馬仔』（引喻專打小報告的人），我在學
校無論發生了什麼事，他都要跟我爸媽講。」

　　2.「真『衰』（台語：倒楣），導師昨天又打電話到我家，害我
挨揍。」

　　3.「導師真過分，昨日是我爸爸生日，他偏打電話來說我壞話，
把整個祝壽氣氛都破壞了。」

　　所以，在運用電話溝通時，要注意下列三項：

　　1.不要只報憂而不報喜，當學生在行為或功課上有好的表現時，
也要讓家長知道。

　　2.告知學生在校的過錯後，須懇請家長避免對孩子再一次冗長的
問話和重複的處罰。

　　3.慎選打電話的時機，以免影響學生的家庭氣氛。

　　㈠為解除家長對老師來電的戒心，最好能在一開始表明因彼此時間無
法配合或進行訪視，故先以電話聯絡。

　　㈡接下來最好能用友善的口氣，表達我們對他們子女的關心，這時，
我們可以向家長說：「希望我們可以一起合作，讓孩子能得到最好的協助
與成長！」，只要讓家長感受到我們對學生真誠的關心，相信家長都是樂
於伸出援手的。

㈢報告其子女這段時日中在校的學習情況。須注意的是這時最好能「先報喜再報憂」，因為家長在高興子女的好表現之餘，也才能冷靜處理子女的問題，同時，學生也會覺得有面子，而不會因為痛恨老師這種背後「打小報告」的「小人步數」而心生排斥。

㈣得到家長的接納之後，可以再請家長告知孩子在這段時日中在家的生活或學習上的各種情況，而那些進步，是希望到校予以鼓勵的，及有那些地方是需要老師再多加輔導的，最後，再感謝家長的支持與協助。

四、書信

除了上述的方法之外，書信的溝通也是促成親師合作的一有力的管道。因為，這種報導班上動態的書信和其它方式一樣，不僅能和家長傳達訊息，更能表示出老師對學生的關心及把「家長當作最親密的盟友」之意（金樹人，民78；施素芬，民83）！而在這裡所稱的書信包括有短函及正式的書信，那麼究竟要如何寫這些書信呢？

在正式書信上，老師可將平時班級經營的理念、學校措施、需要家長配合之事項、這時段學生學習進展情況，或一些須與家長溝通、請家長支持配合之班級管理措施……等隨時適時的逐件條例記錄後，再書寫印發給學生予以轉交，並請家長簽名過目後交回（請參考實例六、七、八、九、十）。

如何運用家長信函（Ⅰ）

出處：黃永結著（民 84）：國小教室管理實務。載於黃政傑、李隆盛主編之班級經營──理念與策略。台北：師大書苑，277－310 頁。

解說：以下是幾封五年級老師分別在第一學期開學初，及開學後一個月、二個月、第二學期開學初寫給家長的信函，文中提及了老師對學生的要求、希望家長給予的協助，以及有關學校的各項訊息……等，可作為老師們階段性地建立親師溝通關係的參考。

1.第一學期開學初給家長的信函

親愛的家長：

　　恭喜你！孩子又更上一層樓了，面對一位新的老師，處在一個新的班級，新的學習環境，幫助他很快地適應，將有賴於我們共同的努力與合作。因此，希望　貴家長能瞭解我的苦心，在下面所提事項中請與我充分配合，讓我們一起來幫助孩子們成長！茁壯！謝謝。

　　⑴遵守學校上學時間，每日上午 7:30 ～ 7:50，不早到也不遲到。值日生則應在 7:30 到校。

　　⑵上、放學接送小孩，請依照學校之規定及老師指導之方法接送。

　　⑶為孩子準備一份營養早餐，將有助於他整天的學習活動。

　　⑷除星期三、六穿著便服外，其餘時間請穿著制服上學，衣著以

整齊、乾淨為原則。

(5)「會做事的孩子不輸於會讀書的孩子」，孩子在學校所做的事絕不會超過他的能力範圍，所以請不要擔心。

(6)指導孩子在所屬的物品上標示班級、姓名，以防遺失。不要予取予求，養成東西丟了再買新的的奢侈浪費習慣。

(7)「不做孩子的快遞郵差」，不隨叫隨送，以養成對自己負責任的態度。每日就寢前要求孩子檢視一遍隔日上學所需帶之物品。

(8)「開水勝於任何飲料」，給孩子的零用錢應有所節制，因此盡量給孩子帶開水。

(9)早自修及午休時間採自由運用方式，但以不影響別人為原則。

(10)不是只有手寫的功課才是回家作業，每日須有預習及復習的功課，隔天於課堂上都會有小考，因此請督促孩子準備所規定的功課。

(11)請每日檢查孩子的聯絡簿及作業簿，並在批閱章後簽名，以瞭解孩子在學校所有的學習活動。

(12)和孩子一起選擇較有意義的節目觀賞，每日看電視時間原則不超過一小時，每天的「新聞報導」一定要收看，但禁止看連續劇。

(13)孩子需要請假時，請孩子自行依照老師所指導的方法辦理請假，請家長不要代為處理，以培養孩子「自己的事，自己處理」的良好習慣。

(14)和孩子共同商討研訂放學回家後到就寢時間的家庭生活作息。活動之項目如下：①運動②玩玩具③課外活動或才藝練習④做家事⑤洗澡⑥吃飯⑦看電視⑧讀書做功課。

(15)請勿在孩子面前批評學校措施或老師，以免孩子對學校或老師產生排斥而無法適應學習。若你有任何意見，請隨時與學校或級任老師聯絡。

(16)新階段的開始，為了培養孩子良好的學習態度與習慣，我們都會比較辛苦與費心，待習慣養成後你將發現：「我的孩子長大了」，

歡迎隨時與我聯繫，利用家庭聯絡簿、電話或親訪均可，在此謝謝你的合作及對教育的關愛。

五年　班級任老師　　謹啟
80.9.4

〈心聲愛意傳親情〉
　　　父母的鼓勵，就是孩子用功的最好維他命——

回　　　　條

你的意見：

　　　　　學生姓名：

　　　　　請簽名：

年　　月　　日

2. 第一學期開學後一個月給家長的信函

親愛的家長：

　　孩子升上五年級已一個月了，這一個月來謝謝您的支持與配合，讓我在教學上能得心應手。也因您對教育的關愛，在第一張通訊所提事項中予以重視，孩子們有所遵循進步良多，非常感謝！也請能在下列所提事項再繼續支持與配合！

　　⑴學校三次的智能考查時間，分別在十月十八、十九日；十二月六、七日；一月二十八、二十九日，請督促孩子及早準備。

　　⑵「走路是很好的運動」，訓練孩子自己走路上、下學，對他是有幫助的，如果路程較遠需要接送，也請能配合學校的措施，在指定的地點上、下車。

　　⑶「有禮貌的孩子處處受歡迎」，因此，家人間的問早道好，可

以使孩子在潛移默化中學習到應對進退的禮貌。

(4)假日多留一些時間給孩子，帶他到戶外多接觸大自然，不但有益身心，更是一種很好的學習活動。

(5)多鼓勵孩子參加校內外的各種活動，如國小的少年科學營，時間是每週六的下午二時至四時，連續八週，費用六百元，報名至下下週一為止。

(6)請響應學校的輕聲細語活動，在家也能常提醒孩子話是用說的，不是用喊叫的。

(7)孩子練習出考卷是一種自學的方式，也是一種復習的活動，同學間的互相影印、互考更是一種很好的互動學習，請予以協助，不要認為是無聊的作業而讓孩子疏忽它。

(8)文字能反應孩子的心聲，好的文章更是得來不易，因此，孩子所寫的好文章，應給予鼓勵並協助投稿。投稿步驟：抄稿→影印二份（一份給老師，一份張貼佈告）→郵寄。

(9)「好的品德與心理比好的成績更重要」，請多關心、約束孩子的行為，老師也不主張以嚴厲的方式來教導，請體諒目前教育的困境，畢竟老師在管教上要拿捏得恰到好處是不容易的。

(10)孩子送到學校來，學校所負的責任並非只是知識的傳授而已，學校和老師的種種措施都是為了我們的孩子好，如您對學校或老師有任何的建議，請直接與我聯繫，謝謝！

　　　　　　　　　　　　　　　年　班級任老師　　謹啟
　　　　　　　　　　　　　　　　　　　80.10.8

〈觀念頻道〉

叫孩子專心聽你說話最好的方法就是「專心聽他說話」，多聽聽他們的意見，才知道他們的想法，他們需要什麼。單方面的訓話或是強迫他聽話，效果不會太好。

回　　　　條

你的意見：

學生姓名：

請簽名：

年　　月　　日

3.第一學期開學二個月後給家長的信函

親愛的家長：

　　開學至今已兩個多月，由於您的支持及對教育的關愛，孩子們在學校的學習已平穩踏實多了。但願您能繼續支持與配合，讓我們所共同付出的心血沒有白費。以下項目還請您過目配合，並提供您寶貴的意見，謝謝！

　　(1)月考是用來評量孩子的學習成果，分數的背後更需要我們來瞭解他的困難，是練習得不夠？還是平常不用心？或是有某個結打不開？瞭解他比用分數來懲罰他更具正面的意義。

　　(2)請每天督導孩子的課業，要求他認真的完成學校的課業。不但可養成好的讀書習慣，亦可培養對自己負責的態度。

　　(3)請妥善處理聯絡簿上的聯絡事項，舉凡功課沒寫，行為有偏差，或有優良表現都會在聯絡簿上與您溝通，請立即處理。

　　(4)孩子在校的行為及學習情形，均以加分及扣分來處理，凡被加滿5分或被扣滿5分均會在聯絡簿上與您聯絡，請問明被加分及扣分的原因，並給予適當的獎懲。

　　(5)本週班會時間（十一月四日第三次班會）有學生提出一個提案：每天每人捐出一元當作班費，等到能湊成整數時，就拿去幫助需要幫助的人，經表決結果，全班都熱烈響應，讓當老師的我非常感動，在此功利的社會中，難得孩子們還有這種惜福、感恩、助人的愛

心，誰說我們的下一代沒有希望呢？因此，也請家長們共襄盛舉，支持孩子們的赤忱之心，鼓勵孩子將自己的零用錢捐出，更具意義。但不勉強，才不至使此懿行產生反效果。

(6)數學科之作業練習，每天均要求孩子練習十題，因屬自學功課，請在孩子做完後給予批改，他將學得更好，進步得更快。

(7)為了您的孩子，我的學生好，希望能隨時要求及提醒孩子前兩張通訊所列事項，謝謝您的合作。

五年　班級任老師　　謹啟

80.11.8

回　　　　　條

你的意見：

學生姓名：

請簽名：

年　　月　　日

4.第二學期開學初給家長的信函

親愛的家長：

首先，謝謝您一學期以來的關心與配合，使我們的學生，您的孩子平安快樂地過了一學期。有了您的支持，使班級的教學活動暢順有序；有了您的關心，使學生有了顯著的成長、進步！新學期的開始，除了上學期四張通訊內所列事項，如作業批改後的簽名，做家事、觀看電視的約束……等，仍應繼續要求外，也請能在下列所提事項再繼續支持與配合！

(1)本學期三次智能考查時間，分別在三月二十七、二十八日；五月十五、十六日；六月二十六、二十七日。

(2)春假訂於三月二十八日下午起到四月五日止，共有八天半，請

利用這假期，安排家庭旅遊，參觀名勝，開展視野，增廣見聞，並增進親情。

(3)「想上才藝班，先規劃自己的生涯」，童年的回憶是稍縱即逝的，與其讓孩子每日奔波於各才藝班，不如依其性向與興趣，選擇研習，讓他有個快樂童年。

(4)「良好的習慣是日後學習根基」，和孩子共同商討訂定放學回家後(16:30)到(22:00)之家庭生活作息時間，如運動、做家事、課外輔導或才藝練習、看電視、讀書做功課……等，有妥善的規劃，才能養成良好的習慣。

(5)「國語文是各學科的基礎」，為加強孩子國語文的能力，為他訂一份屬於他的刊物是有需要的，如國語日報、兒童日報、國語兒童週刊、「兒童的」雜誌、「小牛頓」雜誌均是很不錯的報刊，可以斟酌訂閱。

(6)「盡心盡力就是滿分」，每個孩子均有不同的差異，學習應著重在自我成長與進步，而不應拿來和兄弟姊妹或朋友做比較，要求孩子做個和自己做比較的人。

(7)孩子寫作業的觀念和態度已改變很多，除少數仍敷衍馬虎外，大部分皆已能按時且認真的完成，請多鼓勵與督導，並請於批閱章後簽名，以了解孩子的學習行為。

(8)請善加使用家庭聯絡簿，孩子在家裡有好的表現或待加強的行為，都可寫在聯絡簿上，藉由班級力量來鼓勵或約束。

(9)「能為大眾服務的孩子，才是最值得誇獎的」。班級是一個小型的社會，為培養每一個孩子待人處事的能力，班級幹部每學期都會輪換班長、副班長（一個月換一次），均由同學推選擔任，因此，能有機會擔任班級幹部是一份榮譽，一種服務，更是一個很好的學習機會。

(10)畢業總成績是以五、六年級四個學期成績為主，重德、智、

體、群、美五育成績。因此，「一百分」的虛榮與驕傲只是短暫的，良好的品德才勝於一切！

　　最後，再次謝謝您的合作，讓我們一起來為我的學生，您的孩子，共同努力！

五年　　班級任老師　　謹啟

80.03.8

回　　　　　　條

你的意見：

　　　　　　　學生姓名：

　　　　　　　請簽名：

　　　　　　　　　　　年　　月　　日

如何運用家長信函（Ⅱ）

出處：尚祚嫻著（民83）：給家長的一封信(二)——邀請參與教學參觀日。載於王淑俐著教育高招1000。台北：南宏圖書公司，307－308頁。

解說：這是一導師邀請家長參與學校參觀的書信，信中說明了教學參觀日的日期，以及當日的活動內容與活動目的，讓家長能對學校的活動及孩子的學習情況有所了解，這也是一種促進親師溝通的絕妙好招。

親愛的家長：

　　非常感謝您多年來與導師的密切配合，使本班小朋友，除了學業成績天天進步以外，在品行及生活教育方面，也表現得相當突出。他們現在已身為全校最高年級的大哥哥、大姊姊了，同時也感受到自己責任的重要，因此非常願意協助低年級的小朋友，擔任服務性的工作，譬如交通隊、糾察隊、衛生隊、司旗、童子軍，以及好姊姊……等，無形中，使他們在工作時，也獲得一份成就感。

　　孩子們一天天長大了，在這長大的路途當中，難免會遇到許多挫折，會經歷無數酸、甜、苦、辣的日子，但我想，在您正確的指導之下，必能協助孩子順利度過多變不安的青春期。

　　學校訂於十一月三日（星期日），特別為平日工作繁忙的您，舉辦一次全校性的家長參觀教學，活動內容相當豐富，同時也提供您一個親師溝通的機會。這一天您除了可以看到貴子弟在學校的學習情形外，更可藉由親師溝通，與老師共同發現孩子在求學時，有所疏忽而產生的一些問題。

　　請您不必客氣，給予我批評和指教，相信有您大力的支持與參與，會讓本次活動更有意義。

期待您的光臨與批評

　　　　　　　　　　　　　　　　　　　　　　導　師

　　　　　　　　　　　　　　　　　　　　尚祚嫻　敬上

如何運用家長信函（Ⅲ）

出處： 管茜華著（民 83）：給家長的一封信㈢——請家長協助輔導孩
子度過考關。載於王淑俐著 教育高招 1000 。台北：南宏圖書
公司，309 － 310 頁。

解說： 這是一封老師請家長協助，輔導孩子度過考關的書信，並於信
中表明了自己誠心且樂於協助學生的態度，可供老師們與家長
聯繫的參考。

貴家長：

您好！國中三年的生活，轉眼只剩最後一個學期了，如今也是最
緊要的關頭。相信您也跟我一樣，希望在這緊鑼密鼓的階段，能協助
孩子一臂之力，打贏聯考之仗。

所以學校及老師為孩子安排了一份復習進度表（附上），希望貴
家長能督促孩子們在家確實的溫習。並提供以下幾點意見供您參考：

⑴孩子在校的功課壓力已很大，希望在家中能以鼓勵代替責罵，
並多了解孩子在校的生活及情緒感受。

⑵協助孩子維持健康及擁有好體力，不要熬夜，注意營養以補足
體力，早餐務必要吃。平常多攝取蛋白質（蛋、生奶）、維生素（水
果）、少吃澱粉以免早睡，精神不好。更別忽略休閒及運動，以紓解
緊張情緒。

⑶國中時期的孩子是最令人煩心的，希望家長們彼此能多聯繫，
互相切磋帶領孩子的方法，相信必能更了解您的孩子。

最後，您若發覺孩子有任何問題；或想更了解孩子在校的一切，

歡迎您以電話聯絡，或約定時間見面一談。

闔家平安、快樂

導　　師
管茁華　敬上

如何運用家長信函（Ⅳ）

出處：李明珠著（民83）：給家長的一封信（四）——了解家長的教養態度與方式。載於王淑俐著<u>教育高招1000</u>。台北：南宏圖書公司，311－313頁。

解說：這是一封類似問卷方式的書信，在內容中他表達邀請家長服務的意願，讓家長自己舉出可以回饋給學校及教學活動上的特殊專長或資源，且提供了更加了解家長教養態度與方式的機會。

　　親愛的家長您好！為了進一步了解您和貴子弟相處的情形，我特地製作了這份表格，請您在忙碌之餘，撥空完成它，將能提供我更加了解貴子弟，並盡力協助他。謝謝您的合作！

　　以下問題請在適合的空格中打「∨」（可複選）

班導師
李明珠　敬上

*1.*您特別注意孩子的□交友□功課□健康□言行舉止□身材□其他：

*2.*您的孩子返家後，會主動通知學校裡發生的事嗎！□會□不會

*3.*您會透過誰來了解孩子？□師長□孩子的同學□家人□其他：

*4.*孩子表現令您失望時，您會(1)直接責備(2)委婉勸告□由他人轉告□暗示□其他：

*5.*孩子表現不錯時，您通常會□言語讚賞□實質物品獎勵□不特別強調

*6.*您對孩子讚美的次數是□常常□偶爾□很少

*7.*您希望孩子將來畢業後□升高中□升五專□升高職□就業

*8.*您目前最滿意孩子那方面的表現？□功課□做家事□特殊才藝：□自動自發□做人處事□其他：

*9.*您對孩子結交異性朋友持何種態度？□贊成□不贊成□不干涉，也不鼓勵

*10.*您給孩子的零用錢是□每月定數□每月不定數

*11.*您希望孩子的零用錢用於□有益身心之活動□添購文書用品□不干涉

*12.*您認為每月零用錢多少較理想？□ 2000 元以下□ 2000～3000 元□視表現而定□其他：

*13.*孩子崇拜明星偶像，您會□阻止□和他一起討論□不干涉

*14.*目前您的孩子在那方面較使您感到困擾、擔心？□功課□被動□愛看電視□愛看漫書□個性倔強□愛頂嘴□其他：

*15.*如果在下學期每週六的班會課時間 (11:15～12:05)，邀請家長到班上和同學聊聊天、打打氣，您願意參與嗎？□願意□有工作，不方便

*16.*您在一天中的那一個時段較方便接受家庭訪問？□上午□下午□晚上

*17.*您認為目前的家庭聯絡簿效果如何？□不錯□尚可□無必要

學生：

座號：

實例十

如何運用家長信函（V）

出處：徐月梅著（民83）：給家長的一封信㈠——接新班時。載於王
淑俐著教育高招1000。台北：南宏圖書公司，305－306
頁。

解說：在這裡徐老師與我們分享了她在接新班時給家長第一封信的經
驗，並明確地說明了這一封信所欲達到的目的。

每當我接任新班時，與家長溝通的第一招即是——給家長的第一
封信，目的是：

*1.*讓家長知道他的孩子往後兩年，由誰來擔任級任老師。

*2.*讓家長知道他的孩子在現階段裡，正常的心理、生理發展特
徵，以共同期待他的成長（此乃親職教育也）。

*3.*讓家長知道如何與老師聯繫溝通，共同協助孩子的學習。

*4.*請家長回信（自願性），內加註電話、地址、職業、姓名，或
自願提供的資訊與技術，使家長能參與學校為學生安排的學習活動。

　　而短函的內容可用來告訴家長有關其子女在校的一些良好行為，因為這樣做能引起學生的動機，而表現更多值得讚賞的行為；此外，短函也可用來提醒家長有關學生的表演活動、旅行、參加營養午餐的同意書，及表達教師對家長合作的感謝之意。

　　有時，老師為了節省時間，可能會用複印的方式寄給家長，但其實每個學生都有其不同的個別差異，故老師對其行為也應有不同的期望，這時候，最好能用手寫的方式，同時，這種方式也較能讓人感覺有親切感。

五、班刊

　　班級刊物的出版也是一項能和家長做好溝通工作的班級通訊。因為，其中的內容除了包括有學生優良的美術及其他作品外，還有重要大事、學生優良表現，可供參考的書籍報導……等（可參考實例十一）。而這些內容也正是家長所極欲想知道的班級動態，因此，老師可以斟酌學生的能力來指導學生班級刊物的製作，同時，在編輯的過程中，亦可鼓勵學生大量閱讀、投稿，這樣對學生而言，不僅可提供他們自我肯定的機會，也能讓他們學習到如何編製刊物，而對關心孩子的家長來說，也可以從中對班級上的消息有更多的瞭解。

如何利用班刊做好親師溝通

出處：施素芬著（民 83）：班級刊物的出版～週刊。載於臺灣省教育廳編印之班級經營——理論與實際，554 － 556 頁。

解說：以下的班刊，施老師是以分組的方式，由各組組長帶領討論週

刊的名稱及編輯，作品並張貼於教室後面的學習園地裡，不僅
能利用級會課，票選出最優週刊來給予學生自我肯定的機會；
更能在教學觀摩會、出版編印的週刊裡，讓家長對學生班上的
消息有更深的了解！而其附錄於後的作品分別包括有藍鯨週
刊、小魚週刊、小海豚週刊、老鷹週刊等。

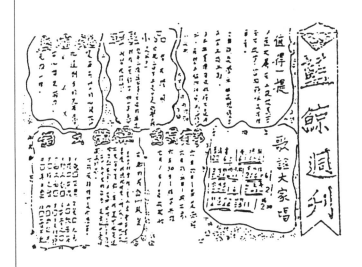

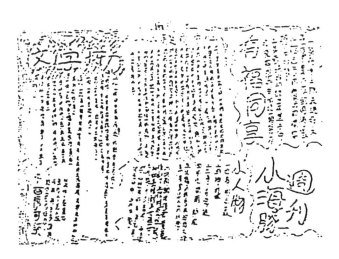

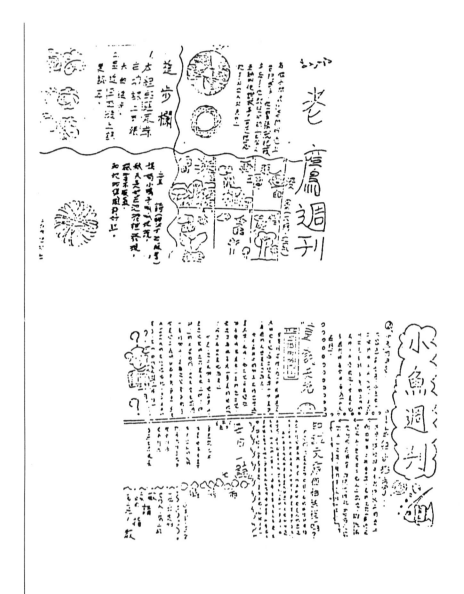

六、義工爸爸、愛心媽媽

家長是教育事業的合夥人，有時老師可能在負擔過重的情況下，無法在照顧每位學生上面面俱到，這時，找幾位同班的家長聯合組織義工爸爸及愛心媽媽，有錢出錢，有力出力，不僅可使教師在教育工作的推動上更為順利，也可以讓家長更加關心教育，對教師投注更多的認同與支持。以下介紹這種義工制度（張訓迪，民81；陳慶章，民79）：

(一)實施步驟

1. 事先調查學生家長或社區其他人士的服務志願，建立基本資料並確定服務項目。

2. 對自願擔任義工人員的家長予以篩選，以選出真正具有愛心、能夠為學生服務的家長。

3. 辦理義工座談會，認識工作項目內容，並向班上同學介紹這些自願擔任義工的成員。

(二)工作項目

1. 支持舉辦「家長參觀日」、「親職教育」活動：透過參與這類活動的策劃，加強家長對學校教育活動的了解與支持，協助家長學習輔導子女的方法。

2. 協助教師推動輔導工作：當老師對偏差行為學生的輔導問題感到棘手之際，可以與家長互相討論來減少老師工作上的壓力，二方面集思廣益，或許能討論出個結果；或由家長出資聘請專家來協助老師輔導學生。

3. 舉辦學生育樂營、親子活動：喜歡戶外活動的家長，可指導孩子們釣魚、舞蹈等各種活動，這樣不僅能夠提供學生更多戶外活動的機會，也能跟著同學父母一同學習，何嘗不是一件美事。

4.提供各種多樣化的教材：家長也可運用職業之便來提供參觀陶瓷製作、氣象台、圖書館、動物園……等活動，增加學生學習的材料。

5.維護學童的安全：孩子上下學或外出旅行的安全問題，指揮、旅遊路線，及車輛的提供服務，都可由家長一同來協助。

6.培養良好的讀書風氣：家長可提供讀書、成立教室中的「小小圖書館」、充實圖書設備、增加學生閱讀的機會，或由一些愛心媽媽來實施課後的補救教育。

7.幫忙美化環境：家長可提供插花、盆栽來美化教室，或是樹苗、花苗、草皮綠化來美化學校環境，以提供孩子更好的學習環境。

在家長真誠熱心的投入配合下，不僅得以彌補教師在大班教學中所造成的疏忽，更發揮了「幼吾幼以及人之幼」的愛心，讓整個班級成為一個和樂的大家庭，更助益了學生的學習，何樂而不為呢？

七、家長參觀教學日

顧名思義，家長參觀教學日就是邀請家長來校參觀學校的教學活動，其目的也就是希望家長能盡量利用這個機會，了解自己子女在校的求學過程，並加強老師與家長之間的聯繫。它大都是以座談的方式為主，教學觀摩為輔，並配合生動活潑的才藝表演、學生作品展覽……等（可參考實例十二）。而教學參觀日舉辦的時機最好是在上學期的期中舉行，因為這時教師已經定好他們的教學進度，整個學年的教學又尚未進行得太久，不至造成老師的負擔，也能盡早把握與家長增進瞭解的時機。（金樹人，民78）。

就教師而言，老師可直接向家長說明他們主要的班級經營策略、所欲達到的目標、課程安排、主要教學活動、常規的要求……等教學計畫；而就家長而言，也有機會看到學校的設備、環境，詢問教師問題及看看學生在學校中的習作等。

如何運用家長參觀日

出處：謝慈雲（民 80）：談家長參觀日。國教天地，26 卷 5 期，12－ 14 頁。

解說：在這裡謝老師為我們介紹了他在附小服務三十年，曾接觸過的不同家長參觀日的型態及展現的方式，提供了老師們在舉辦家長參觀日的參考。

　　附小每學期以不同的方式展現家長會，也達到預期的效果。就以我所服務的三十年來，大致分成下列四個型態：

　*1.*班級交談→年級座談→綜合報告→遊藝表演。

　*2.*班級座談→親子活動（體育發表會）。

　*3.*參觀教學→班級座談→戶外活動或學藝競賽。

　*4.*校務報告→親職講座→成績展覽→班級交談。

　　第一種型態是在年級座談時，由家長中推舉一位主席，一位記錄，本校一位長官或主任列席，對學校的行政、教學、訓導做雙向溝通，取得共識、互信、互諒。會後的遊藝節目表演，更能讓家長從學生在臺上的表演中，瞭解到學校及教師對學生的用心。

　　第二種型態是在文化復興節─國父誕辰記念日─舉行體育發表會，邀請社區民眾及家長參與，並藉此親子遊戲，加強親子教育。這一刻，家長們個個為兒女的班級，成了最真實的啦啦隊。學校與家庭已完全融為一體了。

　　第三類型態是學校利用四個星期的實習老師試教期間安排家長參觀教學，除了看實習老師上課，也能有充分的時間和老師談談孩子的

種種。在戶外活動或學藝競賽中了解子女在班級或年級的程度。

第四種型態是利用週末時間來邀請家長出席，先聽聽校長的校務報告，像：取消兒童儲金局，設置警衛、廢除販賣機、員生消費合作社不賣零食、飲料……等，接著由家長會會長所聘請的家長來就各自的專業進行專題演講，聽完了專題演講，家長們分別進入各個教室，看子弟的作品展覽，並和導師交談。

在整個活動的進行中，家長和教師也能藉由面對面的接觸，而達到直接且有效的情誼建立。在座談會中，校長也會把學校的計畫向家長做個扼要的說明，故雙方在友善而不緊張的氣氛中交談，有了良好的溝通！但教學參觀有一個最大的困難——並非所有的家長都能參加或是「該來的沒來」！這時教師可依「預防勝於治療」的原則來搶先「拉攏」這類的家長，讓他們在被尊重而非防衛的心態下相聚。（可參考實例十三）一方面讓他們享受孩子學習的成果，一方面也能互相交換教養的經驗。（王淑俐，民 83 ；金樹人，民 78 ；郭一郎，民 79 ）

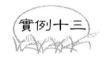

實例十三

如何鼓勵家長參加學校活動

出處：徐月梅著（民 83 ）：該來的家長都來了。載於王淑俐著教育高招 1000 。台北：南宏圖書公司。302 － 304 頁。

解說：在這裡徐老師為我們探討了「該來的家長為何不來的原因」，並分享了他讓「該來的家長都來了的妙招」！

　　有經驗的老師都有同感——越是高年級家長，對於班級或學校的家長活動，參加的情形越不踴躍。主要原因有三：

　　*1.*孩子已上學多年（或已有好幾個孩子上學），失去參與的新鮮感。

　　*2.*與孩子的個人表現有關，成績好，家長來了臉上有光彩；若成績不好或行為有問題，家長來了面子上掛不住。

　　*3.*家長的觀念問題，常把教育責任全推給學校。

　　個別的原因則不勝枚舉，級任老師常感慨，為什麼總是「該來的不來？」，於是，我就自創了一套「使該來的家長來」的高招！

　　首先，在接班時先瞭解全班以前的概況，依據學生發展與學習情形，在選舉班級幹部時，做技巧上的安排，讓那些靜不下心學習的孩子（智育成績欠佳者），有其他方面表現的機會——給予肯定與成功的經驗，並讓家長一同來分享（擴大家長對學習範圍的界定），使家長們彼此間經驗交換與相互成長。那麼那些該來而不來的家長，不也都來了嗎？但須注意的是：*1.*讓家長接納你，*2.*讓家長認為孩子的學習成就是多方面的，*3.*可因需要安排同質或異質的父母成長團體。

　　班級親師座談會可依下列步驟辦理（黃永結，民84）：

　　*1.*發通知單給家長，以瞭解家長參與的意願（可參考實例十四）。

實例十四

如何邀請家長參加親師座談會

出處：黃永結著（民84）：國小教室管理實務。載於黃政傑、李隆

盛主編之<u>班級經營──理念與策略</u>。台北：師大書苑，277－310 頁。

解說： 這裡是兩封國小老師邀請家長參加親師座談活動的通知單，內容裡詳細地說明了此活動的目的、時間、地點、內容……等，可作為老師們使用的參考。

敬啟者：本班為學童教育，藉「親師座談」活動，做彼此溝通配合意見交換，以利提高並加速教師教學效率、家長督促子女學習方向、學童學習效果，特定於（本）九月十七日（星期日）下午七時三十分起，在本校視聽教育館（新建大樓四樓），舉行八十一學年度「一年三班第一次親師座談會」。為了您的孩子，我的學生，請您屆時務必撥空參加（請勿讓孩子跟到會場）。此致

貴家長

高雄市　國民小學

一年三班級任老師　啟

81.09.09

回　　　條

※填妥後請貴子弟於九月十四日前帶回交給老師※

（　　）1.出席參加（歡迎父母親長一起參加。能參加者請在括弧、方格內打∨）

學生家長：□父

□母

□親長（學生對親長的稱呼）

一年三班學生姓名：

（ ）2.無法參加

敬啟者：本班為學童教育，藉「親師座談」活動，彼此再作溝通配合，並檢討第一次活動後，親職教育實施的得失，以利教師教學效率，家長督促子女學習方針，學童學習效果。特定於（本）十二月二十二日（星期五）下午七時三十分起，在本校視聽教育館，舉行七十八學年度「一年三班第二次親師座談會」。為著您的孩子，我的學生，請您屆時務必出席參加。此致

貴家長

　　　　　　　　　　　高雄市　國民小學

　　　　　　　　　　　一年三班級任老師　啟

　　　　　　　　　　　　　78.12.14

回　　　條

※填妥後請貴子弟於十二月十八日前帶回交給老師※

（ ）1.出席參加（歡迎父母親長一起參加。能參加者請在括弧、方格內打∨）

學生家長：□父

　　　　　□母

　　　　　□親長（學生對親長的稱呼）

　　　一年三班學生姓名：

（ ）2.無法參加

建議溝通事項：（將會在親師懇談意見交換時間答覆）

2.收到回條後，視家長的生活狀況來約定時間（可在晚間舉行）。

3.第一次最好在開學第二週內舉行，第二次則以在第二次成績考查後舉行最為適宜。

4.第一學年度最好有兩次，下學期有一次；第二學年度內每學期一次即可。

5.第一次的導師時間重點有：(1)教學理念(2)班級經營方針(3)盼望配合的事項及待探討的問題。

6.第二次的導師時間重點有：(1)報告這段時間內教學的得失(2)提出最後教導方針(3)建議配合事項。

7.座談會當天，會場的準備與資料的印發，均要準備妥善。

8.會後的資料處理與問題的追蹤及答覆，都要同步進行。

參考書目

王淑俐（民78）：教師應如何與學生家長有效溝通。師友，269 期，38－39 頁。

王麗君（民81）：親師合作。師友，42－43 頁。

金樹人譯（民78）：教室裡的春天。台北：張老師出版社。

林碧霞（民79）：與家長的聯繫。師友，280 期，14－15 頁。

施素芬（民83）：班級刊物的出版～週刊。載於臺灣省教育廳編印之班級經營——理論與實際，554－556 頁。

郭一郎（民79）：從家長參觀教學日談推展親職教育的有效措施。國教園地，33 期，16－20 頁。

陳慶章（民79）：家長會的有效運用。師友，276 期，28－29 頁。

張訓迪（民81）：義工制度探討。南投文教，3 期，80－82 頁。

梅媛媛（民82）：家庭訪問的內涵與方法。國教世紀，28 卷 5 期，49－51

頁。

許慶恭（民83）：家長聯絡簿運用策略。載於臺灣省教育廳編印之班級經營——理論與實際，552-553頁。

黃永結（民84）：國小教室管理實務。載於黃政傑、李隆盛主編之班級經營——理念與策略。台北：師大書苑。

鄭玉疊、郭慶發（民83）：班級經營——做個稱職的教師。台北：心理出版社。

廖健安（民68）：學校與家長溝通之我見。師友，144期，22－24頁。

10

做個稱職的好導師

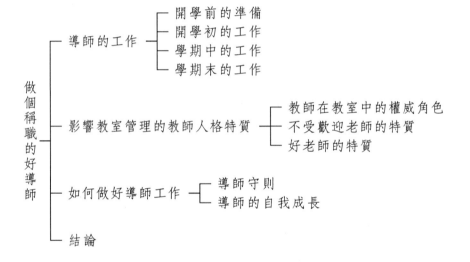

做個稱職的好導師 ─┬─ 導師的工作 ─┬─ 開學前的準備
　　　　　　　　　　　　　　　　├─ 開學初的工作
　　　　　　　　　　　　　　　　├─ 學期中的工作
　　　　　　　　　　　　　　　　└─ 學期末的工作
　　　　　　　　├─ 影響教室管理的教師人格特質 ─┬─ 教師在教室中的權威角色
　　　　　　　　　　　　　　　　　　　　　　　├─ 不受歡迎老師的特質
　　　　　　　　　　　　　　　　　　　　　　　└─ 好老師的特質
　　　　　　　　├─ 如何做好導師工作 ─┬─ 導師守則
　　　　　　　　　　　　　　　　　　└─ 導師的自我成長
　　　　　　　　└─ 結論

在中小學學校中，導師與學生接觸的時間最長，關係最密切，影響也最深遠。班級的文化、班級的功能，以及班級的成就是否彰顯，皆與導師的稱職與否息息相關。一個稱職的好導師不但有助於學生的人格發展，增進學生的學習效果，又可培植國家的可用之才，達成教育的預期目標。

依據中等以上學校導師制實施辦法第十四條：「……。各校專任教師，均有擔任導師之義務。」既然每位教師都有擔任導師的義務，以下就讓我們來看看，一個導師該做些什麼，又該如何做個稱職的好導師呢？

導師的工作

導師的工作相當繁重，整個學期都有許多事必須處理，可分由開學前、學期初、學期中及學期末來討論。

一、開學前的準備

開學前如果能先做好一些準備，在未來的班級經營上，對導師而言將會有很大的幫助，並使學生能比較快進入學習狀況。

(一)事先釐清對學生行為表現的期望（張新仁，民 83）

在開學前，教師應先構思對學生各種行為表現的期望，如：整潔、秩序、禮節、安全、課業、公物使用、學校規定等方面，確定那些行為是可接受的，那些是不可接受的，分項列出。下表所列之「教師構思學生行為表現之參考格式」（表 10-1）可供教師們做參考。

表 10-1　教師構思學生行為表現的參考格式

	課業方面	行為方面
第一天 溝　通	ex：作業繳交 ： ： ：	ex：座位安排 整潔 秩序 ：
日　後 溝　通	ex：實驗室規定 借書規定 成績的評定	ex：學校獎懲規定 ： ：

（引自張新仁，民 83 ， p.629 ）

(二)熟記學生名字並瞭解其相關資料

老師若於開學前便熟記學生名字，並在第一天就能夠正確叫出學生名字，不但可以拉近老師與學生的距離，亦可使學生產生警惕的作用。

如果所擔任的班級是新生，則應熟記學生名字或閱讀其相關資料，以便做為參考；如果是二或三年級的學生，則除了以上工作外，可與原導師見面，研商管理班級的最佳方式（吳仁貴、朱麗秀，民 79 ）。

另外，可視各校情況，決定是否以壁報紙書寫學生姓名，並張貼於教室外，或自行製作學生名牌（黃碧智，民 83 ）。

(三)先到教室觀察課桌椅等用具

先到教室觀察一番，課桌椅以及上課所需的用具是否夠用，再把教室稍作整理，如果有損壞的課桌椅或設備，則事先更換或請校工修理。

(四)做好身心調適

導師是一個班級的中心人物，也是學生最親密的朋友。一個健康開朗、充滿朝氣的導師，能使整個班級「活」起來；此外，導師也該體認到新學期即將開始，要恢復上班的作息時間，並在心理上隨時準備再出發。

(五)教學教材的準備

從學年一開始，就要把教材組織好和準備好。準備良好的教學計畫，乃是教室管理的一項大資產。（馬美林，民 80 ）

(六)與本班的各科任課教師協調溝通

國中為分科教育，任課教師極多，一年級的新生可能較不能適應；因此，身為導師者，如能先和各科教師協調溝通，則較能掌握本班的上課情形；並且在橫的課程聯繫上亦較能有所功效。（吳仁貴、朱麗秀，民 79 ）

二、開學初的工作

由於剛開學，學生和學校都尚未進入軌道，尤其是新生的入學，會使得學期初的工作更覺繁瑣，這類工作可分為班級上的事務和須配合學校行政的工作來討論。

A. 班級事務：在班級中的事務可分為清點班上人數、編定座位、導師和學生互相介紹、各項資料的填寫、認識環境、建立班級幹部組織、收發課本作業、表達對學生的期望、討論班級公約及獎懲辦法、宣佈規定事項及實施步驟，以及和家長的初步聯繫等，茲分述如下：

(一)清點班上人數

開學的第一天便應先清點班上人數，若有未到的學生則應馬上與家長聯繫，查明學生未到的原因，並立刻回報教務處。

(二)編定學生的座位

學生座位的編排，有以下幾種方式可供參考：

1.按照學生身高的高矮來安排

剛開學時，不妨先按照學生的身高高矮來安排，在學期中可採用輪流的方式，一排一排斜角度輪（例如，假設一個班級共有七排，原本第一排第一位的學生，下一次的座位為第二排第二位，第七排最後一位學生下一次的座位為第一排第一位），讓個子高的學生也有機會坐到前面的位子。

2.小組分坐

教師若有採用分組的教學方式，則可將同一組的學生，安排在鄰近的區塊（例如，第一組在第一、二排的前半部，第二組在第一、二排的後半部），但最好在學期中兼採輪流的方式。

3.自由選擇

高中的學生因其自主性較高，身高差異較不大，可考慮由其自由選擇座位。

4.抽籤

若欲避免學生小團體的出現，或欲避免感情好的學生在上課中交談，可以抽籤方式，每次月考後換一次座位。

(三)認識波此

1.老師與學生各自作自我介紹

讓學生以較有意義或較有趣的方式介紹自己，不但有助於別人的認識，而且可使班上的氣氛活潑，同學之間的相處亦較自然、融洽。

2.具體作法

⑴點名

·點名時，詳細觀察並記錄每位學生外表特徵，或將學生姓名、相貌與其他生活中的人事物連結，藉以加深印象，幫助記憶。若遇學生名字不會讀時，不妨故意漏掉，俟全班點完名後，再詢問學生，有沒有老師沒點到的？「叫什麼名字？」就可解決難題（陳枝福，民 83 ）。

·對於低年級的學生，老師可以用和藹的笑容，親切的語調先把自己介紹給學生。接著再搭配上有趣的童謠吟唱，來做點名的工作（如：「大拇哥，二拇弟，三中娘，四小弟，小妞妞，來上課。手心、手背、心肝、寶貝。」其中把「小妞妞」換成學生姓名，唱到名字的學生要站起來。）如此將大略認識班上的可愛小朋友（魏嘉漢，民 83 ）。

⑵繪製座位表：於上課時，新老師如能直接叫出學生名字，對學生而言，有助於專注學習，激發學習情緒，因此在接任新班級無法辨認全班學生前，有必要繪製座位表，夾於課本中，輔助認識，掌握全班學習狀態，提高學習效率（陳枝福，民 83 ）。

有了固定的位子，導師就能很快的確認學生的名字。這件工作比較刻板，可以依高矮前後排，再男女交錯配著坐。唯一要注意的是，視力較差或較好動的學生，編排座位時教師應適當的安排。學生有自己的座位後，再配上音樂叫學生四處走動，音樂一停每個人找到自己位子，如此此可加深孩子的印象，以免找錯座位（魏嘉漢，民 83 ）。

⑶優點大轟炸：若接任的是非重新編班的班級，則可採團體輔導方式，發給每位學生白紙一張，請學生逐條寫出班級中某位同學的姓名及其優點（專長、興趣……等等），老師可藉此瞭解班上某位同學的優點，必要時亦可缺點大轟炸，作為教師個別輔導的參考，使學生優點、潛能充分發揮，缺點加以改正（陳枝福，民 83 ）。

⑷社交測量：同樣是用在舊班級中。是一個團體中各個份子被其他份子提名的次數的測量，可用來瞭解同儕團體的組成及領導者，作為班級經營的參考。其實施的方法：

第一步：準備如下列問題：在全班中，你最喜歡的班上同學是誰？最不喜歡的班上同學是誰？

第二步：全班學生就所提出的問題，從全班中，提出一個或多個同學的姓名在紙上作答。

第三步：根據學生作答的結果繪製社交關係圖，可分成四種不同型式：

第一種＜星形＞：一個人成為多數人選擇的中心。

第二種＜連鎖＞：A選B，B選C，C選D，成為單向的選擇。

第三種＜成對＞：A選B，B選A，兩人互相選擇。

第四種＜孤獨＞：一個人未為任何人所選擇。

新導師如能透過社交測量，即能認識學生，瞭解其同儕團體所形成的次級文化，知道誰是孤獨的兒童，誰是星形的兒童，給予適當的輔導，使孤獨的兒童有為團體服務的機會，引起團體中各份子對他的關注，使星形的兒童，能充分發展其領導才能，並培養他隨和的性格，而不致專制獨裁，達到因材施教的目標（陳枝福，民 83 ）。此活動亦可在新班級的學期中使用。

⑸戶口名簿的妙用（簡良論老師）：學期一開始的時候，便以方便填寫基本資料卡為由，要求學生繳交戶口名簿影印本，不但基本資料可快速建立，從戶口名簿中，亦可看出學生大概的家庭況狀，如單親、是否與父母同住、家中人口多寡、在兄弟姊妹中的排行……等。

㈣協助學生填寫綜合指導記錄簿及輔導資料

如果學生從來沒有填寫過綜合指導記錄簿及輔導資料，導師可以先寫好一份範例，以影印的方式分給每一個學生，再以口頭解說填寫的方法及注意事項，學生開始寫後，導師也要在學生座位中走動，隨時予以指導。

㈤認識環境

各處室的位置、專門教室、甚至廁所等場所皆須帶全班環繞一周，免得學生找不到相關的處室而手忙腳亂。尤其是國小一年級的新生，其認識環境的能力較差，老師須多花些耐心，從認自己的教室開始：

⑴若是帶一年級的學生，可以先帶學生由校門口走到自己的教室，沿路教學生辨識路標（如：秋千、外星寶寶……等），走到教室後，再一次帶學生到校門口，由學生帶老師重新走一次，並邊走邊說出路標給老師聽。

⑵可向學校建議在各處室門口貼上表徵的圖片，例如：總務處——清潔用品、教務處——書本、導師室——教師……等。尤其是導師室，必須要特別介紹，讓學生知道可以在此處找到老師。

㈥認識校長、主任

可請校長、主任到班上和學生說幾句話，加深學生的印象，並告訴學生應注意的禮節。

㈦建立班級幹部組織

若為一個新班級，則不必急著選幹部，可讓學生先互相瞭解，約一週

後再選不遲；或老師可指定部分同學先擔任部分較急需的幹部，如：班長、衛生股長、風紀股長，等一週後再重新選舉。

(八)收發課本作業（黃永結，民 83 ）

學期初的重要工作還有收齊學生的寒、暑假作業，及發新學期的課本和習作，茲分述如下：

1.發課本作業

(1)課本習作：發新的課本習作可以參考下列步驟進行：
・按科目、習作類別分疊。
・按排依序取書冊。
・核對。
・封面裡、背面都書寫年級、班級、姓名。
(2)作業：作業的封面書寫年級、班級、姓名。（格式板書）

2.收作業

寒、暑假時的指定作業，要在一開學的時候就收齊，導師可以讓學生自己收作業。
(1)打開書寫部分第一頁，最後一名起立收齊。
(2)早上到教室，自行按規定繳交放妥。

(九)表達對學生的期望

導師在一開學的時候，便要對學生表達導師對學生們的期望，讓學生瞭解老師的要求，在制定班規及行為處事時，學生才不至於無所適從。

(十)討論班級公約及獎懲辦法

如果是中高年級的班級，班級公約最好是由學生自行討論訂定，而老

師可事先引導學生討論的方向，或適時提供意見，但勿過分干涉，否則將失去學生自治的意義；如果是低年級的學生，由於其身心發展尚低，導師可以自定公約及獎懲辦法，要求學生遵守。

(土)宣佈規定事項及實施步驟

如整潔、秩序、排隊、值日生、打營養午餐等。這些規定的教導，有如技能學習一般，可遵循下列步驟：

(1)逐一向學生解說（要做什麼）；

(2)示範正面與反面的例子（該怎麼做）；

(3)讓學生自己試試看；

(4)觀察學生的表現情形，從旁指正；

(5)學生如有進步，立即獎賞，如不盡理想，可重新教導。

上述步驟適用於低年級學生，以及較複雜的事項。例如：教學生如何打營養午餐，必須要實際示範如何做，才不致造成混亂與髒亂。又如，低年級學生未必懂得如何使用掃帚掃地，需要教師親自示範。至於高年級學生，或國中生，則可視情形省略示範步驟。

無論是中小學學生，當老師教完各項規定後，未必能牢記在心，因此在教後的幾個禮拜內，教師仍須經常監督、提醒、提供回饋、或是重教。這段時間稱之為試用期。試用期固然需較花心力，但是值得投資，因為一旦學生行為定型，養成好習慣，日後管理自然輕鬆，只須稍作提示即可（張新仁，民83）。

(古)和家長的初步連繫

在和家長的初步聯繫方面，導師可以準備每個學生一本家庭聯絡簿，要求學生將老師的規定及期望寫下，帶回家給父母看，並且要求家長簽名，隔天再交回來；或準備一封短信給家長，說明老師的學期計畫，及對學生的要求，其目的是希望能對學生的發展情形經常保持聯繫，並且需要

得到家長的支持，同時讓家長明瞭老師樂於與他們為學生的利益而共同合作（金樹人，民78）。

　　B.配合學校行政的工作：導師是學校行政的一部分，必須和學校行政做好密切的配合，導師應配合的工作如下：

　　1.填寫出席簿、晨檢簿。

　　2.整理學籍簿。

　　3.公佈作息時間及日課表。

　　4.著手教室佈置。

　　5.指導學籍日誌。

　　6.舉行新生個別談話。

　　7.填寫所擔任學科教學進度表。

　　8.辦理各項衛生工作。

　　9.編定學生電話通訊網。

　　10.辦理註冊兼收各項代辦費。

　　11.始業指導。

三、學期中的工作

　　導師學期中的工作包括一些每日都會發生的工作，以及並非每日都會發生，但亦屬導師工作範圍的平時工作。

(一)導師每日的工作

　　導師的工作異常瑣碎，學生突然發生的問題，都得勞累導師處理。每日的工作僅包括每天例行規定要做的事情。

　　1.每日早晨七時半到校督導學生早自修，並查值日生工作。

　　2.參加升降旗或週會等集會的學生管理。

　　3.輔導學生生活常規。

4.督導檢查本班教室及公共區域之整潔。

導師必須親臨督導清潔工作，以免發生意外，並加以檢查工作做好的程度。

5.檢查學生服裝儀容及違禁物品。

國小級任老師每天都必須做晨間檢查，由於時間僅約三至五分鐘，所以教師事先須做完善的規劃（黃志雄；民83）。

(1)設計個人用「晨檢記錄卡」（學生持用）（如表10-2）：細分檢查項目，如眼、耳、臉……等。檢查不合格在當天的該項下劃「×」，合格則劃「○」。

表 10-2　個人用晨檢記錄卡　　五年丁班　姓名：黃大呆

日　期	82.4.12	82.4.13	82.4.14	82.4.15	82.4.16	82.4.17	合　　　　計
檢查項目							
頭　　髮		○					1(○)0(×)
指　　甲	×		×			○	1(○)2(×)
手　　帕		○				○	1(○)0(×)
衛 生 紙			○		○		2(○)0(×)
衣　　服				○			1(○)0(×)
鈕　　釦				○			1(○)0(×)
鞋　　子			○				1(○)0(×)

（表格來源：黃志雄，民83）

(2)設計班級「晨檢榮譽卡」（老師持用）（如表10-3）：每天記錄，合格的於座號後劃「○」，不合格的劃「×」，「○」「×」且可相抵（朱文雄，民81），學期初可一週核算一次，並將之公佈作為獎勵或告誡的依據。待學生自發性行為養成後，則兩週核算一次，並予以最優前三名或五名獎勵。

表 10-3　　台中縣旭光國民小學五年丁班晨檢榮譽卡

座　號	姓　　名	表　現　情　形	小　　計
1	黃 大 呆	○×○○×○○○×○○	5（○）
2	林 小 明	×○○××○×○××○	1（×）
3	李 小 琪	○○○×○○×××○○○	5（○）
4	柳 小 卿	××○××××○××××	7（×）
5			
6			

（表格來源：朱文雄，民 81 ）

⑶個人晨檢由學生每日攜回，請家長簽名並協助學生做好待加強項目。

6. 批閱學生點名簿及教室日誌。

7. 查看學生午餐，並輔導學生午休。

指導學生午餐及午休，如指導值日生按時抬送營養午餐或便當，用完午餐並督導學生午休。

8. 隨時清查班級人數及處理學生請假，及外出等事項。

學生請假是常有的事，處理得不好，影響班級常規，甚至給老師、學校帶來困擾，所以導師對於請假規定應詳細告知學生。

⑴事假之處理

學校有「請假通知單」，由學生事先帶回去給家長簽章，再由學生本人或委託他人帶來學校（李政吉，民 83 ）。

⑵喪、病、其他假之處理

①打電話：若打到學校請假，則導師知道後，應立即打電話給家長，詢問學生狀況，並確認請假事件的真偽。

②寫條子：內容不拘，但必須要有家長的簽名、蓋章。

③家長親自到校辦理請假手續：如果是請長假或出國，家長須親自到

校辦理，並向訓導處教務處報備。

(3)分辨學生請假的真偽

如前所述，不當的准假，會引起許多後遺症，因此，請假原因的追查，可謂相當的重要，茲提供分辨方法，以供參考（余昭仁，民83）：

①依請假的時機看：分成請假在事實發生之前，及在事實發生之後兩類。在之後請假者常較有問題，但也有例外，即突發事件使當事者無法先行請假。先行請假者，老師不妨以電話查詢，或到家中訪視，應可查出其真偽。

②依請假者平常表現和請假時態度來看：若請假者平時不隨便請假，而其態度又頗為真誠，則其泰半為真；反之，則可能為假。這完全視老師平常的觀察，與學生的接觸而定。

③依請假者分別：請假者為當事人時參考第二項方法。委託請假者，如係同學幫忙請假，要詳問原因。如係父母來請假，則較沒有問題，但父母常為學生請假，則應與之溝通，以免影響學生課業。如為電話請假，可與其父母對談，求其真假。

9.糾正學生違規行為，並列入生活考核記錄。

10.隨時輔導學生言行，實施個別談話。

(1)利用課間或午間空閒時間，以個別談話方式，為學生解答生活方面及課業方面需要瞭解或說明的問題。

(2)隨時利用課餘時間作個別諮商、個別輔導，鼓勵學生，認真學習，如有疑難問題，隨時予以解答。

(3)導師每天都要注意觀察自己班級每一位學生之靜態，及動態之表現，如發現有行為異常之表現，導師即刻利用時間作個別談話個別輔導，瞭解其有無遭遇生活問題之困擾，或學業問題之困難，並爭取時效加強輔導。

11.其他有關學校交辦事項。

(二)導師平時的工作

導師平時的工作是指每日例行工作之外，不是每天都會發生，但仍屬導師職責範圍內的工作（教育實習手冊，民 84 ）。

1.建立學生完整資料，並且妥善加以運用。

(1)輔導室交辦之學生基本資料卡及學生調查表、個別諮商表、家庭訪問記錄表，仍需利用每天留校坐鎮時間，分項填記。

(2)導師輔導學生的方法，要適應學生個別的差異，因材施教，因材考核，因此導師要利用空閒時間，查閱學生基本資料，瞭解其家庭狀況，及其在家之生活情形，以作選擇運用那一種最有效的輔導方法之參考。

2.處理班級業務，組織班會，指導學生行使民主四權：選舉、罷免、創制、複決。

3.指導學生參加學校舉辦的各項活動，及各種紀念節日慶典。參加的節日慶典活動包括：(1)開學典禮；(2)升降旗典禮；(3)畢業典禮；(4)校慶活動；(5)各項紀念日或節日；(6)民俗節日。

4.實施班級家長座談會、家庭訪問或電話聯繫。

5.出席校內或校外有關會議或集會活動，並執行決議。

(1)導師每星期參加導師會報，利用早上七時二十分至七時四十分——使用二十分的時間，訓導處報告上一週舉辦各項活動之優點、缺點，及有待改進、加強之處。並報告本週內應舉辦之各項活動，大家集思廣益，貢獻智慧，交換意見，主要目的為做好導師工作（楊育梅，民 71 ）。

(2)參加導護會議、學年會議、行政會報、校務會議、教、訓、總、輔等各處組有關會議，並配合辦理有關事宜。

(3)配合有關機關實施社會教育、社會服務、選舉投票、監票、戶口普查、消除髒亂、救災等各項活動（教育實習手冊，民 84 ）。

6.參加安全防護工作，隨時注意維護學生安全。

7.指導學生公物的使用與保管，並責成公物損毀之理賠。

8.擔任週會及各種集合結隊活動之點名與管理。

9.領導本班學生遠足參觀及生產勞動服務。

10.指導本班學生各項課外活動及社會服務。

11.查閱學生的生活週記及課外讀物。

⑴老師可設計較活潑的格式，如：將一週大事改為「欣賞與感謝」。

⑵學生第一次寫週記時，導師可影印示範一篇，並加以交代、說明、示範週記的寫法。

⑶平時可在徵得同學同意後，將寫得較好的週記念給全班同學聽，或影印給同學們參考。

⑷學生之書包及放置書包內之課本，導師要隨時利用時間，做突擊式的抽查，如發現有攜帶不適合學生閱讀之書刊或攜帶違禁品，應即予沒收，追究來源查明處理，並通知學生家長來校會談，加強輔導辦法。

12.指導學生的思想、學業和生活作息。

⑴學生之思想、言行、生活、習慣，及其日常生活行為之表現，導師要隨時注意觀察，並予輔導，培養其對國家民族之意識，激發其愛國情操、熱愛國家，堅定三民主義之中心思想。

⑵學生每天在校內上課時之聽講情緒，學習態度，及各科作業之習作，導師要隨時注意觀察瞭解，並利用時間經常查閱各科作業簿，藉此加深瞭解學生學習之心得。

⑶導師要時常與各科任課教師聯繫，詢問班級學生之學習氣氛、學習精神、學習態度之表現，藉此瞭解學生之學習心得，以作加強個別輔導及團體輔導方法之參考。

13.擔任導師輪值，並處理有關事務。

⑴協助訓導處執行訓導工作；

⑵監護學生上、下學路隊；

⑶督導學生早自習、午休及清潔衛生；

⑷評定各班級秩序衛生競賽成績；

(5)主持升降旗及各項集會及集合；

(6)利用課餘時間巡察學生上下課及休閒活動情況；

(7)糾正學生服裝儀容及禮節；

(8)糾正學生違規行為，並列入記錄，必要時送請有關處室處理；

(9)預防及處理學生偶發事件；

(10)校內安全檢查；

(11)填寫值週導師工作日誌，並每日主動與訓導處連繫。

*14.*處理本班學生問題及其他偶發事項：學生如有違紀行為或偶發事件立即通知家長或約請家長來校會談，如違紀情節嚴重，即由導師親自向家長說明違紀情由，並與家長共同會商輔導辦法。

*15.*考查學生的操行成績。

*16.*協助輔導本班校外住宿學生的生活。

(三)導師一日的工作流程

本流程圖表（表 10-4 ）係針對訓導工作而設計，包括學生活動、導師活動，以及行政人員活動，可使導師明白自己的工作及學生的活動外，也知道學校行政人員的活動。如此，導師可以善盡輔導學生與推展校務的工作。（本流程圖取自教育實習手冊，民 84 ，p.124 ）

四、學期末的工作（楊育梅，民 71 ）

*1.*簽報班級幹部自治功效的獎懲事蹟。

*2.*指導班級幹部歸還所借用之公有財物。

*3.*指導本班總務股長清點班級桌椅、器材等公有物品。

*4.*評量學生學業及操行成績。

*5.*統計出缺席狀況。

*6.*填寫成績報告。

表 10-4　導師一日工作流程

符號說明：(1) ▭ 　　(2) ▱ 　　(3) ▭

　　（代表導師活動）（代表學生活動）（代表行政人員）

＜學生活動＞	＜流程圖＞	＜導師活動＞	＜行政人員活動＞
●7:20 分前學生抵校，糾察隊登記遲到學生，予以榮譽卡劃記一格，以示警惕。 ●學生在 7:20 前，完成清掃工作。	早自修	●在教室督導自修。 ●督導學生做早自修、清掃工作 ●值週導師巡視校園，評定班級整潔、秩序成績（分年級每天由三位導師輪導，每週每年級取前六名須發獎狀。	●巡視校園。 ●校門口站崗。 ●接聽電話，記錄學生的請假電話，並通知導師。
●班長點名。 ●風紀股長於升旗後至訓導處登記缺席同學姓名座號。	升旗朝會	●檢查與指導學生的服裝儀容。 ●不定期做安全檢查。	●各處室工作報告。 ●不定期做安全檢查。
	登記缺席學生	●以電話聯絡缺席且未請假的學生，並將結果登錄於導師手冊及學生家長電話連繫簿上。	●了解全校學生缺席狀況，以利追蹤輔導。 ●編輯班級學生通訊錄（含父母上班地點及公司連絡電話等）。

（依各年級分
別放設於級任
導師處，以利
於保管）

● 發現校外有不　　┌─────────┐　● 處理班級學生　● 上下課時巡視校
明人士進入校　　│聯絡缺席且│　　違規事項。　　　園。
園或同學有重　　│未請假學生│　　　　　　　　　● 處理學生違規事
大違規事項，　　└─────────┘　　　　　　　　　　項，將之登錄於
應立刻告知導　　　　　　　　　　　　　　　　　　「學生違規處理
師或訓導人　　　┌─────────┐　　　　　　　　　　登錄」。
員，以保護全　　│處理學生違│
體學生。　　　　│規事件　　│
　　　　　　　　└─────────┘

　　　　　　　　┌─────────┐　● 協同訓導人員　● 常與家長聯絡，
　　　　　　　　│以電話聯絡│　　聯絡家長，處　　將之登錄於「學
　　　　　　　　│家長　　　│　　理學生行為事　　生家長電話連繫
　　　　　　　　└─────────┘　　宜。　　　　　　簿」。
　　　　　　　　┌─────────┐　● 協同訓導人員　● 或是家庭訪問，
　　　　　　　　│約談家長　│　　與家長商談，　　或是請家長至校
　　　　　　　　└─────────┘　　處理學生行為　　約談，並將之記
　　　　　　　　　　　　　　　　　事宜。　　　　　錄。

● 12:00～12:30　　（午飯）　　　● 與學生共進午　● 巡視校園，注意
　中飯　　　　　　　　　　　　　　餐。　　　　　　校門口人員進出
● 12:15～12:30　　　　　　　　　● 指導學生打掃　　情況。
　打掃時間　　　　　　　　　　　　工作。

● 12:30～12:55　　（午休）　　　● 值週導師巡視　● 巡視校園。
　午睡時間　　　　　　　　　　　　校園。
　　　　　　　　　　　　　　　　● 督導學生午
　　　　　　　　　　　　　　　　　休。

處理突發事件

● 風紀股長將中途請假及不假外出學生姓名，登錄於訓導處，並隨時告知導師。

處理學生中途離校（請假或不假外出）

● 了解學生中途離校原因，以電話聯絡家長。

● 中途請假離校者，得完成請假手續，憑請假單或申請外出證，才能通過大門警衛。

● 第六節下課時，全體學生打掃教室及外掃區。

打掃

● 到班上督導。

導師會議

第八節輔導課

● 提議、討論、表決。

● 每三週舉行一次，校長主持，各處室工作報告及有關事項討論。

● 校務、訓導會同巡堂

● 學生按規定路線，排隊離校。

● 學生公車於5:00載學生離校。

4:50 放學

校外聯巡

● 照顧學生離校。

● 老師及交通糾察隊在校門口指揮交通秩序。

● 會同警員、高中教官一起進行學區校外聯合巡察。

（教育實習手冊，民84）

7.整理學籍簿，獎懲、預防接種、出席狀況、身高體重一一填寫完成。

8.訂定學生假期作業辦法。

影響教室管理的教師人格特質

一、教師在教室中的權威角色

　　班級是一個小型的社會系統，而在此一系統中，教師是教室中最有影響力的人物，一切教育目的的與目標的實現，端賴教室中師生交互作用過程中，能否充分發揮教學的成效。從社會學觀點而言，師生之間的交互關係，是影響教學效率的一項重要因素（鄭如安，民 81），而教師的領導行為，人格特質正是影響師生之間的交互關係的最重要因素（金樹人，民 78）。以下，就讓我們來分析不受歡迎老師與受歡迎老師的特質。

二、不受歡迎老師的特質

(一)攻擊學生的人格特質

　　在斥責學生的不當行為時，如果傷及學生自尊，如罵以「笨！」、「敗類！」、「無藥可救」等，容易傷害學生的自我概念，造成自暴自棄等自行驗證的預言（張新仁，民 83）。

　　有些老師在處理班級事務時，喜歡以譏諷學生的方式來讓其他學生發

笑，以表現自己的「幽默感」如：對一個名字叫「聰明」，但成績不好的學生說：「如果你真的有點聰明就好了」；然而老師們的諷刺，常會使學生有受傷的感覺。學生往往不明白譏諷的內容，卻會覺得他們被取笑及貶抑（金樹人，民 78）。

(二)無法控制情緒

情緒容易失控的老師在遇到學生反抗或不遵守規定時，常在盛怒之下體罰學生，或言語上冷嘲熱諷，導致學生身體或自尊心受傷。有些女老師因心生挫折而在學生面前潸然淚下，更有甚者，或大叫、丟課本、甩頭就走，都會令學生產生反感，甚至故意向老師挑戰。

(三)否定學生的感受

教師在處理學生的訴苦或解釋不良行為原因時，常強硬灌輸自己的意見去「幫助」學生解決問題，告訴他們應該有什麼樣的感覺，使得學生覺得不被瞭解。例如學生說班上同學都不喜歡他時，老師若說「不可能」、「你太多心了」，或自以為是的替學生解釋：「可能你……」，這樣都會使學生產生敵視和拒絕的感覺。

(四)對學生持負面的看法

有些教師對學生說：「你太懶惰，又不負責任，你如果不改善，將會一無是處」。這種的標記會傷害學生的能力表現，因為它教學生如何認定自己的無能。若常聽到別人這樣說他們，他們會相信是真的，致使行為表現符合負面的自我形象，特別當成人企圖預測學生未來時，更是如此（金樹人，民 78），這便是「比馬龍效應」。

(五)小題大作

　　教學過程中，學生多少會有不當的違規行為產生，教師可簡明的制止或詢問原因，至於說教或處罰可留到課後。舉例來說，當某位同學上課伏在桌上時，教師可眼觀他方，脫口說出：「某某同學，你如果不是不舒服，就坐好。」，面對同樣的情境，有些教師的反應卻是小題大作，如：「上課怎麼可以打瞌睡，這樣子對老師不尊敬，浪費爸、媽的辛苦血汗錢，又會影響旁邊的同學……」。區區一個動作，換來教師一頓說教，一旁聽訓的學生恐怕早已不耐煩了（張新仁，民 83 ）。

(六)無法以身作則

　　老師是學生的典範，平日學生會觀察老師的言行舉止，若是老師連自己規定的事項都無法做到，如服裝儀容的整潔、對法令、交通規則的遵守等，那學生對老師自會產生懷疑。

　　曾訪問過一班國中學生，得知其最不喜歡的是公民老師，原因是：這位老師教「公民與道德」，卻在課堂上大談如何逃稅漏稅；學生有所冒犯，即予以譏諷謾罵；這樣的老師叫學生如何信服呢？

(七)過於權威或專制

　　過份強調教師權威的教師帶領班級或管教學生時，常以軍事化的管理方式為之，學生的意見極少能表達或被接受，凡事以教師的意見為意見。這類教師不容學生有反對的意見或出軌的行為，在這種班級氣氛下，學生往往會心有不服，甚至在言語或行為上產生反抗的行為，向教師權威反抗。同時，教師也會對反抗的學生「另眼相看」，加以處罰或予以漠視，使班級氣氛趨向於暴戾，產生師生對立的情形。

(八)吝於讚美，或讚美不當

　　有些老師習慣嚴厲的領導方式，吝於讚美學生；由於得不到老師的肯定，會使學生們對自己產生懷疑，而缺乏自信心。相反地，有些老師雖常讚美學生，但有時會讚美過了頭，反而造成了反效果。例如：如果老師讚美學生做的每件事情，長久下來學生就會知道老師言不由衷，這樣不但無法增加學生的自信心，學生也會不把老師的讚美當成一回事，或者有可能造成學生處處受限於老師的評斷，只要老師一忘記讚美，學生就以為自己做得不好，反而更無自信心。

　　此外，如果成績一向不佳的學生突然考得很好，老師卻表現出非常驚訝的的神色說：「哇！沒想到你竟然也可以考這麼好。」；或者是學生做好一件老師交待的事情時，老師得意地說：「你看，如果你早聽老師的話，努力去做，就可以把事情做得很好了。」，這樣的態度彷彿在暗示學生必定會表現得不好，這樣一來，下一次恐怕就很難讓學生有興趣做任何努力了。

　　老師往往會犯只看結果的錯誤，認為學生成績好就什麼都好，而只有學生成績好時才予以讚美，卻忽略了學生在其他事情中努力付出的重要性。事實上，不一定每位學生都適合讀書，只要學生因為努力而產生進步、有所獲得，老師就不要吝於讚美學生，或許更能引導學生找到自己的路呢！

(九)教學不良

　　不良的教學行為包括：

1.缺乏組織的教學

　　教師如教學缺乏組織，或照本宣科，內容貧乏，漫談無際等，都無法引起學生學習興致，如此最易造成學生不專心、看其他書、傳紙條、或干

擾其他同學……等混亂情形。

2.一再重複學生已學會的材料

有些教師所指定的課堂習作過於簡易或冗長，讓學生覺得單調而乏味，促使有的學生轉向其他方向發展，例如干擾其他同學，或偷看其他書籍（張新仁，民 83 ）。

3.無視於學生程度的參差不齊

在大班教學、全班程度參差不齊的情形下，如果教師無視於學生的吸收能力，只採取一套教本與教法，對學生的失敗動輒怪以懶、笨、不用功。如此長期下來，飽嘗失敗的那一群學生終究會放棄學習，無所事事，甚至結夥搗蛋，使得教師只能面對一小群學生進行教學，這也難怪乎會有層出不窮的問題行為產生（張新仁，民 83 ）。

㈩不易親近

太強調權威，太過嚴肅的老師會使學生產生隔閡感，不敢也不想去親近老師，而失去瞭解學生的機會。

(十一)儀表不合宜

不合宜的儀表包括（王淑俐，民 80 ）：

1.過於時髦或太古板

老師的服裝過於時髦，會令學生及家長感到「奇裝異服」，影響學生的審美觀；過於「復古」，則似與時代脫節。

2.太過繁複

教師服裝在式樣、配飾、顏色上過於五花八門，會令學生目不暇給、

眼花撩亂，甚至使心情浮動。

3.太過暴露

舉凡露肩、露腹、露胸、露大腿的，均不適合老師穿著，以免學生分心，甚至產生不當的遐思、聯想，這種服飾也不便於與學生共同活動。

4.不修邊幅或每天穿著同一款式及顏色的服裝

學生會誤以為教師從不換洗衣服，而不敢親近老師（王淑俐，民83）。

㈠集體受罰

少數學生犯錯，牽連全班受罰的連坐方式，對無辜學生而言有失公平，甚至產生不滿而加入抱怨的行列。這對犯錯的學生，反而降低了懲罰的效果。常見教師因少數人整潔工作不力或秩序不佳，導致班級整潔或秩序競賽敬陪末座而懲罰全班，便是屬於集體處罰的例子(張新仁，民83)。

㈡無法控制上課秩序

學生在上課中常會有些不良行為產生，甚至擾亂上課秩序，教師若無法控制上課秩序，不但會影響教學活動的進行，而且老師的地位亦會受到挑戰，使學生不信任老師的能力，甚至輕視老師。

㈢持放任式的領導

民主的領導並非放任不管，態度散漫、不負責任的老師，會使學生無所適從，到最後即使有問題也不願去請教老師。

㈣無法一視同仁

大部分的老師都是很關心學生的，但某些老師會對部分成績較差或行為偏差的學生產生放棄的心理，使學生更加速地自暴自棄；另應注意的

是，一些表現較不特別好或不特別差的學生，往往容易被老師忽視，應多關心這些「中間份子」。

三、好老師的特質

知道了不受學生歡迎老師的特質後，讓我們再來討論一下，究竟一位受學生歡迎的好老師具有那些特質呢？

(一)對事不對人

當學生做錯了事時，老師應針對事情處理而不要評斷學生的人品或人格，只要描述有關的事情，讓學生就客觀情境判斷對錯。例如：有兩位學生在該安靜的時間講話，破壞教室的規律，那麼教師可以說：「這是安靜的時間，需要絕對的安靜。」，最好不要說：「你們兩個太過分，根本不考慮別人。」（金樹人譯，民 78 ）。

(二)適當表達憤怒

當令教師生氣的事情發生時，應該清晰而肯定地提出要求，適切的指出使他憤怒的情景，並說出他的感受，避免用侮辱和貶抑學生的語句，而且愈簡單愈好。

學者金納建議教師在表達自己的感受時，應使用第一人稱的語句，例如：「我很生氣！」、「我很失望！」，這種語句比用第二人稱的表達方式，如「你不好！」、「你太懶惰！」、「你不顧別人，只顧自己。」來的好。第一人稱的語句告訴學生：教師對情境的感受；第二人稱的語句卻有攻擊學生的味道。

(三)接納學生的感受

　　學生通常會誇大事實，常沒有事實的根據，但是即使學生有錯，老師也不需和學生的感覺爭辯，這只會讓學生感受到他被輕視和拒絕。相反的，老師應運用同理心，試著去瞭解學生的感受。金納建議老師可以多加一些談話，例如：「我可以如何幫助你？」這樣提供學生思索如何解決問題的機會，同時表示老師對學生能力的信任。老師不要否認學生的感覺，和攻擊學生的人格，學生必須有機會決定他們自己的感受，與他們想做什麼。金納強調要避免使用成人慣用語的標準「沒什麼好怕的！」，那只會讓學生的感覺更差。一味地告訴學生不要害怕、生氣或傷心，並不會讓他們袪除那些情緒，但是它卻造成學生懷疑自己內在的情感，懷疑老師了解他們的能力（許靜芳、盧嬌、陳幸玉，民 79）。

(四)以適當的引導來改變學生

　　學生的潛能，有賴於教師的開發，學生的資質，因人而異，各有專長。因此教師可以鼓勵學生從「做中學」，引導出學生本身不自覺的潛能，多加讚美。那麼，學生將會順著老師讚美的方向努力前進延伸（吳仁貴、朱麗秀，民 79）。

(五)以身作則、言行合一

　　當導師除了教書之外，還要教導學生如何「做人」，因此必須處處以身作則，事事率先躬行示範，導師的一言一行，都給班上同學很大影響，譬如：教師要求同學多說「請」、「謝謝」、「對不起」，就是當同學對導師有所幫忙，導師照樣應向同學說聲「謝謝」（劉斌，民 82）；此外，教師的言行合一，言出必行，則學生對老師所說的話才不會自打折扣，亦能服膺老師的訓導，遵守老師的規定。

(六)邀請學生合作，提供學生抉擇的機會

對於一個問題，老師可以提出多種解決方法，讓學生自己決定要採用那一種，這樣有助於讓他們感受到他們對教室發生的事情有一些控制能力，同時他們也較有可能去實行他們為自己所設立的行為標準。

邀請學生合作的方法之一，就是在一個活動開始之前，就和全班討論，決定活動時每個人應遵守那些規定。並在活動失控制時斷然停止。例如：學生在欣賞影片時，吵鬧不休，老師可以說：「我們可以安靜地看電影，否則我們要做另一個數學習題，你們自己決定吧！」如果學生繼續干擾活動的進行，老師就必須確實執行諾言，並且強調澄清那是學生自己的決定。藉著邀請合作，可以促進學生自我抉擇和形成責任感，自我概念也會隨著增加（許靜芳、盧嬌、陳幸玉，民 79 ）。

(七)適度的讚美

老師不應吝於讚美學生，若學生表現良好時都可予以口頭上讚美，甚至於可提報學校予以授獎；然而應注意的是，應多表揚「行為」，任何一位學生有「好行為」皆應受到獎勵。少表揚「人」，避免製造少數學生成為「明星」。守規矩學生的「不良行為」要處罰，較少守規矩學生的「好行為」更應當獎勵（洪賢明，民 79 ）。

(八)知識豐富，教法生動、清晰

導師的豐富學養是使學生信服的法寶之一，因此導師對本身所擔任的學科除了要有豐富而正確的專精學識和純熟的教學技能外，對其他學科、書報、雜誌、時事、生活哲理也應有所涉獵，以廣博的學養和正確的價值觀，助益導師工作的執行順暢，學生也會因此而信服老師。

㈨適切的幽默感

老師以幽默的態度，處理困窘或臉紅事件，往往可把暴戾化為和樂，把學生無聊的言行舉止化為具有教育意義的活動（陳和政，民 79 ）。

㈩儀表合宜

合宜的服飾，優雅的儀態，不但可襯托出個人的學理與氣質，更可提升教師的專業形象。自己感到精神奕奕，學生覺得賞心悅目。師生間的人際吸引自然拉近，無形中增加教學效果，另一方面，教師以身作則，帶給學生良好的「外在美」（兼含「氣質美」）影響，學生就更得注重自己的儀表了。

合宜的儀表包括如下（王淑俐，民 80 ）：

⑴式樣要簡單大方、富整體感：盡量選擇剪裁明快，兼具知性（較具魅力的）及感性（較柔和的）的服飾，且搭配要整體化。

⑵顏色要明亮、調和：明亮的色彩較醒目而有精神，調和的顏色則令人賞心悅目。

⑶妝扮要有變化、女性可化淡妝；服飾不需昂貴，但要切合需要而且有足夠的變化，化淡妝則顯現禮貌及敬業精神。

㈪公平

學生常會說某位老師「偏心」，要使學生不致產生這種感覺，老師在管理班級應力求「對事不對人」，班規共同制定，說明分數的評分方式，對於成績較差的學生，耐心予以指導，行為不佳的學生，不予以標記，讓每個學生都能分享到老師的愛，感受到老師的關心。

㈫態度認真負責

一位認真負責的老師，才會全心為這個班級努力，學生感受到老師的

認真負責，亦會予以肯定，對老師的領導具有信心；反之，一位散漫的老師，只會讓學生學著老師偷懶。

(十三)關心學生

導師除了從各方面輔導同學上進外，亦應多關注他們平時的生活情況，瞭解班內每一個同學日常生活和交友情形，對家庭貧苦同學，應予以關切，仁慈而富有同情心，處處為同學著想，這樣同學自然地對導師崇敬服從（劉斌，民 82 ）。

如何做好導師工作

一、導師守則

在瞭解導師應做的工作及受歡迎老師的特質後，一位稱職的導師就呼之欲出了。

(一)掌握學生動向（人數）

導師每天一到學校最重要的事，就是先掌握學生的人數，有未到的學生須查知其去向，聯繫家長並向訓導處回報。

(二)主動和家長溝通

老師應將自己努力的目標、方法與對學生的期望，主動告訴家長們，

並要求他們的配合與協助（梁丁財，民 82 ）。

(三)民主公正，讓學生自治

在民主式領導下的學生比較能互相友愛，同時表現較具群性與自發性。教師應以自己能力、涵養、學識，和影響力來指導、帶領學生，才易達到效果。並應注意的是，學生對老師公正與否往往相當敏感，尤其在訓導、分數、學習機會上；因此，導師要注意每一位學生（尤其是中等程度者），並能真誠地關心學生，替學生解決問題，允許學生參與制訂大家所共同期許、能接受的行為規範，讓學生自治，這樣師生之間互信互賴的程度會提高，相處會融洽，學生們會更具群性，更能自律（洪賢明，民 79）。

(四)注重學生個別差異

學生的個別差異極大，導師應注重學生的個別差異，「因才施教」外，並須加以引導啟發，不同的學生有其不同的長處，不可因其某些缺失而將他全盤否定。

(五)少訓多導，慎用處罰，愛心輔導

「訓」只是治標的手段，「導」才是積極治本的目的。導師不是處理學生「不要」如何、「不可」怎樣，更重要的還要教學生「應該」如何、「可以」怎樣。耐心地去輔導、感化他，學生的行為多少會改變，隨時關心他，適時的教導他，學生就能逐步地接受。

導師要有容忍學生犯錯的雅量（當然不是縱容），不是每位學生都喜歡故意違規犯過，每位學生的心態、背景、原因都不一樣，盡量去瞭解尊重和體諒他們的特質差異，然後謹慎地選擇處罰方式，當罰則罰，便容易收效（洪賢明，民 79 ）。須注意的是處罰的方式，不包括體罰。

(六)建立自身領導風格

每個老師都有不同的特質，導師可找出最適合自己的領導方式，樹立風範，建立自身領導風格。

(七)培養學生讀書風氣

導師應培養學生讀書風氣，如成立讀書小組、分組教學方式、成立班級圖書館、導師以身作則、分享讀書經驗……等。

(八)多關注學生日常生活

導師除了平常應與家長保持聯絡，以瞭解學生的家居生活外，平常亦可實施個別談話，或問其好友，觀察學生行為有無異狀，學生有困難時，即可適時伸出援手，幫助學生解決困難。

(九)與學生同在

學生參加集會、競賽時，導師應該要陪在學生的身旁，加以指導、鼓勵，使學生覺得老師是和學生同在一起的。

(十)有原則也要有彈性，寬嚴並濟

新任老師通常偏於「寬」的這一端，資深老師又常太「嚴」。「過寬」使學生「沒大沒小」，甚至「無所適從」。「太嚴」使學生不敢親近，甚至於排斥老師，結果教學的效果短暫甚至適得其反。基本上老師必須是個有原則的人，其原則是合理的、有教育意義的，並且要言行合一、言出必行，一貫地賞罰分明、公正客觀。但原則並非固定的，可以依照情況而變通。原則通常表現在老師對待學生的態度上。老師要有穩定可靠的形象，不可過於善變，以至於令人捉摸不定、疲於奔命。班規的判定及執行也要寬而不鬆、嚴而不苛，不只是消極地禁止，更要積極地提昇同學的

自治風氣，養成良好的自律習慣（王淑俐，民 82 ）。

二、導師的自我成長

　　導師的責任相當重，亦必須面對許多的挑戰，因此，一位成功的導師必須不斷的自我成長，才能應付這些不斷改變的挑戰。

(一)自我成長的內容

　　導師可以自我努力的方向如下：

1.專業知識與專業精神的充實

　　教育是一份相當專業的工作，除了要有敬業的態度外，也要有專業的知識及能力。專業知能是沒有止境的，學習得愈廣愈精，工作上愈能勝任愉快。教師的在職進修及自我成長，可朝下列方向有計畫及系統性的進行。

　　(1)教學理論與技巧；

　　(2)溝通理論與技巧；

　　(3)輔導理論與技巧；

　　(4)教室管理理論與技巧；

　　(5)情緒調節及幽默之道；

　　(6)生涯規劃與生活效率；

　　(7)其他相關的才能。如：電腦、團康、歌唱、藝術等；

　　(8)與教育有關的學科知識。如：心理學、社會學、哲學等。

2.對教學本質的充分認識

　　教學工作，本是靠長期的點滴累積，不可能短期內即克竟全功，必須有「效果延宕回收」的觀念（陳江松，民 80 ）。老師應瞭解有關教師之

法令規定、及其權利義務，對教學工作的本質有充分認識，如此才能確實做好教學的工作。

3.情緒的控制（王淑俐，民81）

老師生氣的主要對象是「學生」，正確的說法是「學生的表現不符合老師的理想」，會令老師覺得生氣、失望及灰心喪志，除了學生之外，影響教育效果的「周邊人物」，也可能使老師生氣。為使教師的情緒不影響教學的專業性，教師應學習如何控制自己的情緒，王淑俐教授（民81）在「怎樣教書不生氣」中建議應循序漸進，由避免「有氣不生」的消極心態，過渡至適當地生氣（正確的「有氣即生」），最終達到以「歡喜心」、感恩心」取代「怨怒心」、「煩惱心」的「無氣可生」境界。

⑴初階——避免「有氣不生」：「有氣不生」即「忍氣吞聲」，原因很多，包括：一味忍讓、敢怒不敢言，或已「有氣無力」，認為「算了！不值得生氣」。

第一種「一味忍讓」的人，壓抑自己的感受，不承認自己真實的感覺；久之，甚至相信自己並沒有那種感覺。其實，憋了一肚子的氣無處宣洩，就可能遷怒無辜者或轉而攻擊自己（不快樂、自卑、討厭自己）。

第二種「敢怒不敢言」的人，很清楚自己心中的感受，但礙於對方的「不好惹」，或周遭環境與制度的束縛，所以只好表面上唯唯諾諾，心中卻十分不服；總會伺機而反駁、報復的。

第三種的「有氣無力」，是覺得「力不從心」，乾脆放棄。因為對方的「積習」已深，已非他們的能力所可扭轉，所以假裝不在乎，以「眼見為淨」的逃避、放棄心態來應付。

「有氣不生」的老師常是受過打擊挫折的認真老師，在得不到精神的回饋後，染患了職業倦怠症。該怎麼辦？

該生氣而不生氣，憋了一肚子氣，悶壞了自己才真的划不來。老師職責本在使學生改過遷善、明辨是非，自然老師有權對「明知故犯」的學生

表示不滿意（但對無意中偶犯者或因無知而犯錯者，應給予改過的機會，並善加開導）。

學生再「大條」（惡霸型），仍是不成熟的孩子，是受了家庭及社會的習染而學壞了，真正關懷孩子的老師發脾氣，反能贏得學生的感激及尊敬。當然，此處的發脾氣並非「損學生」，而是就事論事，指出學生的缺失。

⑵中階——適當的「有氣即生」：「有氣即生」有可能流於宣洩情緒，故要有所「規範」，學習適當地表達怒氣、怨氣。方法包括：

第一，深入瞭解自己真實的感覺：應靜下心來，瞭解及接納自己內心深處最真實的感受，而不需勉強自己要開闊胸襟、包容別人、不可生氣嫉妒、或怨恨。

第二，正確描述身心的感受：瞭解之後，嘗試著描述出來，也就是說，當學生的不當行為令老師生氣時，老師先別忙著去「控制」（結果反激起他的自我防衛，覺得老師不瞭解他，所以他也不願瞭解老師），而應將學生的表現所激起我們的不愉快、傷心，或失望等感受表達出來，基於同情心，學生較能接納我們的感受，進而瞭解我們的心意。

第三，說生氣的理由：情緒失控下的暴怒、喝斥，只會使學生畏懼或厭惡，對老師敬而遠之，使老師的生氣沒有達到效果。老師應說明生氣的理由，使學生不再犯同樣的錯誤。

第四，協調出解除「生氣」的辦法：老師和學生都應「協調」出解除老師「生氣」的辦法，就事論事，找出解決問題的辦法（改正過失的途徑），由師生共同努力達成既定之目標。

第五，開發出多種正當的情緒宣洩管道：遇到某些不可理喻的家長，或學校及教育行政人員不能瞭解及支持老師時，確實會令老師感到傷心、憤怒，此時即可訴諸間接但正當的管道宣洩，如看書、聽音樂、唱歌、運動、郊遊、找好友傾訴、寫日記等。

第六，藉由生氣的經驗調和生氣的次數、程度及持續時間：藉由過去

一次次生氣的經驗，，逐漸調和自己希望減少生氣的次數，降低生氣的激動程度，以及避免延續怒氣、怨氣等，變成生自己的氣。每次生氣時，都要逐漸增進冷靜及理智的程度，使自己邊生氣還能邊考慮到：

這樣發脾氣有效果嗎？

是不是太主觀了？

能不能再放鬆一些，不那麼激動或權威？

(3)高階——歡喜的「無氣可生」：要使自己「無氣可生」，可參考下列方法：

‧提昇思考及關心的層次至「大我」：愈自私的人愈「小氣」，反之，愛別人、幫助別人的結果卻讓自己最感快樂。

‧改變面相，以笑容取代愁眉苦臉。

‧身心放鬆，消除不必要的壓力，勿過求完美。

‧有長遠正大的人生目標，儲備自己成為好老師，要培養出有用人材。

‧培養一生的休閒、嗜好：生活中需有工作亦有遊戲，才富於情趣，種花、集郵、看書、音樂欣賞、旅遊等，都是相當能怡情養性的活動。

‧多動、多學、多看：多動才覺得有活力；多學多看才能開展視野。

‧知福、惜福、造福：所謂「知足常樂」，只要多看看眼前的幸福，並設法造福別人，即會快樂。

‧生活規律，身體健康：生活正常而有秩序，不過於疲倦或閒散，保持適度的「活力」，即能健康長樂。

‧樂觀奮鬥、百折不撓：凡事多看好的一面，朝光明面去奮鬥。

(二)自我成長的途涇

1.在職進修

　　在職進修是教師增加能力最直接、最重要的方式。教育部亦在民國七十四年公布「中小學教師在職進修研究辦法」，明文規定一切有關教師在職進修事宜。教師可常向教務處詢問進修事宜，爭取進修機會。若有學術研討會等相關活動，亦可多多參加。

2.閱讀有關資料

　　教師本身可藉由閱讀相關的書籍或刊物等來充實自己，隨時獲取新知識、新觀念，如此不但可以增加專業素養，又能跟上時代潮流。

3.吸取他人經驗

　　這點對新進教師而言尤其重要。新進教師缺乏教學經驗，但若能不時請教已有經驗的教師，當能增加自己的能力。而且教師和教師之間若能交換彼此的經驗，截長補短，必會獲益甚多。此外，多聆聽有關的演講，參加有關的教學研討會，也是吸取他人經驗相當好的途徑（陶英琪，羅文潔，王淑賢，饒秀娟，陳柏蓉，葉國芳，許筱梅，王錦珍，民78）。

　　另外，可參加或組織教師成長團體，與其他學校教師交流研究。

(三)樹立教師本身的人生觀、哲學觀、教育觀、價值觀

　　教師本身必須澄清自己的價值觀，肯定自己的抉擇，找到自己從事教育及師生互動的教育哲學理念。一個沒有理念的教師，只能稱為教僕或教書匠。因此，老師應肯定教育工作的價值，從教育工作中自我實現生命的理想（洪錦沛，民82）。

(四)接受挑戰

　　參加校內外比賽與參與各類考試同樣具有挑戰性，為了完成此次比賽或考試，而在事前準備、讀書、練習、觀摩，查詢資料，在這過程中，已不知不覺使教師成長許多，若能獲得好成績，那更是最好的鼓勵了。（曾

家球，民 82 ）

結論

在漫長的教學生涯中，導師將會遭遇到許多的教育問題，然而這些問題的答案卻因時代、社會的變遷，而永遠不同。導師應打開封閉的心靈和視野、不預設立場、不預存成見，時時為自己存入新穎、鮮活的觀念，隨時用新的目光接受隨時而來的挑戰（亞磊絲，民 80 ）。只有以「變」應萬變，才能勝任愉快，做個快樂又稱職的好導師。

參考書目

王淑俐（民 80 ）：小問題，大影響——談教師的儀表。載於師友月刊，288 期，36－38 頁。

王淑俐（民 81 ）：怎樣教書不生氣？——談教師的情緒調節。載於教育資料文摘，177 期，111－117 頁。

王淑俐（民 82 ）：『好』『導師』的教育信念。師友月刊，309 期，39－41 頁。

王淑俐（民 83 ）：我是個容易受傷的老師——談教師的心理衛生。載於教育資料文摘，93 期，114－122 頁。

朱文雄（民 81 ）：班級經營。高雄市：復文書局。

吳仁貴、朱麗秀（民79）：如何做好導師工作。教育實習輔導通訊，3 期，32 － 38 頁。

余昭仁（民83）：學生請假處理。載於台灣省教育廳編印之班級經營——理論與實際，449 － 451 頁。

金樹人譯（民78）：教室裡的春天：談教室管理的科學與藝術。台北市：張老師出版社。

亞磊絲（民80）：教師的卓越形象——談如何塑造成積極的生活風格。載於師友月刊，287 期，51 － 53 頁。

李政吉（民83）：怎樣處理學生請假。載於台灣省教育廳編印之班級經營——理論與實際。

洪賢明（民79）：淺談導師的輔導態度。竹縣文教，4 期，46 － 47 頁。

洪錦沛（民82）：潛談教師思考的一些盲點及策進之道。南投文教，5 期，37 － 42 頁。

陶英琪、羅文潔、王淑賢、饒秀娟、陳柏蓉、葉國芳、許筱梅、王錦珍（民78）：國中教師角色衝突之探討。今日教育，54 期，60 － 69 頁。

許靜芳、盧嬌、陳幸玉（民79）：吉納模式。台灣教育，475 期，27 － 31 頁。

陳和政（民79）：教室如何管理。師友月刊，271 期，36 － 37 頁。

馬美林（民80）：談教室與管理。載於高雄市政府教育局編印之教室經營，152 － 154 頁。

梁丁財（民82）：教師管理之探討。載於南投文教，15 期，33 － 36 頁。

陳江松（民80）：塑造教師的新形象。國語日報，80 年 10 月 1 日，第八版。

曾家球（民82）：多元化的教師進修。載於竹縣文教，7 期，19 － 23 頁。

黃志雄（民83）：細水長流做晨檢。載於台灣省教育廳編印之班級經營——理論與實際，455 － 457 頁。

張新仁（民83）：教室管理面面觀。載於台灣省教育廳編印班級經營——理論與實際，625 － 641 頁。

陳枝福（民83）：接任新班級——如何認識學生。載於台灣省教育廳編印之班級

經營──理論與實際，21－23頁。

黃永結（民83）：談班級經營。八十三年演講稿。

黃碧智（民83）：接任新班級第一天應做的級務工作。載於台灣省教育廳編印之班級經營──理論與實際，35－37頁。

鄭如安（民81）：生活教育競賽績優班與欠佳班導師之人格特質、領導方式和師生關係。於教育資料文摘，179期，137頁。

楊育梅（民71）：導師責任制工作與專任教師工作之比較。台灣教育輔導月刊，32卷4期，24－27頁。

劉斌（民82）：怎樣做一個稱職的『導師』。於中縣文教，14期，46－48頁。

魏嘉漢（民83）：如何掌握新生始業指導。載於台灣省教育廳編印之班級經營──理論與實際，26－27頁。

國立台灣師範大學學生實習指導委員會、國立彰化師大學生實習輔導處、國立高雄師範大學學生實習室合編（民84）：教育實習手冊。教育部中等教育司委託編印。

11

有效保護嗓子

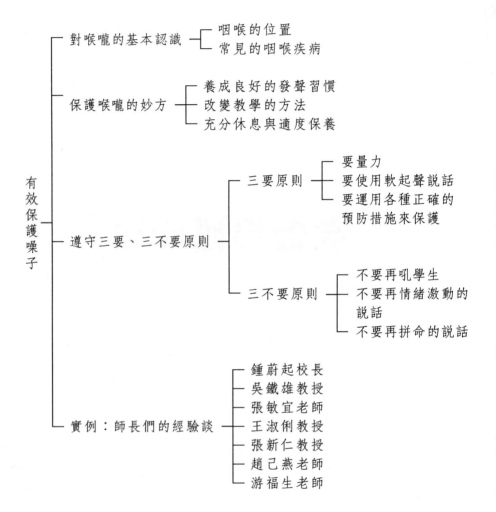

有效保護嗓子

├─ 對喉嚨的基本認識 ─┬─ 咽喉的位置
│   └─ 常見的咽喉疾病
│
├─ 保護喉嚨的妙方 ─┬─ 養成良好的發聲習慣
│   ├─ 改變教學的方法
│   └─ 充分休息與適度保養
│
├─ 遵守三要、三不要原則 ─┬─ 三要原則 ─┬─ 要量力
│   │   ├─ 要使用軟起聲說話
│   │   └─ 要運用各種正確的
│   │   預防措施來保護
│   │
│   └─ 三不要原則 ─┬─ 不要再吼學生
│   ├─ 不要再情緒激動的
│   │ 說話
│   └─ 不要再拼命的說話
│
└─ 實例：師長們的經驗談 ─┬─ 鍾蔚起校長
                         ├─ 吳鐵雄教授
                         ├─ 張敏宜老師
                         ├─ 王淑俐教授
                         ├─ 張新仁教授
                         ├─ 趙己燕老師
                         └─ 游福生老師

　　「安靜！安靜！不准講話……」方老師一臉無奈的望著失控的場面，心裡想著再過幾天就是月考了，課還趕不完，自己的喉嚨又一直疼的厲害，雖然醫生一直叮嚀他一定要有充分的休息，但是，緊接著而來的考試卻逼著他不得不硬著頭皮繼續和自己的身體搏鬥，生理及心理的壓力，及學生的無法體諒，幾乎要擊潰了他，於是他不停地問著自己：「我該怎麼辦？」

　　上述方老師的例子，相信是很多教師的共同心聲，可是，根據許多調查結果卻顯示，少有教師真正知道如何保護自己的喉嚨，對於自己的「喉事」也多抱持著「得過且過」、「隨它去」、「莫可奈何」的消極態度。然而，我們都知道，教學工作是一個靠嘴巴吃飯的行業，如果老師擁有的是個破鑼嗓子，不僅僅自己聽起來不舒服，也可能使得教學效果大打折扣。但是，一個老師每一天平均要上三至六堂課，每堂課又需要四十～五十分鐘不等，經年累月的大聲講話，很少有聲帶不受到損害的。再加上抽煙、嚴重的空氣污染與環境噪音等因素，若又沒有做好保養的工夫，情況可能就更加嚴重了！

　　那麼究竟要如何才能保有一個健康的嗓子呢？為了研究這個問題，筆者由多方管道而訪問到了一些有經驗的教師、教授，並蒐集了各種有效保護喉嚨的方法及資料，綜合出了個人一些小小的意見，也希望這些方法能對以後同樣從事教學工作者有所助益。

對喉嚨的基本認識

　　喉嚨在醫學上指的是咽部，但一般人的說法是包括喉部，故本文所談

的內容亦包括咽、喉兩部分。首先筆者將說明咽喉的位置，而後再深入探討一些常見疾病的致病原因、症狀（林耀東，民 80 ）。

一、咽喉的位置

咽 (pharynx) 的位置是在口腔、鼻腔、喉及食道之間，由鼻咽部、口咽部、及咽喉部三部分所組成；而喉 (larynx) 是由甲狀軟骨 (thyroid cartilage)（俗稱喉結）、環狀軟骨 (cricoid cartilage)、杓狀軟骨 (arytenoid cartilage) 及會厭軟骨 (epiglottic cartilage) 所構成的管狀組織。同時在喉部中還有聲帶，我們即由肺部呼出的空氣振動聲帶而發聲。

二、常見的咽喉疾病

(一)咽部的疾病

1.咽炎 (pharyngitis)

它通常是由於一般性傳染疾病、痲疹或流行性感冒所引起之整個上呼吸道發炎。咽炎又分為急性及慢性兩種。急性咽炎症狀是喉嚨內有濃痰，有時從鼻內流出，有時流入咽部，其治療比較容易。有時以食鹽水漱口就可以減輕紅腫現象，但若有發燒或身體不適的狀況就要用抗生素來治療。慢性咽炎可能是時常以口呼吸，導致喉嚨時常處在乾燥環境下，或煙、酒過量，或慢性鼻竇炎感染等原因所引起的。它的症狀是產生口臭，尤其是早上剛起床時，喉嚨乾澀、灼痛，有時會有少量痰液。

2.腫瘤

咽部罹患腫瘤的情況並不多見，有一種常見的血管纖維瘤 (angiofibroma）是屬於良性的，發現之後最好能馬上切除。

　　另外有一種惡性腫瘤叫鼻咽癌，這種病通常不容易被早期發現，而其症狀有流鼻血、鼻塞、聽力障礙等。這種喉咽部惡性腫瘤，比較常出現在喜食刺激性或高熱度食物者身上，有時頸部照射 x 光也會引起。罹患此症的病人因吞食困難而體重下降，當癌細胞擴散到聲帶時，聲音會變得沙啞。如果病人自覺高，能在早期發現，即可將小腫瘤切除，以防止它繼續擴散。

3.咽部淋巴組織的疾病

　　在此部分，教師較可能感染的疾病即為一般咽喉炎，它是屬於良性疾病，只要無併發症，三、五天即可痊癒。症狀是：喉嚨痛、吞嚥困難、發燒、全身不舒服。

(二)喉部的疾病

1.喉炎

　　是因微生物及長期刺激所引起的，可分為一般及特殊兩種，但在此僅介紹一般喉炎。它是由於流行性感冒或傷風蔓延到喉嚨所引起的，症狀是：喉嚨沙啞，嚴重時會失聲、乾咳、呼吸困難等。此喉炎大都屬於急性，很快就可治好，但是喉部如遭受到過度刺激如抽煙太多，發聲過量等也會變成慢性喉炎，那就比較麻煩了。

2.喉部腫瘤

　　分良性、惡性兩種。

　　(1)良性腫脹，其原因可能是：

　　‧息肉，這是因慢性喉炎所產生的，症狀是聲音沙啞，這時就要將息肉加以切除，病人最好少說話並禁止抽煙。

‧聲音小結，教師平時因發聲過度所以很容易罹患此病。症狀是聲音沙啞且容易疲乏。患此病者要讓喉嚨得到完全休息，等情況好了後，再由醫師來矯正發聲動作。

‧喉部黏膜角質化和腫脹，一般喜好刺激性食物、發音過量、抽煙過多或長期在嚴重污染環境下工作的人比較容易罹患此病，當它發病時會造成失聲或聲音沙啞。

‧喉部乳頭狀瘤，通常三至十二歲的小孩比較會罹患此病，不過成人若得此病有時會變成惡性腫瘤。其症狀是：呼吸困難帶雜音、聲音沙啞，嚴重時會導致失聲。

⑵惡性腫瘤：喉部受到過度刺激很容易長癌，尤其是聲帶。而其中最常見的即是所謂的「喉癌」，其症狀和它的位置有關。

以上是對咽喉部分常見疾病的介紹，希望經由這些疾病的介紹，能夠讓大家對自己的身體，更加提高警覺，發現身體不適的時候，就該盡早詢問醫師，否則小病拖成大病，可就划不來了。

保護喉嚨的妙方

介紹了以上各種病症，也許老師們會困擾著，難道當老師的就擺脫不了喉嚨變啞的下場嗎？其實並不然！只要能擁有正確的保養方法，教師仍然可以擁有一個令人羨慕的嗓子。以下就是筆者所總結出的預防及治療之道：

一、養成良好的發聲習慣

　　能夠認清什麼是「聲音的濫用」或「聲音的誤用」對保養嗓子來說是非常重要的。因為這是一個充滿聲音的世界，若在嘈雜的環境中處久了，可能有些人會在無形中提高了自己的聲量而不自覺，這樣就很容易造成聲音的濫用。如果故意嘶叫、大叫，則是一種誤用。而平時故意去「咳乾淨」、「清理嗓子」的動作也可能傷害了嗓子（廖宏才，民 79 ）。

　　那麼要如何做到簡單而正確的發聲方法呢？我們可依以下列方式先分項練習，而後再加以混合運用。

(一)放鬆肌肉的運動（張敏宜，民 80 ）

　　(1)首先放鬆頸部肌肉，讓頭頸左右上下旋轉八次。

　　(2)放鬆肩膀肌肉，肩膀前後各轉動八次。

　　(3)腰部肌肉放鬆，前俯後仰，左右側彎，各練四到八次。

　　(4)手腕，腳踝輕輕搖動，以放鬆指間神經及肌肉。

　　除了上述方法，筆者也曾嘗試過曾啟權醫師在報上刊登過的「豎大姆指趕走焦慮法」，而有不錯的效果。它是用自己的大姆指逐力點按另外一隻手掌上的穴位——少府穴，不久不但會出現心胸開朗的感覺，也能夠使全身肌肉放鬆下來。（曾啟權，民 84 ）。

(二)深呼吸

　　擴張上胸，肩膀宜放鬆，提起下肋骨，下降橫隔膜，腹肌拉緊。而練習的方式如下（張敏宜，民 80 ）：

　　(1)口鼻同時作深吸氣，慢吸八拍，再慢吐八拍。

　　(2)慢吸八拍，很快的吐出。

　　(3)快吸後，再以「ㄙ一一」的長音，如輪胎洩氣似的慢慢吐出，以中

拍二十拍為準。

有了上述的練習之後，我們也可以自己嘗試做做自我檢查，王淑俐教授就曾經在「成長與學習」的錄影帶中提供了一套簡便的檢查方式：

將手放在後腰部上方，做幾次深呼吸的動作，吸氣時後腰會向外擴張，呼氣時則會縮入。但須注意的是，若你採取的是坐姿，則須保持上身端正，雙腳並攏來作檢查；若採取的是站姿，也須上身端正，兩腳與肩同寬。

瞭解了如何使用腹部呼吸法之後，若教師們能加上有恆心的練習，養成良好的呼吸習慣，則「氣能足」的情況下，「力」當然也就能「夠」，教學品質自然也能提高。除此之外，講話時也切記要能放鬆的呼吸，因為，只有能放鬆的呼吸之後，才容易說出話來（廖宏才，民 79 ）。

(三)共鳴的控制

舌骨向前緩緩升起，使咽懸在中間位置，則聲帶能夠在一定音高之下做最長的振動。一般我們說話，以口腔共鳴為主，良好的共鳴，一定要有正確的發聲位置，否則，有再大的共鳴腔也運用不上。好的共鳴聽起來非常優美甜蜜；但若沒有好的共鳴，說話就容易讓人覺得中氣不足，而這樣的結果常讓說話者更加用力地使用喉嚨到胸腔的肌肉；但聲音卻顯得更沉悶，愈沉悶愈用力，惡性循環的結果，五臟六腑都加重了負擔！要有良好的頭腔共鳴，我們可以試試站著身子，然後把頭彎下，頭朝地面放鬆的垂著。這時，你會感到頭部像腦出血似的，有些脹脹的感覺，朝那一點哼哼，發幾個音，並且試著把每個音都打到那個點上，習慣了再站直，看看還能不能將聲音發到那個定點，若能做到就差不多了（張敏宜，民 80 ）；或是讓發音位置向前向上，亦即發聲時可利用靠近鼻音的位置，而非舌根的位置，如此也能加強聲音的共鳴強度。

有位平劇唱腔的老師曾經說過，發聲的方法是：「氣入丹心、頭頂空虛、兩腰旋轉、兩肩旋轉」，這句話的確把基礎的發聲法點的一清二楚

（張敏宜，民 80 ）。利用共鳴，我們可以很輕鬆地就能擁有明亮的聲音，也希望教師們能夠試一試。

㈣用肚子發聲

　　有些老師在課暇之餘，都喜歡到 KTV 、卡拉 OK 去唱上幾曲消遣、消遣，但是，因為沒有受過相當的專業訓練，碰到一些音階太高或太低的歌曲時，就只好運用相當技術性的「假嗓」來唱，一個晚上下來，讓原本就已疲累的喉嚨更加不堪負荷！甚至，有時候只是二、三堂的講課，喉嚨也會出現明顯不舒服的現象，這時候也許就可以試試用肚子發聲的方法。

　　我們常看聲樂家演唱或練唱時雙手置於腹部，他們並不是為了美姿，而是為了檢查發聲時肚子是否用力。你可以將手置於上腹部，用肚子的力量說說「一二三」，如果肚子「踢」出來的很有勁，那就對了。如果毫無動靜，就得再試一遍。也可用唱歌的方式練習，如吸一口氣，吐氣時唱「啊一一一」（約ㄙㄛ調），延續得愈久愈好。也可以選首節奏較慢的歌，唱時不要吸氣，一句間換氣，用這口氣唱完下一長句。當我們經由程序學會腹音後，喉音也就自然減少了，如此也能避免喉嚨肌肉的「彈性疲乏」，也不會有「失聲」或「倒嗓」的情況發生。現在雙手按在脖子兩側扁桃腺的位置，來個發音練習「ㄚㄝㄧㄛㄨ」，看看喉嚨肌肉緊不緊張；或者也可請別人幫你檢查，發聲時是否脖子的「青筋畢露」，如果都沒有，那麼恭喜了，你已經瞭解了如何用肚子發聲（王淑俐，民 80 ）。

㈤喉的發音

　　一般教師要防止急、慢性喉炎，也應注意聲音強弱高低的變化，聲音軟硬度與氣的控制，以及張力的關係。那麼要有一正確的喉的發音，可依以下練習方式：

　　⑴可用「ㄨ一一（漸開口型）ㄛ一一（漸閉口型）ㄨ」，反覆吟誦，喉部發聲方式不變，不必拉開聲帶肌肉出力唸。

(2)再用「ㄨ——（漸開口型）ㄚ」反覆吟練，唸「ㄚ」時，舌頭平放，下巴放鬆，以氣徐徐來支持，絕對不要用力。

(3)「ㄨ——ㄛ——ㄚ——ㄟ———」反覆發聲時，以圓滑音方式慢慢轉換過去，要串連起來，不可斷音，也不可斷氣。

(4)每項各練三、五遍後，再加上子音練習。例：「Bu－Bo－Ba－Be－Bi」、「Mu－Mo－Ma－Me－Mi」。

除此之外，若你的喉嚨常因說話而僵硬或疼痛，可在上課前，先做一些舌頭的運動。例如：舌頭自然平放口內，舌尖抵住下面齒齦，下顎放鬆，或放開喉嚨，做一點打呵欠的動作，也可稍達緩和放鬆的功效（張敏宜，民80）。

㈥提高音調

多數老師在上課時常犯的通病，常是音量放得很大、語氣很重、語調偏低、速度快，而這些卻又是造成喉嚨傷害的最主要因素。或許老師會認為對於較低年級的小學生若語氣不夠強烈，根本壓制不住他們；而將聲音放低，讓學生聽起來也較有威嚴，但是這些對發聲的「偏見」，其實卻往往造成了反效果。

若老師們能以平常的聲量說話，將速度放慢，音調升高，不僅上起課來輕鬆，學生們也能聽得清楚，因為，過低的聲調反而會讓聲音擴散掉！那麼要如何讓自己的聲調提高呢？

首先，就必須借重女性的特異功能「撒嬌」的功夫了！多用說「討厭啦！」，「不理你了！」，「不來了！」的聲調來說話，就有助於提高聲調。至於男教師呢？只好慢慢去揣摩了；接下來，我建議老師可利用晚上時間發「ㄚ」和「ㄏㄜ」的音，並配上「ㄏㄜ12345」、「ㄏㄜ今天天氣好」等語詞，相信會有不錯的成效。

(七)「想了再說」

當要開口說話時，建議不妨先停頓一下，再講出來，而且很輕鬆的講出來，千萬不要像插嘴似的，讓話從齒縫間，用盡頸子的力量「蹦」出來。如果任何一句話都能以「想了再說」的方式說出來，不僅能夠讓思緒更為清晰，也可以領略出一種「容易講話」的辦法。

(八)少說「悄悄話」

雖然悄悄話有時對於自己的親人或小孩是一種慈祥溫和的表示，但是事實上，講悄悄話所需要花的力量往往要比平常的發聲更大，而且音調也不對。如果，老師將「悄悄話」做為日常會話的方法，那就大錯特錯了。因為，「悄悄話」與「小聲說話」是截然兩回事。尤其在患有上呼吸道炎症時，可以小聲說話，但千萬不要講「悄悄話」，否則對喉嚨的損害可能更大。

(九)盡量避免模仿

有些教師為了能讓教學更活潑生動，在教室裡會模仿動物的叫聲、機器聲或某某人的聲音，但這些都屬於一種特技表演（廖宏才，民79），且常需利用錯誤的發聲位置來發聲，一旦真的弄傷了嗓子，麻煩可就大了。

二、改變教學的方法

(一)不要吼學生

和學生比大聲是最不智的，吼久了，不但自己的喉嚨要抗議，學生也只怕早就充耳不聞了（王淑俐，民80）。

(二)多用問答及學生參與活動

以師生互動的方式來取代傳統純粹由老師講授的獨角戲方式，這樣每堂課講話的字數也可以減少一大半。王淑俐教授在「成長與學習」的錄影帶中，也提供了一些小技巧，如：利用名言俗語來讓學生接話，或將學生分組進行討論或表演，使教學活動的安排上，有師生活動的交替進行，但須注意的是，若有讓學生討論的活動，老師事先一定要有良好的規劃、有條理的程序，否則，反而會帶來學生秩序更糟的反效果。

(三)改變學生坐位的安排

有許多老師唯恐自己音量不夠大，而購買麥克風來輔助，但其實除了靠麥克風之外，高雄師大張新仁教授也建議可以調整學生座位的安排：如將學生座位排成馬蹄型的形式，教師可以走入學生中央授課，如此，不僅師生之間的距離更加拉近，教師也可以很輕鬆地就讓學生聽清楚老師在說些什麼，當然，學生不專心的情況也會減少。

(四)以平常說話的音量上課

大多數的老師認為，要使學生專心上課或強調重點，加重音量就可讓學生提高警覺，但其實並不然。因太重的音量反而容易造成學生的不舒服，故我建議老師在每天上完課之後，回想一下自己是否容易不自覺的就提高了音量？若是如此，則最好盡量督促自己以「平常心」上課，讓喉嚨保持「平時一如課時，課時一如平時」的自然狀態！

(五)教學方式的調整及教室管理的技巧

真正的好老師，並不需要使用權威來壓制學生，更不必要用大聲喊叫或命令式的說話方式來管理，而是靠著「運用之妙，存乎一心」的技巧來控制（王淑俐，民80）。故老師應時時吸收新知，靈活運用各種教學活

動來引起學生興趣，並積極建立起好的班級氣氛及師生關係，那麼，你也不會因常常「開罵」學生而傷了嗓子；而且，在融洽、愉快的教學情境中上課，心情就能放輕鬆，這樣一來喉嚨也會跟著輕鬆，故有時心理狀況對我們生理的影響更大喔！

三、充分休息與適度保養

「休息是為了走更長遠的路」，發聲器官的保養亦是如此，如果只知一再使用，卻不懂得好好地去維護，再好的「金嗓」也有「生鏽」的一天。那麼當然安靜的休息和充足的睡眠是我們保養嗓子時應投下的資本，除此之外，筆者認為還須注意下列幾點：

(一)不要過量的說話

通常如果老師一節課講下來，中間一定要休息幾分鐘，否則一定會負荷不了。但唯恐學生在這段時間無事可做，老師就可安排如：讓學生上台寫黑板、做練習題等活動，這樣一來，老師不僅可以讓自己的喉嚨休息，也不怕學生利用這段時間「作亂」！

除此之外，高雄師大附中鍾蔚起校長也建議老師應該調整自己的嗜好！或許有些老師喜歡到 KTV、卡拉 OK 等地方一展歌喉，但一整天的課下來，喉嚨已經夠累了，若再加上這種額外的「加班」工作，喉嚨根本沒有休息的機會；所以在非必要的時候，老師最好盡量「免開尊口」。而對女老師來說，因女性在生理期時內分泌黃體素的變化，聲音稍低，更是不宜唱歌（吳碧娟，民 84）。

(二)常吃些滋潤喉嚨的食品

最好能經常保持口腔及喉嚨的滋潤。王淑俐教授建議平時上課時最好能準備一杯溫開水，講一陣子課後，就停下來含口水，並慢慢吞嚥下去。

或者，平時也可常吃楊桃、梨等水果，而中藥用的澎大海、左手香、宋陳、柚子皮、薄荷、或泡蜂蜜汁喝也有不錯的滋潤效果。同時應盡量避免吃喝刺激性過強或太冷、太熱的食物或飲料。

若喉嚨平時有又痛、又乾、又緊的情況，可以用鹽水漱口，含酸梅，泡中藥的羅漢果來喝，或整個生雞蛋加冰糖沖開水在大清早時喝下（王淑俐，民 80 ），筆者試過熱的金桔泡檸檬茶也有非常好的效果。

㈢預防感冒等喉嚨的小毛病發生

平時就應該注重衣著保暖，尤其當日夜溫差大時，更應避免受涼。高雄師大附中蕭淑娟老師建議早晚可圍絲巾，如此不僅可保護喉嚨，也有美觀的效果。當然囉！若真的感冒了，最好的方式是立刻找耳鼻喉科的醫師詳細檢查並治療，千萬不要認為它是小毛病，就忽略它，而亂買成藥或喉糖來治療，或更加費力地使用發聲器官來授課，屆時小病釀成大病，可就得不償失了。

㈣養成運動的好習慣

所謂「活動！活動！要活就要動！」，的確，要有一付健康的身體，就需要有適當的運動。尤其平時有適量的戶外運動，有助於全身肌肉的放鬆，也可增加肺活量，間接有益發音（廖宏才，民 79 ）。同時，戶外清新的空氣，對身體也大有好處。千萬不要想靠吃藥或打針來保護嗓子，因為有些藥品所造成的副作用可能會促使聲帶產生病變，應該盡量避免才是。

除了上述幾項列舉的保養方式外，煙、酒，和刺激性的食品（如辣椒、生蒜等）也是教師們應盡量遠離的「禁品」，因為除了煙會對呼吸道造成傷害外，過量的飲酒也容易使人興奮而成為一個好說話者，各位「癮君子」的教師若有心維護好自己的嗓子，就不可不注意囉！

遵守「三要」、「三不要」原則（王淑俐，民 80）

一、「三要」原則

1.要量力：說話時設法調節自己的音量、速度及聲調，以避免發聲時的阻力及聲帶的緊張。

2.要使用「軟起聲」說話：也就是在說每句話的第一個字時都能輕鬆的發聲，使氣流和聲音同時出來，以避免聲帶過於緊張的摩擦。

3.要運用各種正確的預防措施來保護：「預防重於治療」是每位老師應保持的態度，故平時就要有防護的觀念，否則等到受傷了才去拼命找藥方，可就來不及了。

二、「三不要」原則

1.不要再「吼」學生了：學生在吵鬧時，若再大聲的說話，很容易傷害到聲帶及頸部的肌肉，使喉嚨共鳴腔的肌肉彈性減弱。

2.不要再情緒激動的說話了：盡量讓自己保持在輕鬆的狀態下授課，心平氣和、不急不徐的解說相信更為讓學生接受。

3.不要再「拼命」的說話了：亦即不要讓自己「連珠炮」似的講個不停，要能充分的運用時間好好休息，以免聲帶因負荷不了而「罷工」（王淑俐，民 80）。

實例：師長們的經驗談

我們都曉得，橡皮筋假若使用過度都會彈性疲乏，更何況是擔任教職的我們，每天大量地使用發聲器官，那有不受傷的道理？為了能讓同是擔任教職的老師們多加瞭解保護嗓子的重要，筆者除了介紹上述的方法外，也與各位分享一下一些有經驗的老師所帶給我們的叮嚀：

一、鍾蔚起校長

要擔任教職，本來就負有一種使命感，故有些生活習慣是應該在從事教學工作之初就應調整過來的，例如：

1.改變自己的嗜好：喜歡唱歌、說話的同學，最好尋找別的嗜好來代替；而有些喜歡吃、喝冰，也是須調整過來的。

2.上課時多帶一杯溫開水，講一陣子就停下來喝幾口，而且有些中醫師也建議最好是由熱開水變涼的溫開水，而不要熱水加冰水所沖泡的溫開水。

3.不要對學生大聲喊叫：有時要維持教室常規，並不一定要喊叫才能制止，可以在一開學時就和學生建立默契，用一些手勢來代替要說的話。例如：當要學生從事討論工作時，要他們一討論完就舉起手來，等全班的學生都舉起手來，老師才會繼續講課，這樣不僅老師能掌握學生的活動進行，也能減少說話的次數。

二、吳鐵雄教授（民 80 ）

　　我曾經為了破嗓子而苦，在不知所措之餘，還好經由中醫而治癒，而有千言萬語道不盡的心中感觸。第一，奉勸各位老師好好珍重你的職業工具，中國人向來習慣大聲講話，而在各種公共場合中，只要有中國人的地方，便聲音吵雜，熱鬧非凡！其實學生們耳朵並不聾，上課講話音量應適可而止，以免跟自己的喉嚨過不去。第二，希望教育行政單位，特別是校長們，在規劃校園時，盡量避免將教室建在馬路邊，不然，再想以各種方法補救都是枉然。同時，過去雖然自己不太相信中醫，但經由自己經驗之後，我也願建議各位有同樣困擾的老師們，在你山窮水盡，別無他法時，不妨試試中醫。

三、張敏宜老師（民 80 ）

　　建議老師們應：
　　1.避免過量吸入有害的氣體，如灰塵、二手煙，汽車廢氣等。
　　2.避免在寒冷而潮濕的空氣或濃霧中逗留。
　　3.使用藥劑，應事先經醫生處方。
　　最後，也是最重要的，希望每位都能保持健康的身體及愉快的心情，善用我們的聲音，創造明朗、愉悅的教室氣氛。

四、王淑俐教授（民 84 ）

　　我是一個愛唱歌及以嗓子工作的教師，所以十分珍惜聲帶。基於「己欲立而立人」的精神，願將所蒐集到的方法奉獻給大家，以消弭我們喉中永遠的痛。以下即是我綜合醫學及音樂方面的研究，整理出保護喉嚨的簡

易體操，因為它不同於我們一般印象中的體操，故暫稱之為「喉嚨操」。只要有恆心的「保健」及「復健」，即可突破音聲障礙，超越破鑼嗓子的困境。但若感冒、咳嗽，以及長期覺得喉嚨乾、緊、痛時，請立刻就醫。

(一)第一項運動放鬆頭、頸部

方式一：

(1)頭部下垂，閉上眼睛，集中精神於緩緩默數「一、二、三、四、五、六、七、八、九、十」。

(2)緩緩抬頭，默數十下並向後仰，眼睛慢慢張開，直到望見天花板為止。

方式二：

(1)嘴巴微張、下顎放鬆，頭部無力的下垂，彷彿下巴及頸部都要脫落似的。

(2)下顎繼續放鬆，頭部轉動，前、後、左、右時，似無力的垂倒一下。

方式三：

(1)放鬆下顎（指下顎可自由的左右擺動，如不靈活，可嚼口香糖練習。），舌頭無力的懸於下排牙齒及下嘴唇上。口微張，頭部保持平正，不要垂低。

(2)緩緩的以鼻呼吸，呼氣時以呻吟聲代替，呼吸之間不可停頓。呼吸須連續，呼吸量要固定。

(3)放鬆下顎，舌頭置於下唇上，發「ㄚ」的聲音，並將之拖長，引導它從舌唇的接觸點通過。若感覺「ㄚ」聲像在嘴巴之外，那就對了。

(二)第二項運動放鬆舌頭

(1)自我暗示：「舌頭，出來些許！放鬆些！再放鬆！」，頭平正，不要垂低。

⑵放鬆下顎及舌頭後，再發出：「啦！啦！啦！啦！啦！啦。」的連續輕快聲音。

㈢第三項運動放鬆喉嚨

⑴閉上眼睛，合上雙唇。
⑵放鬆下巴，雙唇仍閉著。
⑶打個大呵欠，張大嘴巴及喉嚨深處，感受到肌肉的伸張。

㈣第四項運動以口鼻呼吸而後吞口水來代替清嗓子

⑴打個大呵欠，直到感覺喉嚨暢通，嘴巴及喉嚨都已放鬆。
⑵口微張，舌頭放鬆向外，下顎放鬆（如前述所指下顎可以自由的左右擺動）。以口鼻清晰順暢的呼吸，感覺到舌頭上有清涼的空氣流入。
⑶呼吸數次感到喉嚨乾燥時，即吞嚥口水一次。

㈤第五項運動放鬆肩部

⑴雙肩下垂，左右肩頭輪流或同時向前及向後轉動。
⑵雙肩輪流或同時向上聳起，再似無力的垂下。

㈥第六項運動輕哼歌曲，或練習撒嬌的語氣

休息時可輕哼歌曲，藉以放鬆聲帶。至於撒嬌的語氣是指聲調較高度（略帶鼻音）且輕快柔和的聲音，也可使聲帶放鬆。

㈦第七項運動找出自己最佳聲調，使聲帶正常運作

每個人的聲調不同，若能以自己的最佳聲調說話，則聲帶的運作最為輕鬆，且達最高效率。找尋自己最佳聲調的方法是，在上半身肌肉放鬆的狀態下，輕哼「嗯哼」，而以第二個字「哼」的聲調練習發聲。如：「嗯哼！一二三四五」，但一般人多半無法確定自己的最佳聲調何在，也有可

能誤認目前即是最佳狀態，因此最好尋求嗓音專家的協助。

(八)第八項運動以軟起聲開始說話

要練習軟起聲的說話方式，應隨時以鏡子檢查頸部靠近聲帶部分之肌肉（如吞嚥口水時會上下移動之喉頭的兩側肌肉），如果說話時緊繃或突起，即是用力過甚，氣流不足。

(九)第九項運動利用橫隔膜及肋間肌的呼吸

方式一：

(1)站立、雙腳打開與肩同寬大（坐著時則挺直坐於椅子的前半部，雙腳垂直平放地上），上半身肌肉放鬆，雙腳置放後腰帶上方位置。

(2)吸氣時手掌心可感覺到肋骨的擴張，使肺活量增大，氣吸足後，自然的放鬆吐氣。

方式二：仰臥呼吸

(1)平躺，暫時摒除一切思慮，橫隔膜無束縛的自然活動，盡量緩慢的呼吸。

(2)可放置幾本書於腹部，吸氣時書本隨之上升，吐氣時下降。

方式三：吹手指或吹氣球法

(1)右手向前伸直，豎起食指，假設它是一根吹不熄的蠟燭，輕吹它，直到肺內空氣吹盡；然後自然吸氣，再吹。

(2)也可以吹氣球來練習。

(十)第十項運動運用腹肌、背肌、肋間肌的力量

平時以數數「一二三四」來練習，每數一個數字，即應感到腹肌、背肌、肋間肌向外彈的力量。

五、張新仁教授

　　奉勸各位老師，尤其是剛剛從事教學的老師們，不要急著找家教，因為這種額外的工作，將使喉嚨過度使用；同時，除了平常所見的各種方法外，練氣功是最好的方式，建議各位使用看看。

六、趙己燕老師（民 84 ）

　　個人保護喉嚨的方法有以下各點供老師們參考：

　　*1.*有一種中藥水（是成藥）叫聲響破笛丸（散），對失聲或者沙啞的人非常有效。到中藥房訂購整瓶裝的比較便宜，放在辦公室隨時可利用。我用過，非常好。

　　*2.*禪坐、斷食對聲帶的厚度改變有一些效果。我就是變得恢復歌聲了，非常高興。

　　*3.*平時可用食療法來改變聲帶：

　　⑴夏季可每天吃一盤水果沙拉，用黃色的小玉西瓜切丁，加一些沙拉醬，清涼又好吃。沙拉的油質可潤滑喉嚨，涼性的小玉西瓜或香瓜可降低「火氣」，是可幫助喉嚨的原因。

　　⑵涼快一些的春、秋、冬季可以吃含油質高的滷肉飯或五花肉、豬腳（有豬皮的膠質更佳），吃素者可吃「起司」。吃完油質的東西後馬上吃柳丁、西瓜等退火的水果（水果上加些鹽）。道理仍是水、火互相調和，達到調食、調身的效果。

七、游福生老師（民84）

　　我們的學校大都設在交通方便的馬路旁邊，而且教室距離馬路又近，隆隆的聲音，常常嚴重的干擾了上課。老師在講課時，如果沒有吊高嗓子，簡直無法使學生聽到。為了解決老師們聲帶的嚴重負擔，除了使用小型麥克風外，在教室還可以使用下列的方式：

(一)小木板聲的使用

　　老師可以在講桌前，放一個學生坐的桌子，製一片如同課本四分之一大的實心木板，事先跟學生約好，只要在上課中，老師在桌上用木板輕拍一下，就表示要安靜下來，以擊桌的聲音，來代替老師喊叫之聲。

(二)噪音過後再授課

　　當大卡車或飛機的隆隆聲音，來到教室附近時，根本無法講課，老師可以立刻閉嘴，略作休息，幾秒之後，噪音過後再行授課。

(三)善用小老師制的輔助

　　如果教學之後，再反覆復習，對全班來施教很費聲音，可以透過小老師制度，由優等生來帶動中劣等生，如此個別性的指導，可以減少老師大聲說話的機會，而效果也並不亞於老師的復習。

(四)管教採有教無聲的做法

　　對管教孩子的方法，不一定要說很多話，有時無聲會勝有聲，使用眼神手勢表示一下，不說話不打罵，就可達到目的。

(五)把聲源方向的窗戶關起來

為了減少聲音干擾上課，可以把有聲音那邊的教室窗戶關起來，只開一邊，多少可以降低聲音的音量。

(六)請學習用丹田說話

如果老師在說話時，不以喉嚨發音，而改用丹田發音，這樣聲帶就不會受損。

參考書目

王淑俐（民80）：我要有健康甜美的嗓子。教室經營，377－382頁。

王淑俐（民84）：我可以教得更精采。台北：南宏圖書公司。

吳碧娟（民84）：保護嗓子，醫師提供秘方。臺灣教育，535期，60頁。

林耀東（民80）：教師如何保護嗓子。載於高雄市政府教育局編印之教室經營，365－371頁。

張敏宜（民80）：如何保護你的聲帶。載於高雄市政府教育局編印之教室經營，372－376頁。

曾啓權（民84）：豎大拇指趕走憂慮法。聯合報，33版，84年12月13日。

游福生（民84）：老師聲帶的負荷量。師友，331期，61－62頁。

趙己燕（民84）：以佛心普渡眾生。載於王淑俐著我可以教得更精彩。台北：南宏圖書有限公司。

廖宏才（民79）：漫談嗓子保養。師友，275期，50－57頁。

12

初任教師面臨的抉擇與心理調適

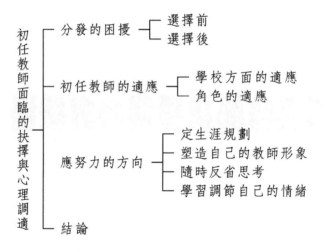

初任教師面臨的抉擇與心理調適

- 分發的困擾 ── 選擇前
  - 選擇後
- 初任教師的適應 ── 學校方面的適應
  - 角色的適應
- 應努力的方向 ── 定生涯規劃
  - 塑造自己的教師形象
  - 隨時反省思考
  - 學習調節自己的情緒
- 結論

「學長，明天就要去報到了，怎麼辦？我該先準備那些東西？學校的老師會不會很難相處？學生好不好教？家長會不會找麻煩？萬一學校要我擔任行政工作要不要拒絕呢？天哪！好像很可怕的樣子……。」，這恐怕是每一個初任教師的心聲了，面臨一個全新的角色轉換，每一位初任教師的人難免在心理上都會產生未知的恐懼或疑惑。那麼，教師工作到底有沒有這麼「可怕」呢？其實，這只是因為對教學工作不甚了解所產生的誤解，就讓我們來一起探討初任教師可能將面臨的困境，及心理上該如何調適吧！

分發的困擾

分發是初任教師將面臨的第一個關卡，分發的結果往往就決定今後的生活及可能的教育理念，一定要慎重考慮。這可分為選擇前和選擇後來討論。

一、選擇前

選擇任教學校前，應多方考慮，可事先蒐集相關的學校資料，並向親友和父母徵詢選擇的注意事項。

(一)事先蒐集相關資料

在分發前，可以多蒐集當地各學校的資料，包括校風、校史、地理位置、交通便利與否、宿舍的分配等，以選擇最適合自己需求的學校，在這

一階段必須詳加考慮，選擇最適合自己需求的學校，因為這是唯一自己能選擇的階段，等分發完畢後，除非未來調校，否則就必須「愛你所選」了。

(二)詢問父母及親友意見

父母和親友意見也很重要，多聽有經驗者的意見，可以幫助自己考慮更週詳，但不可只聽片面之言，人云亦云，對學校產生偏見，應多方綜合考量，以免造成遺憾。

二、選擇後

在選擇確定後，不妨在報到前先瞭解學校的其他相關資料，並先去拜訪校長，做好任職的準備。

(一)報到前先瞭解學校之初步資料

已確定到那間學校任教，除了其相關資料外，最好親自先跑一趟，到學校看看學校的狀況，若有老師在學校暑期輔導，則可順便打聲招呼，表明自己身分後，詢問一下學校狀況，此外，不妨在學校附近買個東西，和當地的居民聊一聊對這間學校的看法，及其對本校老師的期待，在心理上先做好調適工作。

(二)可先拜訪校長

校長是學校的中心，不管是禮貌上或是在工作上都有必要先去拜訪校長，一來可以和校長先認識，瞭解其教育理念，將來在教學工作的溝通上會有很大的幫助；二來學校老師的意見和校長的意見不一定會相同，可以聽聽雙方的意見，以免失之偏頗。

初任教師的適應

一位初任教師必須要適應的部分包括有：學校裡的校長、老師、學生和學校的行政工作、學校附近的社區、學生家長，以及自我角色的轉型。

一、學校方面的適應

在正式進入學校之後，初任老師就該調整好自己的心態，一切以教學工作為重，不能再像學生時代般的隨心所欲，自己的作息要配合學校，來適應學校的種種工作及文化狀況。

(一)與校長的相處

每位校長的領導風格和處理方式或許不同，有些是五育並重，有些是以升學為導向，有的民主開放，有的則是層級分明，但都有其欲達到的目標，因此事前的拜訪就更重要了。在瞭解校長的領導風格後，如果彼此的理念相近，自然可以適應愉快，如果觀念歧異過大，也不可以一下子反彈過大，那只會令校長反感，沒有實質的助益；教師可先專注在教學上，奠定自己在教學上的權威地位，這時再以委婉方式「建言」，相信校長也會因此而更加重視，進而採納其意見。

(二)學校行政上的配合

初任教師在學校極可能會遇到學校行政上的問題，如：配課的問題，

以及行政職務的接任與否等。以一位教學經驗還不是很豐富的初任教師而言難免會覺得心有餘而力不足，視其為沈重的負擔，到底該如何處理這兩個棘手的問題呢？

1.配課問題

初任教師剛進學校會發現到學校或多或少會有「配課」的情形，所謂「配課」就是教師兼任其他非自己專長科目的課程，尤其是在師資不足的小學校中更是常見。由於這是很難避免的情況，初任教師可在平時就自我進修，除了本科目的知識外，也能多涉獵其他科目的書刊或修習第二專長，如果在教學上遭遇到困難，也可以多詢問相關科系老師的意見。

2.行政職務的接任

學校的行政職務可分為教務、訓導、總務及輔導四個層面，一般初任教師可能擔任的行政工作，計有教務處的教學組、註冊組、設備組，訓導處的生教組、訓育組，以及輔導室的資料組、輔導組等，有志行政工作的初任教師，由於剛接觸教學工作，在經驗上難免不足，因此，高師大附中的章慧明老師建議，最好給自己一年至兩年的適應期。在這一、兩年中，多瞭解學校欲維護的傳統，及想突破的瓶頸，並建立自己的人脈網絡，和學校的老師維持良好的關係。有了這些基礎後，再去從事行政工作，不但行事上較能掌握重點，老師們的配合度也會較高，做起事來自可得心應手，圓滿達成分內的工作。

在推辭工作時，可以婉轉地說明自己的理由及難處，通常學校都會有幾個備選名單，即使自己拒絕了，還有別的人選，但必須要抱持著自己是在「準備」，而非「推拖」的心理，將來若再有機會，才能勝任愉快。

倘若估計自己已經推不掉時，不妨就大方地將其接下來，並誠懇地說：「我將會盡力去做好這份工作，但由於我的經驗不足，可能要向各位多請教，如果有做不好的地方，也請各位多指導。」，讓「前輩」們不但

聽得舒服，遇事也願意傾囊相授，有了事前的招呼，以後的行事將可方便許多。學校的各類活動資料通常都會有檔案可查，在進行活動計畫前，最好先看看檔案內容，參看歷年來的做法，並將自己分內的活動日期、工作內容逐條列出，自己必須做的部分有那些，需要其他處室、教師配合的有那些，需他人參與的應事先以口頭通知，獲得其同意後，再用書面通知，其他有不明白的地方，再去請教主任或是前一任的教師，以虛心的態度多看、多去向別人請教，自可減少錯誤的產生。

學校有很多傳統性的活動，可依例辦理，如果有心改革，可蒐集他校的資料、經驗，並先詢問前一任的承辦老師，以及其他組長、主任、甚至校長的意見，取得共識後再著手進行。進行中也要隨時徵詢相關人士的意見，不要自己貿然作主，尤其是牽涉較廣時，後果自己未必能承擔得起。

另外，擁有一批自己的「親衛兵」，也是很重要的。做為一個行政人員，常會有一些很瑣碎的事或一些計畫要推展，辦公室的每一個人都很忙，如果你常常要去麻煩別人做一些額外的事，可能你就得事先打好人際關係、套好交情；這時候，學生就是最好的朋友。也許，你必須花一段時間去訓練；也許，他們常常犯錯，令你生氣；但是，時間是最好的證人，你花多少心血，就能得到多少收穫。無形之中，減輕了很多工作的分量，也幫助你達成預定的目標（徐妙琴，民 81 ）！

當一件事情或活動順利完成後，別人不一定會給自己正面的評價，這時候切勿自怨自艾，認為自己做了很多，卻得不到肯定，豐東國中的簡良諭老師建議，此時不妨給自己一個獎勵，或許和學生去慶個功、大吃一頓；或許買個小禮物犒賞自己，對著鏡中的自己說：「嗯！你做得真棒！」，學會自我肯定，才有餘力去面對下一場挑戰。但如果別人稱讚自己的成果，也不可高興得沖昏了頭，而自滿得意；還是那句老話：謙虛！不妨將功勞歸到別人身上「這都多虧了□□老師告訴我要注意什麼事」，或是「這個點子是□□主任想的，我只是將它做出來罷了。」，將那些幫助過自己的人拱出來，自己沒有什麼損失，又可以做個順水人情，別人聽了高

興，以後也會更願意幫助自己。

　　此外，要記得做完事情後的檢討工作。召集有關人員，將這次活動的優缺點逐一列出討論，並予以建檔，做為今後活動的參考。至於對學校同事或其他行政體系的評語應該是好的方面，如果一定要批評，就一定要是有建設性的（謝寶梅，民 80 ）。

㈢學校的舊有文化

　　學校的舊有文化包括了學校裡的教師文化及學生文化。

1.學校教師的類型與相處之道

　　在學校的文化中，同事間的相處是一件很重要的事，同事彼此之間相處得好的話，可以幫助我們順利處理許多行政上或教學上，甚至是生活上的問題。因此，最好盡量與同事打交道，不要做一個獨行俠、孤獨客，和同事建立友誼是必要的。

　　學校的老師一般都很熱心，只要能虛心地誠懇待人，應該都能相處得很好。初任教師在報到的時候，可以請教校長，學校有那些資深熱心願意幫助新進人員的老師，與這些教師建立友誼，將有助於教師專業的成長。有些老師待人較冷淡，對學校事不大熱心，也不喜歡人家干涉他的教學方式，這種老師通常只要以禮敬之即可，有事情和他溝通時，不妨先請教與其私交較好的老師應對之道，不要貿然前往。若遇到較喜歡論人是非，說長短的老師，切勿加入他們的評論戰之中，可藉故先行離開，若「不得已」置身其中，只要面帶微笑，點頭即可，否則一旦捲入是非爭端之中，可就麻煩了。

　　其實同事之間的相處並不難，只要能掌握下列原則（王百合，民 82 ），相信必能和每一位老師都保持良好的關係。

　　⑴同事對同事：應時常與同事接近，誠意與同事相處，化除一切不應有的成見，並能隨時隨地幫助同事，對同事的成功能表示慶賀，對同事的

不幸或意外遭遇，能寄予真情的慰藉。要隨時控制自己的情緒，勿讓情感大起大落，排除妄自尊大的惡習。對同事謹守信義，金錢來往尤當小心；不要在同事或同學面前，批評同事，不要在公開場合，借題譏刺同事；開罪同事之處，能立即表示歉意，同事對我偶然的失禮，能表示寬恕的態度，如不贊同同事的某種主張，也要平心靜氣地向他說明，並且不因弱小或地域資格等等，而歧視同事。

(2)男同事對女同事：為避免引起不必要的誤會，男同事對女同事的態度要大方而端莊，不過分表示殷勤而流於玩狎；言行恰合身份，不輕薄、不失態，也不要太拘束；不探詢對方私事，不歧視異性同事，並且不在同事面前訾議異性。勿誤會對方的同情與純潔的友誼，未婚同事，縱因友誼而進於愛慕，也當於無礙的範圍內，採取正大光明的途徑，夫婦同為同事，不因過分親暱而為同事所側目。

果能如此，人事上既取得協調；那麼事業的成功，便已實現一半了。

2.學生文化

一般初任教師覺得挫折感很大，主要是因為對學生的期望過高，尤其現在的老師，都是大學畢業，從小在課業上通常都很優異，老師若將自己舊的學習經驗移植到學生身上，認為：「這麼簡單怎麼可能不會，我以前……。」，那可就大錯特錯了，學生的個別差異是很大的，初任老師應體認這個事實，對於不同資質的學生，要求也要因人而定。肯定他們的努力，對於成績差的學生則應多發掘他們其他的長處，不應因其成績而放棄或否定他們。相反的，高師大附中的楊主任認為對這些成績較差學生而言，義務教育反而更重要，因為這或許就是他們最後一階段的教育，身為老師的我們，理當更盡心的教導、啟發這些學生，使他們能夠有所成長。教師不妨利用時間與各任課教師聯繫，略知上課的進度，平時考的時間，作業習作的繳交，或上課聽講的態度，彼此交換資料，有助於增進教師與學生之間的認識與瞭解（黃淑英，民 80 ）。

此外，初任教師由於對班級經營的經驗尚淺，對學生常規的建立可能也會產生部分問題，因而會產生許多挫折感，並懷疑自己的能力，其實每個挫折處都是一個成長的契機，如果在遇到困難時能多去請教其他資深教師，吸取其舊經驗，問題自然可以迎刃而解。

㈣社區文化

由於國中小是採學區制，學生的社區文化背景差異性較小，但不同學校的社區文化就可能會有所差異，不同的社區文化對教學的資源、學生的學習意願會有所影響。例如：在農漁村中，學生或許會因社區中長輩的舊經驗，而有「讀書無用」的想法，或因長輩的要求而放棄學業，早點出社會賺錢。又如，在文教風氣盛的社區中，學生也會耳濡目染，產生較高的學習意願。此外，在社區裡也有各種的教學資源，如可到圖書館、大學查資料；到文化中心參觀藝文活動；到公園、田地、郊外作地理實察……等，老師應事先瞭解諸如此社區人文差異，方能對學生有更深一層的助益。

㈤與家長的相處

老師和家長之間應該是相輔相成，共同為學生教育而努力的，其作法可參考「親師合作」一章，但兩者的出發點雖然都是為學生好，但其立場和期望卻不一定相同，因而很可能產生意見上的差異，因此，初任教師應先對此有所認識。

1.與家長的不同處

教師和家長的不同處包括了彼此所處立場的不同，以及對學生期望的不同。

⑴立場不同：每個孩子都是家長心中的一塊肉，但每位家長關心的範圍大多只限於自己的孩子，於是便會私下要求老師「多照顧」他的孩子。

事實上，一個老師要面對的是一整班的學生，每一位學生都需要老師照顧，再加上老師其他的業務，並沒有多餘的時間、精力去特別照顧某「一」位學生。如果真的特別照顧這位學生，不但對其他的學生不公平，恐怕也有失老師的專業性。倘若家長是因為學生身體不好而請老師照顧，老師可指派其附近的同學多幫助他，否則的話，老師便必須和家長取得共識：老師照顧每一位學生，但對每一位學生的愛也會均等，不會因私人的因素而有差別待遇。

　　(2)期望不同：如上述所言，家長對學生期望會因其文化背景有所差異，此時可能會與老師的教育理念及帶領方式有所衝突。

　　‧家長期望過高：有些家長在「望子成龍、望女成鳳」的期待下，對學生的期望過高，會造成學生的壓力，萬一學生無法負荷時，會產生反彈的負面行為，那麼老師必須趕快和家長溝通，否則當學生承受不了壓力而崩潰，或走上歧路就來不及了。

　　‧家長期望過低：有些家長希望學生能夠早點入社會賺錢，而不希望學生繼續升學，對於這樣的家長，老師要能耐得住「煩」，尤其是對於那些學生本身想繼續求學者，更要耐得住家長的冷嘲熱諷或不理不睬，分析繼續升學可獲得的更大利益，盡量在能力所及的範圍內幫助學生。

2.體罰——不可相信家長的口頭保證

　　擔任班級導師的初任教師常會聽到學生家長這麼說：「老師，xx 如果不念書，你盡量打沒關係，如果藤條打斷了我再拿給你。」當心！可別把家長的口頭保證當真，這種口頭保證只有在沒事的時候生效，一旦真的打出傷來，空口白話，倒楣的還是自己，還有可能會吃上官司。事實上，懲罰學生的方法很多，（請參考獎懲辦法一章）而不一定要用體罰的方法，以體罰方式不但會對學生生理上造成傷害，心理上也會產生報復心理，未必能夠達成懲罰的目的。

二、角色的適應

除了對學校的適應外，初任老師本身角色也要自我調適，不一樣的角色，自我也應有不同的要求。

(一)轉型

首先，初任教師必須體會到，自己已經不再是學生了，學生和老師的角色是完全不同的，社會上對老師會有較高的期待，凡事必須循規蹈矩。在學生時代的不良習慣及嗜好，如：晚起、翹課、打電玩、邊走邊吃……等，都必須放棄，因為老師是學生表率，試想，當老師在電玩場玩得不亦樂乎時，卻被學生撞見，那有多尷尬！以後又如何約束學生的行為呢？

(二)不要太急功近利

初任教職的老師往往滿腔熱血，將自己的教育理念、畢生所學，一股腦地丟給學生，希望學生能在老師「愛」的教育下，一齊「奮發向上」，成績「突飛猛進」，師生情感「水乳交融」……，然而結果卻未必令人滿意，這不一定是因為個人的能力不足或是方法不好，教育是需要時間的。沒有任何一種教學方法是可以立竿見影的，建議初任教師不妨給自己，也給學生多一點時間，而不要奢望有太快的成果，只要時間久了，成效自然會慢慢顯現出來，眼光放遠，得失心就不至於太重。

(三)勿輕視教學前的準備

許多初任教師在大學期間兼過一、兩個家教，因而覺得教材早已熟悉，內容也應付得來，因而產生輕忽怠慢的心理，教學前不再準備，上課時隨手拈來，想到那裡說到那裡，這種心理對學生而言是很危險的，豐富的學問和有效的教學不能畫上等號，教材對教師而言固然簡單，對學生來

說卻是第一次接觸這些教材，如果事先沒整理課文內容，設計教材教法，學生很可能無法吸收這些毫無系統的雜亂內容。一堂課下來只見粉筆滿天飛，學生卻仍是一無所知。

㈣勿以技術導向

在教學時，初任教師常會只著重教學技術的運用，而產生了「教育理論無用論」，然而，技術雖然可以幫助教材的呈現，使學生易於吸收，但沒有任何一種教學技術是十全十美的，多少有其忽略的地方或無法適用的教材，因此，應該要以不同的教學方法相互搭配應用。此外，教學技術固然重要，教育理論的大原則也不可偏廢，所有的教學技術都是由教育理論發展而來，理論可以彌補技術不足的地方，畢竟教學只是教育中的一部分，我們更該努力的是學生五育的完整發展。

應努力的方向

雖然初任教師在經驗上稍嫌不足，但可塑性最高，吸收力也最強，同時又具有高度的教育熱忱。因此初任教師應從自身努力作起，下列幾個努力的方向，可讓初任教師們作個參考。

一、定生涯規劃

作為一位現代的教師，不能以維持現狀為滿足，在進入教職的第一年，教師就應該為自己的生活訂定生涯規劃，預定人生目標，或進修，或

考研究所，或在教學上有何想達成的理想，都該在這一兩年內作好完善規劃，並逐步完成。在計畫時不妨多問問前輩的意見，以務實為主，切勿好高騖遠，妄想一步登天，否則就失去規劃的意義了。

二、塑造自己的教師形象

剛離開大學城的初任教師，總有滿腔熱忱，卻往往在開始執教時，扮演了「大哥哥、大姐姐」的錯誤身分，以至在學生心目中，無法建立正確的角色。此種不當方法，造成老師「施恩過多，卻無威可畏」，日積月累，自然是「豪情遞減」而倦怠。因此，教師應依自己個性，發揮自己的領導方式，建立個人的專業形象，一味學習他人的領導方式，未必適合自己，衡量自己、分析自己、建立自己的領導方式，合情合理，學生才會喜歡順從他的引導。

此外，中學階段的學生十分崇拜「學有專精」的老師，相反地，也非常不歡迎言之無物、東拉西扯的「長舌老師」。因此，課前應準備充分，相關知識多涉獵，多請教資深教師的經驗，萬一「筆誤」、「口誤」，及時澄清。平時多推崇別人，等於間接稱許了自己。偶爾，利用學生領袖，推廣自己的「知名度」，讓自己在任教的科目領域中，佔有專業、崇高的地位，以建造自己專業的教師形象（朱麗秀，民 80 ）。

三、隨時反省思考

在教學的過程中，要隨時反省檢討自己是否有所不足，或是有無錯誤產生，在人際關係上，是否能夠做到「不計較」，即使做錯了事，是否能有立即改過，並向人致歉的勇氣，如果發現自己有不好的地方也要趕快彌補，為自己的行為負責，不要再犯第二次的錯。

四、學習調節自己的情緒

　　一位初任的教師難免會在教學、班級經營、學校行政等方面上遭遇到挫折。然而，轉個方向、換個立場、改個方法退一步去想，都可能柳暗花明獲得圓滿解決（朱麗秀，民 80）。在此建議初任的教師們，平常的時候多看一些關於如何調節壓力、抒發情緒的書籍，學習自我肯定，心情低潮時，不妨出去走走，轉換一下心情，而不要讓自己一直處於非常鬱悶的環境中，自艾自怨，對事情也沒有幫助。退一步海闊天空，跳出來看事情，或許事情反而會有所轉機呢！

結論

　　最後，僅以高師大張光甫教授對初任教師建議的：「五心」的運用，與大家共勉之。

　　所謂「五心」，亦即在對學生的態度上要有一顆「彈性心」，學生是多變，不定的，因此要以彈性來包容學生的種種事務；對學生的家長要有一顆「圓融心」，或許家長會有一些不合理的要求，但出發點總是為了學生，只要老師能夠圓融以對，誠懇相待，相信家長亦能感受到老師的用心；在教學上要有一顆「反省心」，唯有時時反省思考自己的缺失，並加以改進，如此才能讓好的更好；在自我的學習上要保有一顆「開放心」，凡事虛心求教，處處為師；在情緒上則保持著「樂觀心」，調適自己的心

情，讓每一天都充滿了活力。

（本篇架構取自高師大鍾尉起教授84年演講稿）

參考書目

王百合（民82）：怎麼做一個良好的中學教師。高市文教，80期，84－87頁。

朱麗秀（民80）：敲響愉快的鐸聲。載於高雄市政府教育局編印之教室經營，123－126頁。

徐妙琴（民81）：實習雜感。教育實習輔導通訊，創刊號，10－11頁。

黃淑英（民80）：從朦朧中見曙光。載於高雄市政府教育局編印之教室經營，127－130頁。

謝寶梅（民80）：初任教師的特質與困難。國教輔導，30卷5期，80頁。

國家圖書館出版品預行編目資料

班級經營：教室百寶箱／張新仁等著.
--初版.--臺北市：五南圖書出版股份有
限公司，1999〔民88〕面；　公分
含參考書目
ISBN 978-957-11-1973-1（平裝）

1.教室管理　2.小學教育－管理與輔導
3.中等教育－管理與輔導

523.7　　　　　　　　88015351

1IF5

班級經營—教室百寶箱

主 編 者 ─ 張新仁(267.1)

發 行 人 ─ 楊榮川

總 經 理 ─ 楊士清

總 編 輯 ─ 楊秀麗

副總編輯 ─ 黃文瓊

責任編輯 ─ 李敏華

出 版 者 ─ 五南圖書出版股份有限公司

地　　　址：106台北市大安區和平東路二段339號4樓

電　　　話：(02)2705-5066　傳　　真：(02)2706-6100

網　　　址：https://www.wunan.com.tw

電子郵件：wunan@wunan.com.tw

劃撥帳號：01068953

戶　　　名：五南圖書出版股份有限公司

法律顧問　林勝安律師事務所　林勝安律師

出版日期　1999年11月初版 一 刷
　　　　　2021年 3月初版二十刷

定　　　價　新臺幣550元

※版權所有·欲利用本書全部或部分內容，必須徵求本公司同意※

經典永恆·名著常在

五十週年的獻禮 —— 經典名著文庫

五南,五十年了,半個世紀,人生旅程的一大半,走過來了。

思索著,邁向百年的未來歷程,能為知識界、文化學術界作些什麼?

在速食文化的生態下,有什麼值得讓人雋永品味的?

歷代經典·當今名著,經過時間的洗禮,千錘百鍊,流傳至今,光芒耀人;

不僅使我們能領悟前人的智慧,同時也增深加廣我們思考的深度與視野。

我們決心投入巨資,有計畫的系統梳選,成立「經典名著文庫」,

希望收入古今中外思想性的、充滿睿智與獨見的經典、名著。

這是一項理想性的、永續性的巨大出版工程。

不在意讀者的眾寡,只考慮它的學術價值,力求完整展現先哲思想的軌跡;

為知識界開啟一片智慧之窗,營造一座百花綻放的世界文明公園,

任君遨遊、取菁吸蜜、嘉惠學子!